"十四五"职业教育国家规划教材

汽车车身电子技术

活页工单式

（第5版）

主　编：李春明　杨金玉

副主编：孙乐春　李雪松　王卫军　张　军

北京理工大学出版社
BEIJING INSTITUTE OF TECHNOLOGY PRESS

版权专有　侵权必究

图书在版编目（CIP）数据

汽车车身电子技术 / 李春明，杨金玉主编 . -- 5 版 . -- 北京：北京理工大学出版社，2021.12（2024.8 重印）

ISBN 978-7-5763-0495-4

Ⅰ．①汽… Ⅱ．①李… ②杨… Ⅲ．①汽车—车体—电子技术 Ⅳ．① U463.6

中国版本图书馆 CIP 数据核字（2021）第 208414 号

责任编辑：钟　博　　文案编辑：钟　博
责任校对：周瑞红　　责任印制：李志强

出版发行 / 北京理工大学出版社有限责任公司
社　　址 / 北京市丰台区四合庄路 6 号
邮　　编 / 100070
电　　话 /（010）68914026（教材售后服务热线）
　　　　　（010）68944437（课件资源服务热线）
网　　址 / http://www.bitpress.com.cn
版 印 次 / 2024 年 8 月第 5 版第 3 次印刷
印　　刷 / 河北盛世彩捷印刷有限公司
开　　本 / 787 mm×1092 mm　1/16
印　　张 / 23.25
字　　数 / 452 千字
定　　价 / 69.80 元

图书出现印装质量问题，请拨打售后服务热线，负责调换

内容简介

本书较系统地介绍了汽车空调系统检测与维修；电动车窗、中央门锁检测与维修；后视镜、电动座椅检测与维修；被动安全系统检测与维修；驾驶员辅助系统应用；防盗系统故障诊断；车载娱乐系统设定等内容。

本书遵循职教学生认知规律，在教材体例架构、内容与方法、学习资源等多个方面进行了精心设计，采用"模块——任务"教材体例，融入 1+X 考核标准，实现课证融通，配有丰富的微视频、动画、AR 等媒体资源，具有鲜明的高等职业教育教材特色。

本书可作为职业高等院校汽车电子技术、汽车检测与维修技术、新能源汽车检测与维修技术、汽车技术服务与营销、汽车智能技术、汽车制造与试验技术、新能源汽车技术等专业教材使用。也可作为成人高校汽车电子技术、汽车检测与维修技术及相关专业的教学用书，社会从业人员业务参考书及培训用书。

课程任务与能力矩阵

模块名称	任务名称		难度描述
模块一 空调系统的检测与维修	任务 1.1	认识空调通风系统	汽车运用与维修 1+X 初级 / 汽车维修工初级
	任务 1.2	空调制冷系统的检测	汽车运用与维修 1+X 中级 / 汽车维修工中级
	任务 1.3	手动空调不制冷的故障诊断	汽车运用与维修 1+X 中级 / 汽车维修工中级
	任务 1.4	自动空调系统的故障诊断	汽车运用与维修 1+X 高级 / 汽车维修工高级
模块二 电动车窗和中央门锁的检测与维修	任务 2.1	电动车窗和中央门锁的操作使用	汽车运用与维修 1+X 初级 / 汽车维修工初级
	任务 2.2	更换电动车窗升降器和门锁电动机总成	汽车运用与维修 1+X 初级 / 汽车维修工中级
	任务 2.3	电动车窗和中央门锁的电路设计与连接	汽车运用与维修 1+X 中级 / 汽车维修工中级
	任务 2.4	电动车窗升降器功能失效的故障诊断与排除	汽车运用与维修 1+X 中级 / 汽车维修工高级
	任务 2.5	中央门锁的故障诊断与排除	汽车运用与维修 1+X 高级 / 汽车维修工高级
模块三 电动后视镜、电动座椅的检测与维修	任务 3.1	电动后视镜、电动座椅的使用	汽车运用与维修 1+X 初级 / 汽车维修工初级
	任务 3.2	控制单元控制的电动后视镜的故障诊断	汽车运用与维修 1+X 高级 / 汽车维修工高级
	任务 3.3	电动座椅不能调节的故障诊断	汽车运用与维修 1+X 高级 / 汽车维修工高级
模块四 被动安全系统的检测与维修	任务 4.1	认识被动安全系统	汽车运用与维修 1+X 初级 / 汽车维修工初级
	任务 4.2	事故车安全系部件的更换	汽车运用与维修 1+X 中级 / 汽车维修工中级
	任务 4.3	安全气囊警报灯异常亮的故障检修	汽车运用与维修 1+X 高级 / 汽车维修工高级

续表

模块名称	任务名称	难度描述
模块五 驾驶员辅助系统的应用	任务 5.1 自适应巡航系统的使用和校准	汽车运用与维修 1+X 中级／汽车维修工中级
	任务 5.2 车道保持系统的使用	汽车运用与维修 1+X 中级／汽车维修工中级
	任务 5.3 红旗车型自动泊车系统的使用	汽车运用与维修 1+X 中级／汽车维修工中级
模块六 防盗系统故障诊断	任务 6.1 点火开关的 15 和 50 端子控制	汽车运用与维修 1+X 初级／汽车维修工初级
	任务 6.2 认识防盗系统	汽车运用与维修 1+X 初级／汽车维修工初级
	任务 6.3 一键起动和无钥匙进入功能的故障诊断	汽车运用与维修 1+X 高级／汽车维修工高级
模块七 车载娱乐系统的设定	任务 7.1 北斗卫星导航系统的加装及使用	汽车运用与维修 1+X 中级／汽车维修工中级
	任务 7.2 红旗轿车车载互联系统的使用	汽车运用与维修 1+X 中级／汽车维修工中级

说明：

本课程设计遵循德国双元制职业教育理论，参考 1+X 汽车运用与维修职业技能等级和汽车维修工职业技能等级标准，以服务客户为理念，按照汽车售后服务企业服务和机电维修岗位实际工作任务和流程设计。

前　言

随着汽车电动化、智能化、网联化、共享化的发展，汽车车身电气系统越来越复杂。掌握车身电子技术基本知识，能够对车身电气系统正确使用与维护、准确诊断与排除故障，是从事汽车检测维修、装配试验、营销服务等岗位技术人员的必备技能，是高等职业教育汽车类专业技术技能人才培养的专业能力要求。

《汽车车身电子技术》第5版贯彻落实党的二十大精神，在前4版基础上，基于当前经济社会对现代化产业体系的人才培养需求，服务于汽车先进制造业融合集群的转型升级，秉持"客户服务""能力本位""业务流程导向""数字化"的设计思路，深度分析岗位典型任务，融合1+X证书标准，引入新技术、新工艺、新规范，实现理论与实践融合，专业知识与育人元素融合，专业技能与职业素质融合，构建模块化多元融合的教材结构，落实立德树人的根本任务，培养德智体美劳全面发展的社会主义建设者和接班人。主要包括汽车空调系统检测与维修；电动车窗和中央门锁检测与维修；后视镜、电动座椅检测与维修；被动安全系统检测与维修；驾驶员辅助系统应用；防盗系统故障诊断；车载娱乐系统设定等内容。

本书遵循职教学生认知规律，从教材体例架构、内容与方法、学习资源等多个方面进行了精心设计，体现了高等职业教育的特色，主要有以下特点：

（1）构建课程模块。基于能力本位课程理念，遵循职业教育人才培养规律，结合车身电气各系统相对独立特点，构建"模块——任务"教材体例，设计了7大模块，23个任务，支持模块化教学实施。

（2）实现课证融通。融入1+X考核标准，各系统按照"认知"→"使用"→"检修"三级递进逻辑设计任务技能层级，由初级到高级，各任务均有明确的能力等级，体现课证融通职教特点。

（3）彰显课程思政。丰富教材内容中国式色彩，将中国汽车品牌技术、法律法规、安全环保知识等融入课程内容，特别是红旗轿车技术、北斗导航技术等，把民族精神、爱国主义等思政元素有机融入学习任务，弘扬民族品牌，增强学生文化自信。优化实践育人方式，以活页工单为载体，将安全教育、劳动精神、工匠精神等贯穿于实训教学全过程，引导学生怀匠心、践匠行、做匠人。

（4）教材资源丰富。每个模块具有丰富的微视频、动画、AR 等媒体资源，学习者可通过扫描二维码观看，方便自主学习。每个任务中都有相应的活页工单，和参考信息，可供学生学习使用。以服务"人的全面发展"为核心，围绕"品德修养"、"文化传承"和"品牌力量"主线，各模块开发有课程思政案例，为教师提供育人借鉴。

本书可作为职业高等院校汽车类专业教材，如：汽车电子技术、汽车检测与维修技术、新能源汽车检测与维修技术、汽车技术服务与营销、汽车智能技术、汽车制造与试验技术、新能源汽车技术等专业。也可作为成人高校汽车电子技术、汽车检测与维修技术及相关专业的教学用书，社会从业人员业务参考书及培训用书等。

本书编写团队由校企优秀人员组成，既有长期从事高等职业教育教学和承担企业培训的教授、讲师，也有来自企业的技能大师。全书由李春明、杨金玉担任主编，孙乐春、李雪松、王卫军、张军担任副主编。编写分工为：模块一由杨金玉、王卫军编写，模块二由杨金玉、张军编写，模块三、模块四由孙乐春、李春明编写，模块五、模块七由李雪松、丛彦波编写，模块六由王椿龙、孙雪梅编写。刘欣欣、冷帅、王秀清、佟得利等参与了教材框架制定、案例收集、微视频制作、数据采集与教材整理等工作，在此一并表示感谢。

由于编者水平有限，书中难免有缺点和不足，敬请读者批评指正。

编　者

2022 年 12 月

目 录

模块一 空调系统的检测与维修······1
  任务 1.1　认识空调通风系统·······1
  任务 1.2　空调制冷系统的检测······21
  任务 1.3　手动空调不制冷的故障诊断······55
  任务 1.4　自动空调系统的故障诊断······73

模块二 电动车窗和中央门锁的检测与维修······99
  任务 2.1　电动车窗和中央门锁的操作使用······99
  任务 2.2　更换电动车窗升降器和门锁电动机总成······117
  任务 2.3　电动车窗和中央门锁的电路设计与连接······129
  任务 2.4　电动车窗升降器功能失效的故障诊断与排除······141
  任务 2.5　中央门锁的故障诊断与排除······163

模块三 电动后视镜、电动座椅的检测与维修······179
  任务 3.1　电动后视镜、电动座椅的使用······179
  任务 3.2　控制单元控制的电动后视镜的故障诊断······187
  任务 3.3　电动座椅不能调节的故障诊断······199

模块四 被动安全系统的检测与维修······209
  任务 4.1　认识被动安全系统······209
  任务 4.2　事故车安全系统部件的更换······221
  任务 4.3　安全气囊警报灯常亮的故障检修······235

模块五　驾驶员辅助系统的应用·····································245

　　任务 5.1　自适应巡航系统的使用和校准···························245
　　任务 5.2　车道保持系统的使用·····································259
　　任务 5.3　红旗车型自动泊车系统的使用··························265

模块六　防盗系统故障诊断··275

　　任务 6.1　点火开关的 15 和 50 端子控制·························275
　　任务 6.2　认识防盗系统··287
　　任务 6.3　一键起动和无钥匙进入功能的故障诊断···············305

模块七　车载娱乐系统的设定·······································315

　　任务 7.1　北斗卫星导航系统的加装及使用·······················315
　　任务 7.2　红旗轿车车载互联系统的使用··························353

模块一　空调系统的检测与维修

任务 1.1　认识空调通风系统

【任务信息】

任务 1.1　认识空调通风系统				
任务难度	初级		参考学时	4 学时
案例导入	任务 1.1：4 月份的某一天，红旗轿车的 4S 店来了一位客户，他说他的红旗轿车空调不凉。服务顾问经过预检并没有发现空调故障，在与客户沟通后，发现该客户不会使用空调。 任务 1.2：客户反映，在空调鼓风机开关挡位开到最大后，风量还是很小，这种情况从今年入夏以来就开始了。经过维修技术人员的诊断，需要检查空调滤清器的使用情况，必要时更换空调滤清器			
能力目标	知识	1. 能够识读车辆维修手册并能够根据车辆手册描述空调操纵流程和方法。 2. 能够正确描述操纵空调通风系统的方法；能够按车辆维修手册正确更换空调滤清器；能够制定空调通风系统故障诊断工作计划		
	技能	1. 能够熟练操纵汽车空调。 2. 能够识读车辆维修手册，制定空调通风系统故障诊断、空调滤清器更换工作计划		
	素质	1. 能够展示操作成果。 2. 能够与团队成员协作完成任务		
任务 1.1 PPT					

【任务流程】

[任务准备]

课前预习内容请扫描二维码，进行线上学习。

任务 1.1　任务准备

空调系统概述

1

[任务实施]

任务 1.1.1　认识红旗轿车的空调操纵系统

一、工作表：红旗轿车空调操纵系统

（1）查看用户手册，说明红旗轿车空调系统具备哪些功能。

（2）查看用户手册，制定红旗轿车空调操纵的流程。

（3）说明使用内循环模式需要注意哪些问题。

二、参考信息

红旗轿车配备的是双温区空调系统，可根据车内乘员的设定温度，结合当前的车内温度、环境温度、阳光强度、车速、水温等环境参数，自动调节出风温度、风量、出风模式、进风模式，为乘员提供所需的驾乘环境。

红旗轿车空调操作界面有两个：音响系统空调操作界面和中控面板空调操作界面。音响系统空调操作界面如图1-1所示；中控面板空调操作界面如图1-2所示。

图 1-1　音响系统空调操作界面
1—关闭按键；2—开启按键；3—HOME 按键；4—"AUTO"按键；5—自然通风按键；6—出风模式设定按键；7—风量设定按键

（一）进入空调操作界面的方法

进入空调操作界面的方法有如下两种。

方法一：触按中控面板上的"CLIMATE"按键，进入空调操作界面。

方法二：触按触摸屏幕上的"空调"按键进入空调操作界面。

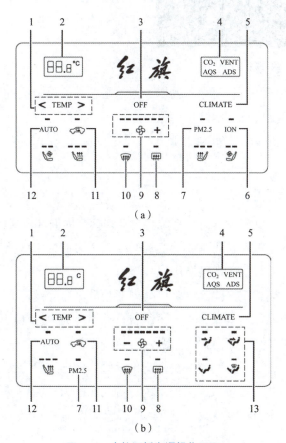

图1-2 中控面板空调操作界面
（a）四驱车型；（b）两驱车型

1—温度设定按键；2—温度显示屏；3—"OFF"按键；4—状态显示屏；5—"CLIMATE"按键；6—"ION"按键；
7—"PM2.5"按键；8—后风窗加热按键；9—风量调节按键；10—前风窗除霜/除雾按键；
11—内/外循环模式设定按键；12—"AUTO"按键；13—出风模式设定按键

（二）使用自动空调系统

方法一：使用触摸屏操作。

在空调开关处于"关"状态时，触按开启按键可激活空调操作界面，进入自动空调模式。

在空调开关处于"开"状态时，触按"AUTO"按键，可进入自动空调模式，如图1-3所示。

方法二：触按中控面板上的"AUTO"按键，按键指示灯点亮，进入自动空调模式，如图1-4所示。

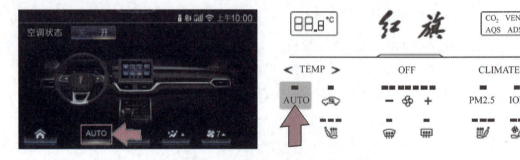

图 1-3 触摸屏上的"AUTO"按键　　　　图 1-4 中控面板上的"AUTO"按键

在自动空调模式下，可根据个人需求，通过触按温度设定按键设定温度，同时，温度显示屏会对设定温度进行显示。

如果通过触按风量设定按键或出风模式设定按键来调节车内温度，那么"AUTO"按键指示灯熄灭。

（三）使用自动空调模式

（1）在夏季，选择低温设置时，系统将自动切换到内循环模式。

（2）按下开关后，鼓风机可能不会立即转动，也可能处于低挡运行状态，直到暖风或冷气准备妥当才会进行正常送风操作。

（3）在自动空调模式下，当驾驶员侧与副驾驶员侧温度设定为"Lo"时，进入最大制冷模式，为实现快速制冷效果，空调系统将自动切换为内循环模式，且风量调节为最大风量、出风模式切换为吹面模式，温度风门置于最冷位置。

（4）在自动空调模式下，当驾驶员侧与副驾驶员侧温度设定为"Hi"时，进入最大采暖模式，为实现快速采暖效果，空调系统将自动切换为外循环模式，且风量调节为最大风量、出风模式切换为吹脚模式，温度风门置于最热位置。

（四）手动调节设定

1. 手动调节风量

方法一：在空调操作界面上触按风量设定按键或拖动风量设定条，可实现1~7级风量的调节，如图1-5所示。

图 1-5 在空调操作界面上进行风量设定

方法二：触按中控面板上的"— ❀ +"风量设定按键，可实现1~7级风量的调节。

2. 手动调节温度

触按温度设定按键["<"（降低温度）或">"（升高温度）]进行温度设定。

如果车辆未处于"READY"状态或空调处于自然通风状态，即使调至低温，系统也将会向车内吹入自然风。

3. 手动调节出风模式

操作以下4种出风模式设定按键，实现不同出风模式的切换。

（1）气流吹向面部按键，如图1-6所示。

（2）气流吹向脚部按键，如图1-7所示。

（3）气流吹向面部和脚部按键，如图1-8所示。

（4）气流吹向脚部和前风窗按键，如图1-9所示。

4. 手动调节内/外循环模式

触按内/外循环模式设定按键，按键指示灯点亮，进入内循环模式；再次触按，按键指示灯熄灭，进入外循环模式。

切换至自动空调模式时，空调系统自动切换内/外循环模式。

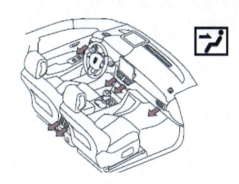
图1-6 气流吹向面部按键

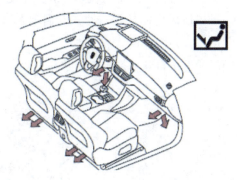
图1-7 气流吹向脚部按键

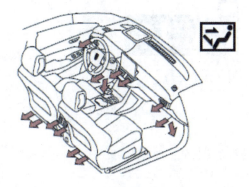
图1-8 气流吹向面部和脚部按键

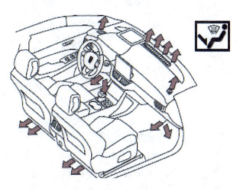
图1-9 气流吹向脚部和前风窗按键

触按空调操作界面上的风向指示可切换出风模式,实现不同出风模式之间的切换。

当前已存在一种出风模式(如吹面模式),选择另一个风向时,如果新选择的风向和已有风向可以组合成一种出风模式(如吹面+吹脚),就执行组合模式(如吹面+吹脚);若新选择风向和已有风向不可以组合成一种出风模式(如吹面+吹窗),则执行新选择的出风模式(如吹窗)。

(1)不要在寒冷或阴雨天使用内循环模式,否则易导致风窗玻璃起雾,视线受阻,可能导致严重事故。
(2)如果长时间使用内循环模式,则风窗玻璃容易起雾。
(3)在手动调节空调的舒适性时,请先调节温度,不建议直接调节风量。

(五)其他功能

1. 前风窗强制除霜/除雾

(1)触按中控面板上的 按键,按键指示灯点亮,开启前风窗强制除霜/除雾功能,如图1-10所示。

(2)触按触摸屏上的空调操作界面中的 按键,开启前风窗强制除霜/除雾功能。

(3)当使用内循环模式时,开启前风窗强制除霜/除雾功能后,系统会自动由内循环模式切换至外循环模式。

(4)增大风量并升高温度可尽快消除前风窗玻璃上的霜/雾。

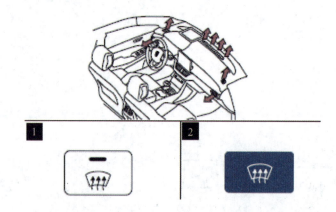

图1-10 中控面板上和触摸屏上的 按键

防止风窗玻璃起雾的方法

(1)天气极为潮湿时,不要在制冷操作期间使用前风窗强制除霜/除雾功能。车外空气与风窗玻璃的温差可能会使风窗玻璃外表面起雾,从而妨碍视线。

(2)请勿将可能遮盖出风口的物体放在仪表板上,否则可能阻挡气流,从而妨碍前风窗除雾。

2. ADS 防雾传感器

在空调开启状态下,当前风窗有结雾且有影响安全驾驶倾向时,空调系统进入自动防雾模式,风量适当增加并吹向前风窗,空调状态显示屏显示"ADS";当该倾向解除后,空调系统自动切回防雾模式之前的工作状态。进入自动防雾模式时,可通过操作"AUTO"按键或出风模式设定按键退出自动防雾模式,一段时间后若前风窗结雾倾向不解除,系统会重新启动该模式。

> **提示** 在进入自动除雾模式时,空调系统的出风量会较大;在遇到大雨、暴雨等恶劣天气时,为了达到快速除雾效果,建议开启前风窗强制除霜/除雾功能。

3. 自然通风功能

触按触摸屏上的自然通风按键,进入自然通风模式,空调状态显示屏显示"VENT",进气模式切换为外循环,此时压缩机停止工作,从而起到节能作用。

触按"AUTO"按键、 按键或 按键可退出自然通风模式。

4. 空气净化功能

触按中控面板上的"ION"按键,如图 1-11 所示,按键指示灯点亮,开启空气净化功能,再次触按"ION"按键,按键指示灯熄灭,关闭空气净化功能。

空气净化系统有两种净化模式,分别是除菌工作模式和负离子工作模式。在工作时,车辆在这两种模式之间自动切换。当鼓风机不工作时,即使打开空气净化功能,空气净化器也不工作。

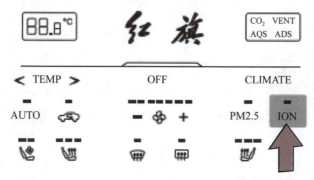

图 1-11 中控面板上的"ION"按键

5. PM2.5 传感器

触按中控面板上的"PM2.5"按键,如图 1-12 所示,按键指示灯(黄色)点亮,开始检测车内空气的 PM2.5 浓度。检测完成后,若浓度达标,则空调系统自动退出;若不达标,则空调系统自动进行过滤,按键指示灯(绿色)点亮,并在过滤完成后自动退出。

长按"PM2.5"按键,可以直接开启 PM2.5 过滤功能,空调系统自动切换至内循环模式,以提高过滤效率。

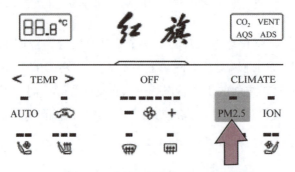

图 1-12 中控面板上的"PM2.5"按键

大众汽车空气质量传感器

（六）调节出风口方向及打开和关闭出风口

（1）将气流导向左侧或右侧、上侧或下侧。

（2）拨动至极限位置时关闭出风口，如图 1-13~图 1-15 所示。

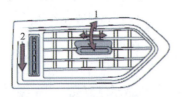
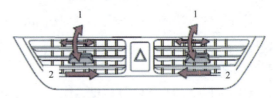

图 1-13　前侧出风口　　　　　　　图 1-14　前中央出风口

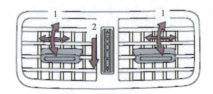

图 1-15　后中央出风口

（七）风窗加热

触按 ▥ 按键，如图 1-16 所示，按键指示灯点亮，开始对后风窗及前风窗进行加热；再次触按 ▥ 按键，按键指示灯熄灭，空调系统停止工作。

空调的使用

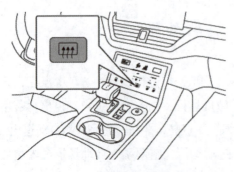

图 1-16　仪表板上的 ▥ 按键

> **提示**　空调系统在运行约 15 min 后会自动关闭风窗加热功能，▥ 按键指示灯熄灭。

> **注意**　风窗加热时请勿触摸加热区域，以防烫伤。

模块一　空调系统的检测与维修

任务 1.1.2　空调由于风小而制冷不良故障检测

■ 任务 1.1.2.1　确认故障现象

操纵实训车辆空调通风系统鼓风机开关，完成下面的工作表。

一、工作表：故障现象的确认

（1）确认故障现象，并记录下来。 操纵实训车辆空调通风系统鼓风机开关：					
位置	外循环			内循环	
1 挡	出风口是否出风　□是　□否			出风口是否出风　□是　□否	
2 挡	□出风量增加	□出风量减少	□出风量不变	□出风量增加　□出风量减少　□出风量不变	
3 挡	□出风量增加	□出风量减少	□出风量不变	□出风量增加　□出风量减少　□出风量不变	
4 挡	□出风量增加	□出风量减少	□出风量不变	□出风量增加　□出风量减少　□出风量不变	
（2）通风系统由哪些部件组成？					
（3）确定故障点位置。					

二、参考信息

操纵实训车辆空调通风系统鼓风机开关，确认故障现象。

■ 任务 1.1.2.2　分析可能的故障原因

一、工作表：空调通风系统认识

（1）捷达轿车空调通风系统由哪些部件组成？

9

（2）看下图分析各系统处于什么状态。

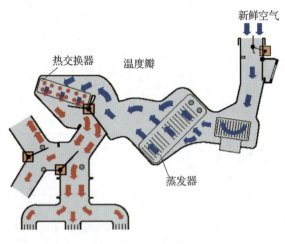

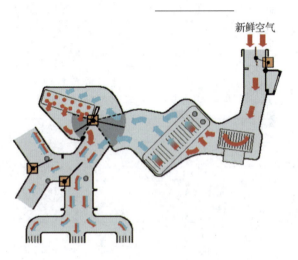

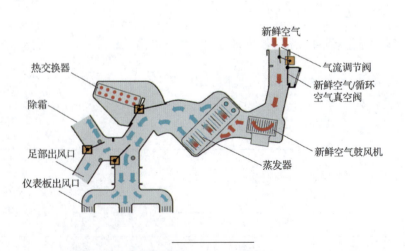

（3）迈腾轿车空调通风系统由哪些部件组成？

_____

_____

_____

二、参考信息

（一）捷达轿车空调通风系统的外形结构

捷达轿车空调通风系统的外形结构如图 1-17 所示。

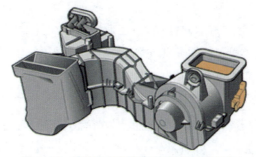

图 1-17　捷达轿车空调通风系统的外形结构

1. 空调通风系统的作用

空调通风系统的作用是向车内提供温度适宜的干净空气，主要包括新鲜空气/循环空气真空阀、鼓风机、中央风门、除霜/下出风真空阀、风道和各个出风口等，如图 1-18 所示。

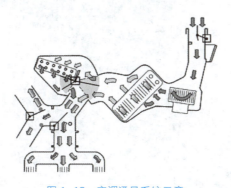

图 1-18　空调通风系统示意

新鲜空气/循环空气真空阀的作用是接通或关闭车外新鲜空气进气口。空气流经鼓风机后，通过蒸发器冷却，再流向暖风加热器，温度风门的位置不同，流向暖风加热器的空气比例也不同，这样通过调节温度风门位置就调节了出风温度。图 1-19 所示为出风温度调节过程。

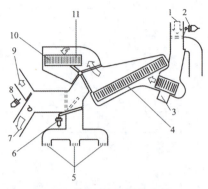

图 1-19 出风温度调节过程

1—车外新鲜空气；2—新鲜空气/循环空气真空阀；3—鼓风机；4—蒸发器；5—仪表板出风口；6—中央风门双向真空阀；7—下出风口；8—除霜/下出风真空阀；9—除霜出风口；10—暖风加热器；11—温度风门

2．通风管路

通风管路及气流分配通常取决于暖风/空调装置的设计及驾乘人员所需的舒适度。气流分配有两种不同的类型：一是将未分流的空气送入车内；二是将空气分为左、右两路分别送入车内。后者需要更多传感器、执行器和气流调节阀。

1）制冷模式

制冷模式就是温度较高的新鲜空气通过蒸发器流向出风口，而通往热交换器的风道被关闭。制冷系统示意如图 1-20 所示。

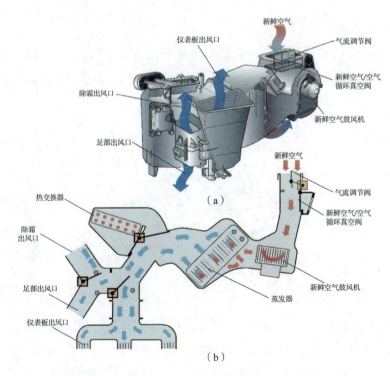

图 1-20 制冷系统示意
（a）外形结构示意；（b）制冷模式工作过程示意

2）加热模式

空调关闭，暖风开启，低温空气流过蒸发器，但蒸发器未启动；新鲜空气流过热交换器并被加热。图1-21所示为空调通风系统在加热模式下的工作过程示意。

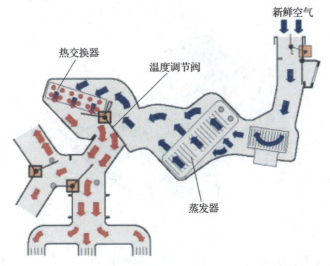

图1-21　空调通风系统在加热模式下的工作过程示意

3）混合模式

空调开启，暖风开启（混合风），温暖的新鲜空气流经蒸发器进行冷却。为了避免新鲜空气过冷，一部分新鲜空气流经热交换器，从而使选定出风口的空气温度适宜。

如果新鲜空气温度低，但湿度大，也可以选择制冷模式。新鲜空气经过蒸发器即可除湿，车窗上的雾气也随之消失。

空调通风系统在混合运行模式下的工作过程示意如图1-22所示。

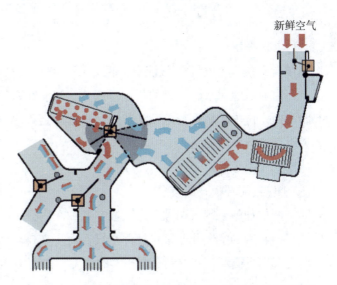

图1-22　空调通风系统在混合运行模式下的工作过程示意

关于空调通风系统及其操纵，请扫描以下二维码学习。

空调通风系统及其操纵

空调通风系统动画

(二)迈腾轿车空调通风系统结构

迈腾轿车空调通风系统示意如图 1-23 所示。

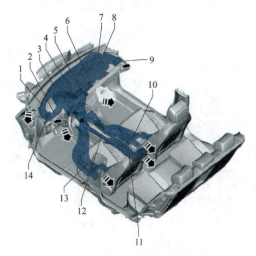

图 1-23 迈腾轿车空调通风系统示意

1—左侧侧面出风口和车窗玻璃出风口空气通道；2—驾驶员侧脚部空间出风口；3—挡风玻璃空气分配口；4—间接通风空气通道；5—中部出风口；6—副驾驶员侧脚部空间出风口；7—右侧侧面出风口和车窗玻璃出风口空气通道；8—暖风装置和空调；9—右侧侧面出风口；10—右侧乘员脚部空间出风口空气通道；11—后排座椅出风口后部空气通道；12—后排座椅出风口前部空气通道；13—左侧乘员脚部空间出风口空气通道；14—左侧侧面出风口

1. 气流分配

在自动空调系统中，气流分为两路：一路通过空调内蒸发箱气道一侧的阀进行调节；一路通过暖风水管一侧的阀进行调节。气流在阀的控制下分别流向各个出风口，所有阀均由定位电动机进行电动调节。可根据设定程序自动调节阀，也可通过控制和显示装置对其进行手动控制。

2. 空气循环模式

1）空气循环模式的概念

空调处理的空气有两种，即环境空气和车内空气（空气循环）。在空气循环模式下，用于车内制冷的空气并非来自外部空气，而是来自车内空气。因此，空调通风系统仅将车内空气进行循环，并控制车内空气的温度，如图 1-24 所示。

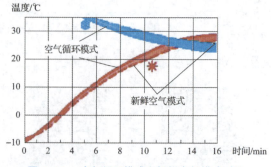

图 1-24 空气循环模式和新鲜空气模式对比

2）空气循环模式的作用

空气循环模式是使车内温度下降最快的模式。在这种模式下，车内空气经过反复循环，每次都会降温，当在这种模式下对车内空气进行加热时，空气变热的速度也更快。采用空气循环模式的优势在于蒸发器和压缩机所需的输出功率降低了一半。除了能快速制冷/制暖，空气循环模式还可避免车内驾乘人员吸入受污染的环境空气。

3）空气循环模式的缺点

在空气循环模式下，车内没有气体交换，空气最终将被"耗尽"，所以空气循环模式使用时间应控制在需要的时间内，并且不得超过 15 min。在空气循环模式下，车内空气湿度因驾乘人员呼吸产生的水汽而上升，当车内空气的露点温度高于车窗温度时，车窗必然会起雾。设置为除霜模式时，空气循环模式会自动失效。

4）手动空气循环模式

当使用手动空调时，由驾驶员控制和操作空气循环模式及判定何时启动空气循环模式以及其运行时间。在按下空气循环按钮后，空调通风系统通过真空以气动方式调节阀门。

在自动空调中，空气循环模式一般也是由驾驶员手动选择的。在迈腾轿车中，新鲜空气/空气循环真空阀由定位电动机进行电动调节。

两种系统的共同点是：当新鲜空气真空阀关闭时，空气循环真空阀开启；当新鲜空气真空阀开启时，空气循环真空阀关闭。

空气循环真空阀定位电动机也被用于调节气流调节阀。某些类型的自动空调已能自动控制空气循环模式。当环境空气产生污染时，空调通风系统立即停止供应新鲜空气。

5）自动空气循环模式

一般情况下，在使用手动空气循环模式的系统中，驾驶员不会从空气循环模式切换到其他模式。但若车内有令人不适的气味，则必须采取措施，否则车内空气将被污染。在采用自动空气循环模式的系统中，一旦传感器检测到空气中有污染物，就会立即关闭空调通风系统，从而杜绝了令人不适气味的产生。也可以手动开启或关闭自动空气循环模式。图 1-25 所示为自动空气循环模式工作原理示意。

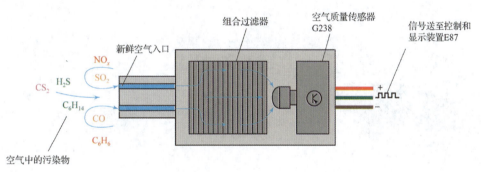

图 1-25　自动空气循环模式工作原理示意

任务 1.1.2.3　排除故障并修复

一、工作表：更换空调滤清器

（1）请在实训车辆上指出空调滤清器的位置。
_____
_____

（2）查询车辆维修手册，制订空调滤清器更换计划。
_____
_____
_____

（3）重新检查车辆，看故障是否被排除。
_____
_____

二、参考信息

粉尘及花粉过滤器可在副驾驶员侧脚部空间处进行拆卸和安装。

根据车辆装备不同，可能会安装带活性炭过滤层的粉尘及花粉过滤器。更换周期参考车辆保养手册。

迈腾轿车空调滤清器的更换步骤如下。

（一）拆卸

（1）拧出塑料螺栓2，并取下副驾驶员侧侧隔音板1，如图 1-26（a）所示。

（2）沿箭头方向推动并取下盖板3，如图 1-26（b）所示。

（3）向下从空调暖风装置中取出粉尘及花粉过滤器，如图 1-26（c）所示。

（二）安装：以倒序进行

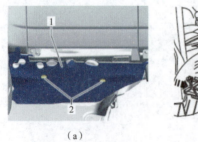 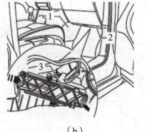 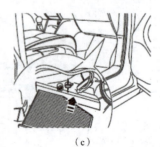

（a）　　　　　　　　（b）　　　　　　　　（c）

图 1-26　空调滤清器的更换示意

【任务拓展】

本任务拓展为认识迈腾轿车全自动空调操纵系统。无后部控制自动空调系统操作机构如图 1-27 所示；有后部控制自动空调系统操作机构如图 1-28 所示。

图 1-27　无后部控制自动空调系统操作机构

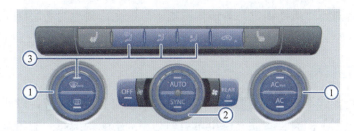

图 1-28　有后部控制自动空调系统操作机构

一、各按键功能

图 1-27 和图 1-28 中各按键功能如下所述。

①—温度调节按键。用左、右调节旋钮可分别调节车厢内左、右两部分的温度。将调节旋钮旋至所需位置，设定的温度即可显示在空调操作面板左、右两侧的液晶显示屏上。

②—鼓风机转速调节旋钮。空调系统自动控制鼓风机转速；也可手动调节鼓风机转速。

③—空气分配按键。空调系统自动控制送风方向；也可手动切换送风方向。

MAX：启动除霜功能。空调系统将自车外吸入的空气直接吹向前风窗，同时，空气内循环模式自动关闭。车内温度 +3 ℃时可快速去除风窗上的雾气、降低车内空气湿度以及将鼓风机转速提高至最高挡。

：通过仪表板出风口，将空气吹向乘员上身。

：将空气吹向乘员脚部。

：向上送风。

AC：触按该按键即可启动或关闭空调制冷系统。

AC MAX：强劲制冷功能，可迅速将车内温度降至设定温度。

▥：风窗加热功能。在发动机运转时按压该按键后，风窗加热器方能起作用，在工作约 10 min 后，风窗加热器自动关闭。

：启动空气内循环模式。

A：启动自动空气内循环模式。

OFF：关闭空调系统。触按"OFF"按键或将鼓风机转速调节旋钮旋至 0 挡即可关闭空调系统。在空调系统处于关闭状态时，OFF 按键指示灯点亮。

SYNC：组合调节驾驶员侧和副驾驶员侧的温度。若"SYNC"按键指示灯点亮，则设定的驾驶员侧的温度也适用于副驾驶员侧；若触按该按键或操作副驾驶员侧温度调节旋钮设定副驾驶员侧的温度，则车内左、右两侧的温度可分别调节，此时"SYNC"按键指示灯熄灭。

AUTO：空调系统自动控制温度、鼓风机转速和空气的分配。

REAR 🔒：后部操作机构锁定。若该按键指示灯点亮，则说明无法使用后部操作机构操纵空调。

二、自动运行模式

在自动运行模式下，气流、温度、风量和空气流向会自动调节，以便尽快达到预设的温度并保持恒温。同时，空调系统也考虑到阳光的影响，因此，无须对空调系统进行手动调整，自动运行模式可在全年不同气候下为车内驾乘人员营造最适宜的车内环境。

打开自动运行模式的操作步骤如下。

（1）触按压"AUTO"按键，接通自动空调的自动运行模式，此时按键指示灯点亮。

（2）转动温度调节旋钮，按需设定车内左、右两侧的温度。建议将温度设置为适合全年时令的 +22℃。

（3）在自动运行模式下将温度设定为 +22 ℃（+72 ℉），可使车内温度快速达到舒适状态，也可按个人需要或特殊情况更改温度设定值。车内温度的可调范围为 +18 ℃（+64 ℉）~+26 ℃（+80 ℉）。设定的温度值分别显示在空调操作面板左、右两侧液晶显示屏上。

（4）如设定的温度值低于 +18 ℃（+64 ℉），显示值切换为"Lo"。在这种情况下，空调系统以最大制冷功率运转而不对车内温度进行调节。如设定的温度高于 +26 ℃（+80 ℉），显示值切换为"Hi"，空调系统将以最大加热功率运转而不对车内温度进行调节。

三、打开强劲制冷模式

触压"ACmax"按键，接通自动空调的强劲制冷模式，此时按键指示灯点亮。

在强劲制冷模式下，自动空调将启用强制内循环模式，同时根据当前工况将全车设定温度调至"Lo"，且将压缩机功率和鼓风机转速均调至最大。

注意：若长期处于强劲制冷模式，则可能极大增加车辆油耗，且对于低排量的车型在恶劣工况下可能导致发动机功率不足。

四、自动空调后部操作机构

自动空调后部操作机构如图 1-29 所示。

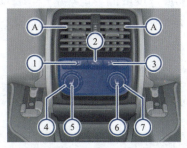

图 1-29　自动空调后部操作机构

（1）按压空调操作面板上的按钮 [REAR]，在按钮内的 LED 指示灯熄灭后，方可使用后部操作机构操纵空调。

（2）按压相应按钮即可打开或关闭某个相应功能，激活某个功能时按钮内的 LED 指示灯随之点亮，再按一下相应按钮即可关闭该功能。

（3）后部操作机构里的 LED 指示灯点亮表示已激活相应功能。

（4）为充分发挥空调系统的采暖、通风和制冷作用，切勿完全关闭出风口 A。按所需方向旋滚花轮即可打开或关闭出风口。拨动出风口上的格栅，可调节送风方向。脚部空间及车内后部区域也设有出风口。

（5）空调间接通风系统以自动运行模式运转时也可控制间接通风，即非直吹通风。此时空气经不可关闭的出风口排出。

五、自动空调系统的空气内循环模式

自动空调系统有空气内循环手动模式和空气内循环自动模式两种。

自动空调系统以空气内循环模式运转时可防止车外空气进入车内。

（一）空气内循环手动模式

若车外温度很高或很低时，则应选用空气内循环手动模式，使自动空调系统以该模式短时间运转，达到快速降低或提高车内温度的目的。

基于安全原因，触按 按钮或将空气分配调节旋钮旋至 位置，空气内循环模式即被关闭。

启动和关闭空气内循环手动模式的操作方法为：触按 按键，按键指示灯点亮，表示空气内循环手动模式启动；触按 按键，按键指示灯熄灭，表示空气内循环手动模式关闭。

（二）空气内循环自动模式

触按 按键，自动空调系统进入空气内循环自动模式，车外新鲜空气可进入车内。如探测到车外空气中的有害物质浓度升高，自动空调系统立即自动启动空气内循环模式，避免车外空气被吸入车内。

一旦车外空气中的有害物质浓度降低至正常水平，自动空调系统立即自动关闭空气内循环模式，新鲜空气又可进入车内。自动空调系统只能探测车外空气中的有害物质浓度，无法探测难闻的气味。

在下列温度和条件下，自动空调系统不会自动启动空气内循环模式：

（1）已启动空调制冷系统（ AC 按键指示灯点亮），并且环境温度低于 +3 ℃（+38 ℉）时；

（2）空调制冷系统及风窗刮水器处于关闭状态，并且环境温度低于 +10 ℃（+50 ℉）时；

（3）空调制冷系统处于关闭状态，并且环境温度低于 +15 ℃（+59 ℉），风窗刮水器处于打开状态时。

启动和关闭空气内循环自动模式的操作方法为：触按 按键，按键指示灯点亮，表示空气内循环自动模式启动；触按 按键，按键指示灯熄灭，表示空气内循环自动模式关闭。

在闻到异味时，可暂时关闭空气内循环自动模式，操作方法为：触按 按键，即可启动空气内循环手动模式，此时按键左侧指示灯点亮，2 s 后再次触按 按键，即可重新开启空气内循环自动模式，按键右侧指示灯点亮。

大众汽车空调系统

【参考书目】

1.《汽车舒适与安全系统检修》（北京理工大学出版社）；

2.《红旗汽车用户手册》；

3.《迈腾汽车维修手册》。

学生笔记：

_____

_____

_____

任务 1.2 空调制冷系统的检测

【任务信息】

任务 1.2 空调制冷系统的检测			
任务难度	中级	参考学时	8 学时
案例导入	任务 2.1：东风本田 XR-V 汽车的客户反映空调打开以后有异味，服务顾问经过预检，确认需要清洗蒸发器，将工作任务派给维修技工。 任务 2.2：客户反映打开空调感觉不到凉风，维修技术人员经过询问，该车已 5 年没做空调保养，检查空调冷媒，发现没有冷媒，需要重新加注制冷剂。 任务 2.3：客户反映打开空调感觉风不凉，维修技术人员经过询问，该车已 5 年多没做空调保养，检查空调冷凝器，发现冷凝器脏污，需要清洗冷凝器		
能力目标	知识	1. 能够分析故障原因及诊断方法，能够正确描述清洗蒸发器的步骤。 2. 能够检测空调制冷管路的压力，能够对空调制冷系统检漏，能够对空调系统加注制冷剂。 3. 能够检测空调制冷管路部件，能够用歧管压力表正确测量空调系统压力，能够对冷凝器进行正确清洗	
	技能	1. 能够使用专用设备清洗蒸发器。 2. 能够正确使用自动回收机加注制冷剂。 3. 能够正确清洗冷凝器	
	素质	1. 能够展示操作成果。 2. 能够与团队成员协作完成任务	
任务 1.2 PPT			

【任务流程】

[任务准备]

课前预习内容请扫描二维码，进行线上学习。

任务 1.2 任务准备

[任务实施]

任务 1.2.1　空调异味的检测

起动实训车辆，打开汽车空调，看是否有头晕恶心、胸闷发困、易疲劳、刺鼻味道导致鼻炎/过敏等现象。

■ 任务 1.2.1.1　清洗蒸发器

一、工作表：清洗蒸发器

1. 为什么要对汽车空调进行保养？
2. 空调内细菌病毒有哪些危害？
3. 空调没有异味还需要清洗吗？

二、参考信息

（一）空调系统的保养

1. 空调内细菌病毒的危害

汽车空调在运行中，由于蒸发器和通风管道环境潮湿，表面附着的各种灰尘和微生物在潮湿的环境中会滋生各种霉菌和真菌，并在蒸发器表面腐烂，形成异味。这些异味、粉尘及细菌和病毒会随着空调的开启污染整个车厢内部。

汽车空调蒸发器中的异味、粉尘及细菌和病毒随着空调的开启，进入车内，被吸入驾乘人员体内，引起驾乘人员的困乏、头晕、恶心、感冒、呼吸道疾病等问题，直接影响行车安全。

2. 空调系统保养的重要性

随着全球气候不断变暖，城市夏季温度不断上升，汽车在行驶的过程中，空调系统的使用也更加频繁。汽车空调在运行中，空气中80%的微小粉尘和细菌穿过过滤网进入空调内部，与冷凝水黏合后堵塞在蒸发器上，影响空调的制冷与散热。

3. 空调系统全面保养的重要性

汽车空调蒸发器和通风管道处于阴暗潮湿的环境中，所以蒸发器表面的灰尘极易滋生霉菌和真菌，部分细菌腐烂后产生异味，这些细菌、病毒和异味会随着空调的开启，进入车内被驾乘人员吸入，造成驾乘人员的困乏、头晕、恶心、感冒、呼吸道疾病等问题。即使没有腐烂的异味，空调蒸发器内各种病毒细菌还存在（如大肠杆菌、葡萄球菌、绿脓杆菌等），当开启空调的时候，这些无色无味的细菌和病毒依然会引起呼吸道疾病，所以要定期或在换季，尤其在夏季空调使用特别频繁的时候，对空调系统进行全面保养。

（二）清洗蒸发器

东风本田汽车空调可视化蒸发器清洗设备如图1-30所示。

图1-30　东风本田汽车空调可视化蒸发器清洗设备

可视化空调养护套装如图1-31所示。

图1-31　可视化空调养护套装

（1）将车辆停放标准工位，维修人员佩戴好防护用具。对前座椅及前部空间区域（座椅、转向盘、挡杆、脚踏垫等）进行防护。

（2）在清洗前，应先检查汽车空调的工作情况，确认汽车空调工作是否正常、空调排水口有无堵塞情况。注：在检查空调排水口时，应在空调排水口下方放置污水盘。污水盘如图1-32所示。

（3）拆下车辆副驾驶员侧仪表台下挡板，找到鼓风机电阻位置，如图1-33所示。

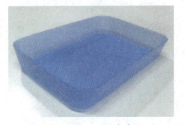
图1-32　污水盘

图1-33　拆下车辆副驾驶员侧仪表台下挡板

（4）找到鼓风机电阻及电阻连接线，断开鼓风机电阻连接线；拆下鼓风机电阻固定螺钉（2个）；拆下鼓风机电阻，如图1-34所示。

图1-34　拆下鼓风机电阻

（5）将可视蒸发器清洗工具放置于副驾驶员脚踏位置，将蒸发器清洗剂和蒸发器杀菌除味剂分别加入对应加注口（红色瓶盖产品加入设备的红色加注口，白色瓶盖产品加入设备的白色加注口）。

（6）将清洗转换开关置于关闭位置，将外接气源与设备气源接口连接，如图1-35所示。

图1-35　清洗转换开关位置与气源连接示意

（7）将12 V电源适配器与车辆点烟器连接，按下显示屏开关，打开可视蒸发器清洗设备显示屏开关，如图1-36所示。

（8）将喷枪通过鼓风机电阻位置探入蒸发器表面，观察蒸发器表面脏污情况。打开清洗转换开关（图1-37），开始清洗，调整清洗位置并观察清洗效果，直到清洗剂全部消耗（清洗时要留意空调排水口液体流出情况）。在清洗中途可随时关闭清洗转换开关停止作业。

模块一 空调系统的检测与维修

图 1-36 电源连接与可视蒸发器清洗设备显示屏开关示意

（9）清洗结束后，将清洗转换开关调至消毒除味储液罐位置。设备开始对蒸发器进行消毒、除味，移动喷枪调整喷洒位置，直到清洗剂全部消耗，关闭清洗转换开关，清洗结束，如图 1-38 所示。

图 1-37 打开清洗转换开关　　　　图 1-38 关闭清洗转换开关

（10）清洗完成后，拔出喷枪，断开电源、气源连接。移开可视蒸发器清洗工具并将其归位。

（11）恢复原车鼓风机电阻及车辆副驾驶员侧仪表台下挡板。

（12）起动车辆，打开空调开关，设置空气内循环模式，将风速调至 2 挡，确认车辆空调鼓风机工作正常后，再运转 3 min，降下前门的风窗玻璃进行自然通风，清洗作业结束。

注意事项：

① 在清洗前，需确认空调及其他用电设备正常。

② 在清洗时，需在车辆空调排水口下方放置污水盘。

③ 可视蒸发器清洗设备内有液体时，严禁大幅倾斜或倒置。

④ 清洗时应使喷头与蒸发器保持适当距离，对蒸发器由上至下清洗，以提高清洗效果。

⑤ 喷枪管路内部有摄像头信号线，请勿反复、过度弯折。

⑥ 可视蒸发器设备表面需避免液体滴落，若有液体滴落，则需及时擦拭干净。

⑦ 作业结束后，需再次检查车辆空调系统工作是否正常。

25

任务 1.2.1.2　空调制冷系统结构认识

一、工作表：认识空调制冷系统结构

（1）请写出汽车空调制冷系统的组成。

（2）看下图并写出各部分名称。

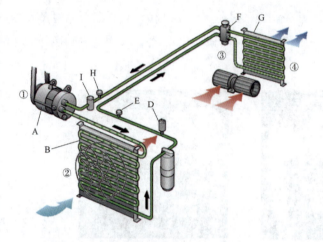

A—＿＿＿＿＿＿＿＿＿＿＿；

B—＿＿＿＿＿＿＿＿＿＿＿；

F—＿＿＿＿＿＿＿＿＿＿＿；

G—＿＿＿＿＿＿＿＿＿＿＿

（3）看下图，分析汽车空调制冷系统的工作原理，并填空。

① 从蒸发器出来进入压缩机的是＿＿＿＿℃、＿＿＿＿MPa 的制冷剂；

② 从压缩机出来进入冷凝器的是＿＿＿＿℃、＿＿＿＿MPa 的制冷剂；

③ 从冷凝器出来进入膨胀阀的是＿＿＿＿℃、＿＿＿＿MPa 的制冷剂；

④ 从膨胀阀出来进入蒸发器的是＿＿＿＿℃、＿＿＿＿MPa 的制冷剂。

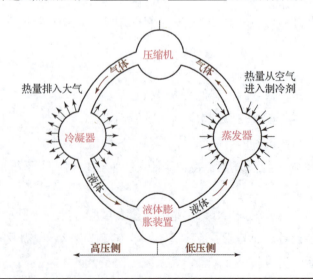

（4）请写出压缩机、冷凝器、膨胀阀、蒸发器的作用。

（5）请在实训车辆上指出制冷系统部件的位置。

（6）看下图，指出CCOT制冷系统与膨胀阀制冷系统的区别，并填空。

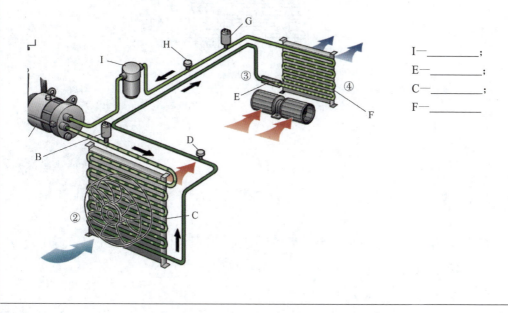

I—＿＿＿＿＿；
E—＿＿＿＿＿；
C—＿＿＿＿＿；
F—＿＿＿＿＿

二、参考信息

（一）空调制冷系统的组成

空调制冷系统的组成如图1-39所示。空调制冷系统由压缩机、冷凝器、膨胀阀（或CCOT阀）和蒸发器四大机件组成。

（二）制冷循环工作原理

1. 压缩过程。

压缩机把从蒸发器出来的0 ℃、0.15~0.2 MPa的气态制冷剂变成70 ℃、1.0~1.5 MPa的过热制冷剂气体，并将其送往冷凝器冷却降温。

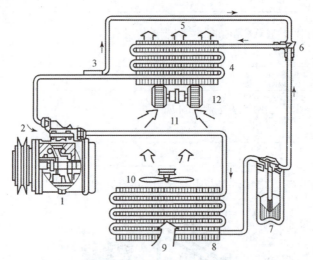

图 1-39 空调制冷系统的组成

1—压缩机；2—低压阀；3—感温包；4—蒸发器；5—冷气；6—膨胀阀；7—储液干燥器；
8—冷凝器；9—迎面风；10—发动机冷却风扇；11—热空气；12—鼓风机

2. 冷凝过程

在冷凝器里，过热气态制冷剂被外部低温空气冷却，在冷凝过程的后期，制冷剂变成 40 ℃、1.0~1.2 MPa 的过冷液态制冷剂，外部空气流经冷凝器后温度上升。

3. 膨胀过程

冷凝后的液态制冷剂经过膨胀阀后体积变大，其压力和温度急剧下降，变成 -5 ℃、0.15~0.2 MPa 的湿蒸气，以便进入蒸发器中迅速吸热蒸发。

4. 蒸发过程

-5 ℃、0.15~0.2 MPa 的湿蒸气不断吸收热量而汽化，转变成 0 ℃、0.15~0.2 MPa 的气态制冷剂，使流过蒸发器的空气温度下降。从蒸发器流出的气态制冷剂又被吸入压缩机，就这样，有限的制冷剂在封闭的空调制冷系统中重复地进行压缩—冷凝—膨胀—蒸发过程，对车内的空气进行制冷循环过程，如图 1-40 所示。

制冷循环原理

（三）制冷循环部件

1. 压缩机

在汽车空调中使用的压缩机是油润滑式容积式压缩机。只有在空调启动的情况下，压缩机才能运转，而且是通过电磁离合器加以控制的。压缩机可以提高制冷剂的压力。与此同时，制冷剂的温度也随之升高。如果压力没有升高，空调中的制冷剂就不可能膨胀进而冷却。压缩机采用特殊的冷冻机油来润滑。大约有一半冷冻机油留在压缩机中。而另一半则随着制冷剂一起循环。压缩机上通常装有压力截止阀，以防止空调制冷系统压力过高，如图 1-41 所示。

模块一 空调系统的检测与维修

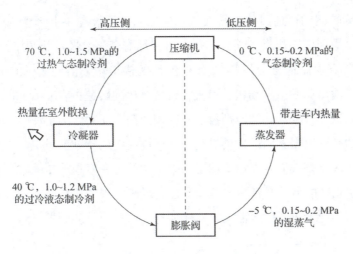

图 1-40 制冷循环示意

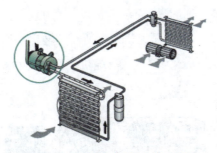

图 1-41 空调制冷系统中的压缩机

压缩机吸入流过蒸发器的低温低压的气态制冷剂。对于压缩机而言，至关重要的是制冷剂需处于气态，因为液态制冷剂无法压缩，而且会损坏压缩机，就如同水的冲击力会损坏发动机一样。压缩机压缩制冷剂，并将其以受热气体的形式推送到制冷剂回路的高压端。因此，可以将压缩机看作制冷剂回路的低压端与高压端之间的接口。

（1）压缩机的运转方式。根据工作原理，可将空调压缩机分为往复式压缩机、盘管式压缩机、叶片式压缩机和斜盘式压缩机 4 种。

下面将详细介绍斜盘式压缩机，如图 1-42 所示。

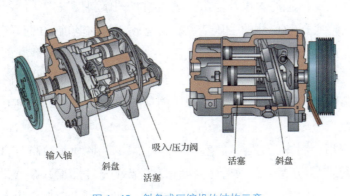

图 1-42 斜盘式压缩机的结构示意

输入轴的旋转运动可通过斜盘转换成轴向运动。一般有 3~10 个活塞围绕在输入轴的周围，具体个数因压缩机类型而异。每个活塞都配有一个吸入/压力阀。吸入/压力阀可根据工作冲程有规律地自动打开/关闭。空调的输出功率由压缩机的最大转速决定。同时，压缩机的输出功率由发动机转速决定。压缩机的转速可在 0~6 000 r/min 范围内变化，这将影响到进入蒸发器的制冷剂量以及空调的制冷能力。为了使压缩机的输出功率可根据不同的发动机转速、环境温度或驾驶员设定的车内温度进行调节，人们开发出了输出功率可调的可变容积式压缩机。压缩机输出功率的调节是通过调节斜盘的角度来实现的。在固定容积式压缩机中，压缩机通过电磁离合器定期打开和关闭，从而根据制冷要求来调整输出功率。

斜盘式压缩机的工作原理

（2）压缩机在制冷模式下持续运转。

① 压缩机的控制范围。通过改变腔室压力，可在上止点（100%）和下止点（约 5%）之间调节活塞的位置，从而使压缩机达到所需的输出功率。在控制周期内，压缩机处于持续运转状态。图 1-43 所示为斜盘式压缩机内部结构示意。

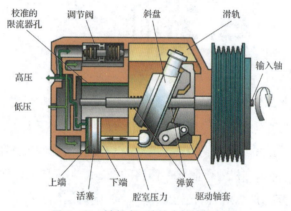

图 1-43 斜盘式压缩机内部结构示意

输入轴的旋转运动被传递到驱动轴套，并通过斜盘转换成活塞的轴向运动。斜盘纵向安装在滑轨上。活塞冲程以及输出功率由斜盘的倾斜度决定。倾斜度取决于腔室压力，也就是活塞底部和顶部的受压情况。斜盘倾斜时由其前后的弹簧进行支撑。腔室压力取决于作用在调节阀上的高压和低压，并且受校准的限流器开度的影响。当空调关闭时，高压、低压以及腔室压力相等。斜盘前后的弹簧将压缩机输出功率设定为 40% 左右。控制输出功率的好处在于消除压缩机的起动冲击，起动冲击在驾驶期间经常导致车辆振动。

② 输出功率高，制冷能力强，腔室压力低，如图 1-44 所示。高压和低压都相对较高，波纹管 2 受到高压压缩，波纹管 1 受到相对较高的低压压缩，调节阀打开。腔室压力通过低压端下降。作用在活塞上端的低压与弹簧 1 的作用力所形成的合力小于作用在

活塞低端的腔室压力与弹簧2的作用力所形成的合力。斜盘的倾斜度增大，冲程长，且输出功率高。

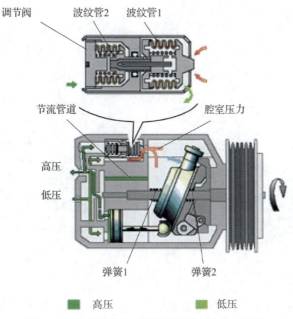

图 1-44 输出功率高，制冷能力强，腔室压力低

③ 输出功率低，制冷能力弱，腔室压力高，如图1-45所示。高压和低压都相对较低，波纹管2自然舒展，波纹管1也自然舒展，调节阀关闭。低压端关闭，腔室压力无法进入调节阀，且通过节流管道作用加强。作用在活塞上端的低压与弹簧1的作用力所形成的合力大于作用在活塞低端的腔室压力与弹簧2的作用力所形成的合力。斜盘的倾斜度减小，冲程短，且输出功率低。

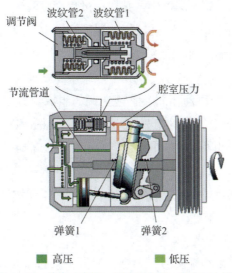

图 1-45 输出功率低，制冷能力弱，腔室压力高

2. 冷凝器

冷凝器是空调的"冷却器"。

（1）冷凝器设计。冷凝器由牢牢固定在冷却片上的管状线圈组成，从而形成有助于加快热传递的大面积散热面。当开启空调后，冷凝器将借助冷却风扇来散热，以确保制冷剂正常循环。冷凝器始终安装在散热器的上游。这样可提高冷凝器的效率。如图1-46所示。

压缩机的结构与原理

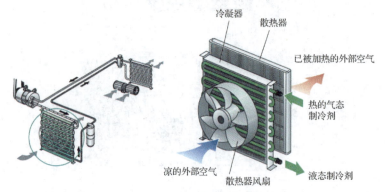

图1-46 冷凝器的组成示意

热交换是在冷凝器中以风冷的方式进行的。气态制冷剂通过迎面风和冷却风扇进行冷却。可能还会使用辅助风扇，具体情况视冷凝器类型而定。风扇通常在空调开启的情况下启动。但如果安装了压力传感器G65，风扇会延迟启动，直至达到特定的压力时才启动。冷凝器中的杂质会减小气体流速，而且还会减小冷凝器容量，影响发动机的冷却。

（2）冷凝器的功能。由压缩机中流出的高温气态制冷剂，其温度为50 ℃~70 ℃，被注入冷凝器中。冷凝器的管片可以吸收热量。较冷的环境空气通过管道被输送到冷凝器中，并在此过程中吸收热量，从而使制冷剂冷却。当制冷剂冷却后，会在特定的温度和压力下冷凝，然后变成液体。在冷凝器的底部，制冷剂以液体的形式从冷凝器中流出。

冷凝器的原理及应用

3. 蒸发器

蒸发器与冷凝器的运行原理相同。它是空调的组成部分之一，位于暖风装置箱中。在空调开启后，当空气流经冰冷的蒸发器叶片时，其热量将被吸收。在此过程中，空气变得凉爽、干燥，而且更加清洁。图1-47所示为蒸发器运行原理示意。

蒸发器的功能如下：

（1）膨胀阀释放出的制冷剂在蒸发器中膨胀，使蒸发器的温度大幅降低，使蒸发器显著冷却。

（2）制冷剂达到沸点变成气体。

（3）当蒸发器中的制冷剂沸腾后，温度仍远低于水的冰点。

（4）冷气中的潮气收集在蒸发器中，此处的空气温度降到露点以下，即发生冷凝，这样便产生冷凝水。空气变得干爽。这样可以显著改善车内的气候以及空气质量。除了潮气外，空气中悬浮的物质也沉积在蒸发器中，因此蒸发器还可以净化空气。

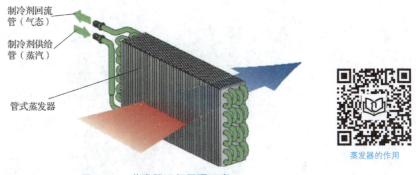

图 1-47 蒸发器运行原理示意

4. 膨胀阀

膨胀阀位于蒸发器中的制冷剂膨胀和冷却之处，其结构如图 1-48 所示。它形成了制冷剂回路高压端和低压端之间的接口。膨胀阀可用于调节流入蒸发器的制冷剂量，具体情况取决于制冷剂蒸气在蒸发器出口处的温度。通过膨胀阀膨胀后的气态制冷剂进入蒸发器，可以充分地起到制冷作用。

（1）闭合的控制回路。制冷剂的流量受膨胀阀的控制，并且视温度而定。当蒸发器中流出的制冷剂温度升高时，恒温器中的制冷剂将发生膨胀，通过球形阀流向蒸发器的制冷剂的流速将增大。当蒸发器中流出的制冷剂温度下降时，恒温器中的制冷剂量减少，通过球形阀流向蒸发器的制冷剂的流速将减小。

（2）恒温膨胀阀中有 3 种作用力：传感器线路中的压力取决于过热制冷剂的温度，该压力以开启力（P_{Fu}）的形式作用在膜片上；蒸发器压力 P_{Sa} 从反方向作用在膜片上；调节弹簧施加的压力 P_{Fe} 与蒸发器压力的作用方向相同。

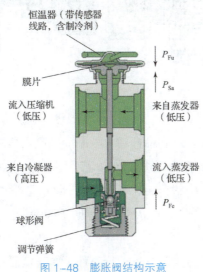

图 1-48 膨胀阀结构示意

（3）新型膨胀阀。该膨胀阀也位于制冷剂回路的高压端和低压端之间，位于蒸发器的正上游处，其结构如图 1-49 所示。

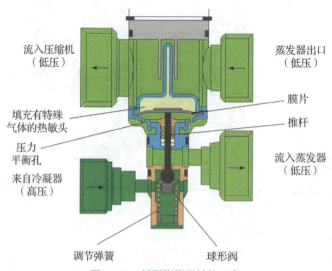

图 1-49　新型膨胀阀结构示意

（4）膨胀阀是热控型的。膨胀阀配有带热敏头和球形阀的控制装置。位于膜片一侧的热敏头内填充有特殊气体；另一侧则通过压力平衡孔与蒸发器出口（低压端）相连。球形阀由推杆驱动。特殊气体的压力以及制冷剂的喷注量取决于低压端的温度。膨胀阀总是配有隔热装置。图 1-50 所示为球形阀上移示意。

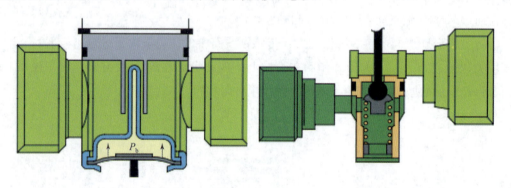

图 1-50　球形阀上移示意

（5）冷却负荷的增加将提高蒸发器出口的温度，使热敏头内气体的压力（P_a）升高。球形阀的截面面积通过膜片和推杆增大。制冷剂流入蒸发器，并在从高压变为低压的过程中吸收热量。当暖空气流经蒸发器时，空气中的热量被吸收。当蒸发器出口处制冷剂的温度下降时，热敏头中的压力（P_b）也会下降。球形阀的截面面积减小，流向蒸发器的制冷剂的流速减小。图 1-51 所示为球形阀下移示意。

5. 储液干燥过滤器

在带有膨胀阀的制冷剂回路中，当运行条件（如蒸发器和冷凝器上的热负荷以及压缩机的转速）发生变化时，泵入回路的制冷剂流量也会有所不同。储液干燥过滤器安装在回路之中，目的是在空调制冷系统工况发生变化时调节制冷剂的循环量。储液干燥过滤器可以通过化学方式吸收安装期间进入制冷回路的水分。储液干燥过滤器可以吸收 6~12 g 的水，具体吸收量视其类型而定。所能吸收的水量依温度而定。随着温度的下降，吸收的水量会增加。此外，还可以使压缩机中的磨损物及安装所产生的灰尘等沉淀在干燥器中，从而起到过滤杂质的作用。图 1-52 所示为储液干燥过滤器的结构示意。

膨胀阀

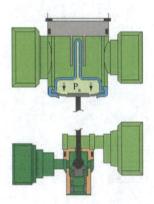
图 1-51　球形阀下移示意

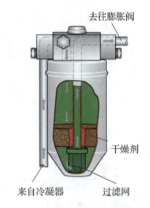
图 1-52　储液干燥过滤器的结构示意

储液干燥过滤器的功能：将从冷凝器中流出的液态制冷剂收集在其一侧的储液罐中，然后流经干燥器，并顺着立管流入膨胀阀中。制冷剂在流动的过程中不间断，而且不起泡。

6. 管路

管路把空调制冷系统各元件连成一个封闭系统。由于发动机在工作时会产生抖动，安装在发动机上的压缩机也会随之抖动，因此汽车空调装置中与压缩机进、排气接头相连的管路都采用橡胶软管。此外，走向复杂地方的金属管不容易满足要求，也使用橡胶软管，因为橡胶软管具有很好的随和性。橡胶软管最大的缺点是容易泄漏，所以应尽量少用或不用，而多用金属管。

（四）CCOT 制冷系统

在空调制冷系统中用一个固定节流管取代热力膨胀阀，起到节流降压作用。其优点是节流装置简单可靠，价格低；缺点是节流装置不能随着压缩机转速的变化和车内制冷负荷的变化来调节供给蒸发器的制冷剂流量。CCOT 制冷系统如图 1-53 所示。

固定节流管又称 CCOT 阀，孔口尺寸不能变化，其结构如图 1-54 所示。在制冷负荷或发动机转速发生变化时，可通过两种方法来调节制冷：一种是利用温度开关或压力开关按照一定的频率切断和接通压缩机电磁离合器；另一种是利用可变容量压缩机调节制冷剂流量。

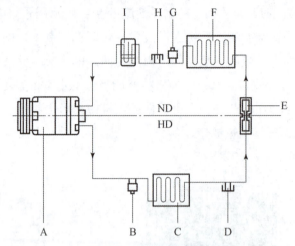

图 1-53 CCOT 制冷系统

A—压缩机；B—高压开关；C—冷凝器；D—高压充注阀；E—膨胀节流阀；F—蒸发器；
G—低压开关；H—低压充注阀；I—液体分离器

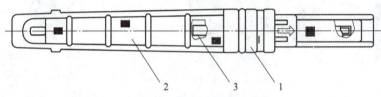

图 1-54 CCOT 阀结构示意

1—塑料骨架；2—滤网；3—节流管

为了避免液体制冷剂进入压缩机造成液击现象，在 CCOT 制冷系统中，把膨胀阀前的储液干燥过滤器改装到蒸发器的出口处，其除了具有储液干燥过滤器的原有功能外，还起到分离液态制冷剂的作用，称为液体分离器，如图 1-55 所示。

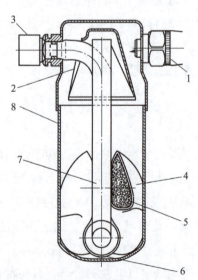

图 1-55 液体分离器结构示意

1—制冷剂进口；2—环形挡板；3—出口；4—干燥剂袋；5—分子筛干燥剂；6—过滤网；7—U 形管；8—外壳

模块一　空调系统的检测与维修

在液体分离器内，也同样设置有过滤、干燥的结构，从蒸发器流出的制冷剂湿蒸汽通过液体分离器的制冷剂进口1进入液体分离器内，湿蒸汽中的液滴和油滴落到液体分离器外壳8的底部。在液体分离器的底部有一环形干燥剂袋4，袋内装有分子筛干燥剂5，用于吸收液态制冷剂和油中的水分。液体分离器的出口3与液体分离器中的U形管7相接，U形管的另一端管口位于液体分离器的上方，周围有环形挡板2，避免从管口吸进制冷剂液滴和油滴，而保证进入的是纯净的气态制冷剂。压缩机通过液体分离器的出口抽吸的制冷剂是液体分离器上方纯净的气态制冷剂气体。在U形管的下方管壁上开一小孔，其周围有一环形过滤网6，当气态制冷剂流经U形管时，可从小孔中吸进少许含油液体，用于压缩机内部的润滑。

液体分离器的外壳用铝合金板冲制焊接而成，在液体分离器的上方设置单向阀接头，用以充注制冷剂或检查制冷系统工作是否正常。

CCOT 制冷系统

■ 任务1.2.1.3　检查交车

一、工作表：排除故障并修复

（1）操纵实训车辆空调通风系统，检查是否有异味。

_____

_____

（2）结合实训车辆，制订空调滤清器更换时间表。

_____

_____

二、参考信息

交车检查的步骤如下：

（1）将污水盘从车底取出，将排水口排出的蒸发器表面污垢污水展示给客户观看，增强清洗蒸发器实效的震撼力，如图1-56所示。

（2）起动车辆，打开空调开关，原有的异味消失，出风口吹来的是清新清香的空气。

图1-56　蒸发器表面污垢污水

任务1.2.2 空调系统由于没有制冷剂而不制冷

■ 任务1.2.2.1 确认故障现象

一、工作表：确认故障现象

(1) 填写实训车辆信息。

实训车辆的VIN码：_____

实训车辆的车型：_____

实训车辆的生产年份：_____

(2) 查看实训车辆的手册，说明空调系统工作时的标准压力值，并填写在下面的横线上。

空调系统标准压力值：高压为_____；低压为_____。

(3) 操纵实训车辆的空调系统，连接歧管压力表，观察空调系统压力，并填写在下面的横线上。

高压：_____；低压：_____。

(4) 写出歧管压力表的功能。

_____

_____

(5) 观察并记录歧管压力表的刻度值，思考：有几种单位表示方法？它们之间如何换算？

_____

_____

_____

_____

二、参考信息

下面介绍连接歧管压力表的相关知识。

(1) 在连接歧管压力表时，应严格遵守操作规范与安全规则，应戴上手套和防护眼镜，以防止制冷剂溅到皮肤上、眼睛里。注意：作业现场禁止烟火。

(2) 歧管压力表的组成如图1-57所示。

(3) 歧管压力表与汽车空调系统是用胶皮软管连接起来的。根据颜色，胶皮软管有很多不同的种类。在通常情况下，低压侧使用的是蓝色软管，通过低压接头与空调系统低压侧加注阀相连；红色软管用于高压侧，通过高压接头与空调系统高压侧加注阀相连；绿色或黄色软管用于连接真空泵、制冷剂罐或排放制冷剂。高压（红色）和低压（蓝色）接头如图1-58所示。

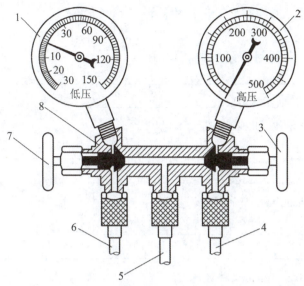

岐管压力表

图1-57 岐管压力表的组成

1—低压表（蓝色）；2—高压表（红色）；3—高压阀门开关手轮；4—高压表管接头；
5—中间管接头；6—低压表管接头；7—低压阀门开关手轮；8—表座

图1-58 高压和低压接头
（a）高压接头；（b）低压接头

高、低压接头应先完全关闭（CLOSED 方向），再与车辆对应的高、低压侧加注阀连接。

（4）工作时，只能用手拧紧软管与岐管压力表，高、低压接头螺母，切勿使用钢丝钳等工具，否则会拧坏接头螺纹。

（5）关闭岐管压力表上的高、低压阀门。

（6）在确认连接正确无误的情况下，打开高、低压接头（OPEN 方向）。

（7）岐管压力表上应显示空调系统高压和低压侧的压力。

■ 任务 1.2.2.2 空调制冷系统的检漏

一、工作表：空调制冷系统的检漏

（1）实训车辆使用的制冷剂类型：_____。

（2）为什么现在车辆使用此种制冷剂？
_____
_____
_____

（3）空调制冷系统的检漏方法有哪些？
_____
_____
_____

（4）使用歧管压力表时应配备哪些防护用品？
_____
_____
_____

（5）操纵实训车辆，正确连接歧管压力表，并写出操作步骤。
_____
_____
_____
_____

二、参考信息

（一）空调制冷系统中的制冷剂

国际上统一规定用字母"R"和它后面的一组数字及字母作为制冷剂的代号。如汽车空调系统采用制冷剂 R12 和制冷剂 R134a。

（1）制冷剂 R12。制冷剂 R12 的分子式为 CCl_2F_2，是一种氯化碳氢化合物（CFC），具有很好的热力学、物理化学和安全性质，无色，气味很弱，只有一点芳香味，毒性小，不会燃烧，不会爆炸，在标准大气压下，温度在 -29.8 ℃时开始蒸发为气体。

制冷剂 R12 对天然橡胶和塑料有膨润作用，空调系统使用的密封材料应为耐腐蚀的丁腈橡胶或氯醇橡胶。由于制冷剂 R12 对大气臭氧层有破坏作用，有使全球变暖的温室效应，所以已经禁用。

（2）制冷剂 R134a。制冷剂 R134a 的分子式为 $CH_2F—CF_3$；物理特性：沸点为 -26.5 ℃，冰点为 -101.6 ℃，无色无味，无毒，不易燃烧和爆炸，但在高温下或遇明火和红热表面时将分解出有毒的刺激性气体；对某些橡胶有腐蚀性，会腐蚀有色金属，如铜和铅；具有一定的吸湿性，是一种碳氟化合物（FC）；饱和蒸气压与制冷剂 R12 差不多，在18 ℃时与制冷剂R12有相同的饱和蒸汽压力；低于18 ℃时，制冷剂R134a的饱和蒸汽压比制冷剂R12略低；高于18 ℃时，制冷剂R134a的饱和蒸汽压比制冷剂R12略高；不破坏臭氧层，与制冷剂R12的冷冻机油不相容。

（二）对制冷剂的要求

（1）与冷冻机油互溶，不起化学反应，不改变冷冻机油的特性。

（2）不易燃烧，不易爆炸；无毒，无刺激性；不腐蚀金属件和橡胶件。

（3）在蒸发器内容易蒸发，蒸发温度低。蒸发压力应该稍高于大气压力，防止空调制冷系统产生负压而吸进空气，使制冷能力下降。

（4）冷凝压力不宜太高，如果冷凝压力太高，那么对制冷设备、管路的要求也会提高，并且增加空调压缩机的功耗。

（5）制冷剂在高温下不易分解，化学性质稳定。

制冷剂　　　　制冷剂的鉴别

（三）冷冻机油

空调压缩机使用的润滑油称为冷冻机油或冷冻润滑油，它是一种在高、低温工况下均能正常工作的特殊润滑油。

1. 冷冻机油的作用

（1）润滑作用：它可以润滑压缩机轴承、活塞、活塞环、连杆曲轴等零部件表面，减小阻力和磨损，降低功耗，延长使用寿命。

（2）冷却作用：它能及时带走运动表面摩擦产生的热量，防止压缩机温升过高而被烧坏。

（3）密封作用：它能渗入各摩擦件密封面而形成油封，起到阻止制冷剂泄漏的作用。

（4）减小压缩机噪声：它能不断冲洗摩擦表面，带走磨屑。

2. 对冷冻机油的要求

冷冻机油在空调制冷系统中完全溶解于制冷剂中，并随制冷剂一起在空调制冷系统中循环。因此，冷冻机油的温度有时会超过120 ℃，而制冷剂的蒸发温度范围为 –30 ℃～+10 ℃，所以它是在高温与低温交替的条件下工作的。为了保证其正常工作，对冷冻机油提出了以下性能要求。

（1）冷冻机油的凝固点要低，在低温下具有良好的流动性。若低温流动性差，则冷冻机油会沉积在蒸发器内而影响制冷能力，或凝结在压缩机底部，失去润滑作用而损坏运动部件。

（2）冷冻机油应具有一定的黏度，且受温度的影响要小。

（3）冷冻机油与制冷剂的溶解性能要好。在汽车空调制冷系统中，制冷剂与冷冻机油是混合在一起的，当制冷剂流动时，冷冻机油也随之流动，这就要求制冷剂与冷冻机油能够互溶。若二者不互溶，冷冻机油就会聚集在冷凝器和蒸发器的底部，阻碍制冷剂流动，降低换热能力。由于冷冻机油不能随制冷剂返回压缩机，压缩机将会因缺油而加剧磨损。

（4）冷冻机油的闪点温度要高，具有较高的热稳定性，即在高温下不氧化、不分解、不结胶、不积炭。

（5）冷冻机油的化学性质要稳定，与制冷剂和其他材料不起化学反应。

（6）闪点温度是指在规定条件下，加热油品所逸出的蒸汽和空气组成的混合物与火焰接触发生瞬间闪火时的最低温度，单位为℃。

冷冻机油

（四）空调制冷系统泄漏的检查

汽车空调的工作条件恶劣，经受较强的震动，容易造成零件、管路的损坏和接头的松动，从而使制冷剂泄漏。

1. 常用的检漏方法

常用的检漏方法有以下几种。

（1）外观检漏。泄漏部位往往会泄漏冷冻机油，如果发现某处有油污，可用干净的白抹布擦净。如果仍然有油污渗出，就说明此处泄漏。

（2）用检漏设备。用卤素检漏灯或电子检漏计检漏。

（3）真空检漏。用真空泵把系统抽至真空度（0.1 MPa），24 h 后真空度没有明显减小，就可以认为没有泄漏。真空泵的作用是抽真空，排出制冷回路内的空气、水分，有时也可用于系统检漏。

（4）压力检漏。向空调制冷系统中充入氮气，然后用肥皂水检漏，如果有泄漏，泄漏处就会出现肥皂泡。

采用压力检漏时不能使用压缩空气，因为压缩空气含有水分，水分滞留在制冷管路里会造成膨胀阀冰堵。由于工业氮气没有腐蚀性，没有水分，价格低，所以可以用工业氮气检漏，但瓶装高压氮气一定要用减压表。

2. 汽车空调制冷系统检漏装置

汽车空调制冷系统检漏装置包括卤素检漏灯和电子检漏计两种。

（1）卤素检漏灯。气态制冷剂进入喷灯的吸入管，会使喷灯的火焰颜色改变。泄漏量少时，火焰是浅绿色；泄漏量多时，火焰是浅蓝色；泄漏量很多时，火焰是紫色。

电子检漏计

（2）电子检漏计。在有制冷剂泄漏时，警铃发出声响或声响频率明显升高。电子检漏计如图 1-59 所示，电子检漏计检漏法如图 1-60 所示。

（3）真空泵。真空泵的作用是抽真空，排出制冷回路内的空气、水分，有时也用于空调制冷系统检漏。

真空泵

模块一　空调系统的检测与维修

图 1-59　电子检漏计

图 1-60　电子检漏仪检漏法

■ 任务 1.2.2.3　用制冷剂自动充注机加注制冷剂

一、工作表：用制冷剂自动充注机加注制冷剂

（1）使用制冷剂自动充注机时应配备哪些防护用品？

_____

_____

（2）操纵实训车辆，正确连接制冷剂自动充注机，写出操作步骤。

_____

_____

（3）写出制冷剂自动充注机的使用方法。

_____

_____

（4）写出管路里的制冷剂是如何进行回收的。

_____

_____

（5）下图是制冷剂自动充注机，指出下列各个部件是什么，并完成填空。

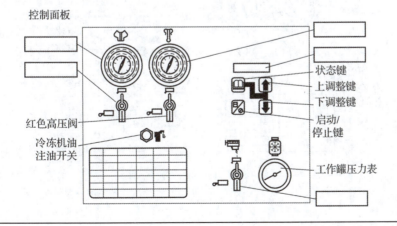

43

二、参考信息

（一）制冷剂自动充注与回收设备

罗宾耐尔 AC375 型空调制冷剂自动充注机是专用于汽车空调制冷剂 R134a 回收、充注的设备。其组成如图 1-61 所示，操作面板如图 1-62 所示。

（二）操作步骤

（1）回收汽车空调制冷剂。

① 将电源插入合适的有地线的电源插座。

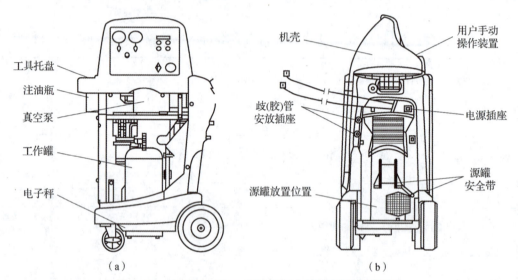

图 1-61　罗宾耐尔 AC375 型空调制冷剂自动充注机的组成

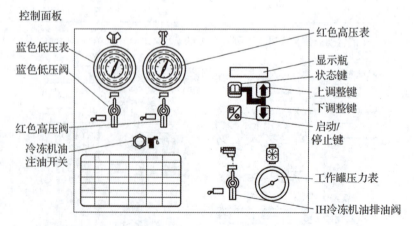

图 1-62　罗宾耐尔 AC375 型空调制冷剂自动充注机的操作面板
—低压侧；—冷冻机油排放；—高压侧；—工作罐压力；—阀打开；
—菜单键；—阀关闭；—起动/停止键；—加注冷冻机油

② 将红、蓝色软管上的快速接头连接到汽车空调对应的接口上。

③ 打开控制面板上的红、蓝两个阀门。

④ 接通电源后，设备进入待机状态。按状态键，可对工作状态进行循环选择。回收状态的显示屏显示为"RECOVER ××.××KG"（"××.××KG"是工作罐可用空间数）。设备进入回收状态，按启动/停止键，设备开始回收，屏幕显示回收的制冷剂数量。

⑤ 当蓝色低压表压力值低于 0 kPa 时，按启动/停止键，回收停止，显示屏交替显示已回收的制冷剂数量（"RECOVER ××.××KG"）和排油提示（"DRAIN OIL"）。

出现此提示后，需等待 1 min 后方可执行排油程序。

⑥ 关闭控制面板上的红、蓝色两个阀门。

⑦ 回收停止 2 min 后，检查蓝色低压表。如果压力值上升到 0 kPa 以上，重复上述步骤，直到压力值回到 0 kPa 以下，并保持 2 min。

⑧ 若汽车空调系统需要维修，则将红、蓝色软管上的快速接头从汽车空调上取下。

（2）排出旧冷冻机油。在回收完成后，按照以下操作步骤将设备中的旧冷冻机油排出。

① 确保排油瓶已腾空，此时，显示屏交替显示已回收的制冷剂数量（"RECOVER ××.××KG"）和排油提示（"DRAIN OIL"）。使设备在此状态至少保持 1 min。

② 打开控制面板上的排油阀，可观察到旧冷冻机油流入排油瓶。排油时间大约需要 30 s 或更长。

③ 当没有旧冷冻机油以及其他杂质流入排油瓶时，排油过程结束，关闭排油阀。

④ 根据排油瓶上的油面高度和排油瓶上的标尺，记录下排出的旧冷冻机油总量。在充注制冷剂前，空调系统将加入相应数量的新冷冻机油。

⑤ 取下排油瓶，排空其中的旧冷冻机油和杂质，清洁排油瓶。

⑥ 按启动/停止键，退出。

（3）对空调系统抽真空。其操作步骤如下。

① 将设备的红、蓝色软管与汽车空调系统的高、低压接口连接。

将红色软管与空调系统的高压端相连，将蓝色软管与空调系统的低压端相连。

② 打开控制面板上的红、蓝色两个阀门。

③ 按状态键，直到显示屏上显示"VACCUM mm:ss"，设备进入抽真空状态。

屏幕显示的数字中（"mm：ss"），mm 代表 min（分钟），ss 代表 s（秒）。

④ 抽真空前，必须检查压力表的压力值，只有确认其值小于 0 kPa 时，抽真空操作方可进行，以防止损坏真空泵。

⑤ 如果显示屏上显示的 "mm：ss" 值与操作要求不符，按上调整键和下调整键，改变抽真空时间的设置（推荐值为 15 min）。

⑥ 按启动/停止键，设备开始抽真空，控制面板上的抽真空指示灯点亮，显示屏上之前显示的 "mm：ss" 值开始倒计数。当抽真空的时间达到设定的抽真空时间时，设备自动停止抽真空（这时屏幕显示 "VACCUM 00：00" 和冷冻机油加注提示 "INJECT OIL"）。

⑦ 关闭控制面板上的红、蓝色两个阀门。

⑧ 观察蓝色低压表的压力值 5 min，检查空调制冷系统的漏点。如果压力没有回升，说明空调系统没有漏点。空调系统被抽真空后，不得摘下歧管，否则会使汽车空调系统丧失真空度，造成充注无法顺利进行。

（4）向空调系统充注制冷剂。

此操作即补充冷冻机油。其操作步骤如下。

① 打开控制面板上的红、蓝色两个阀门。

② 参照回收过程后的排油量，向注油瓶加入足够量的新冷冻机油（加入量应大于排油量 30~60 mL），数量由注油瓶中的油面高度和注油瓶上的标尺确定。

③ 打开冷冻机油注油开关，观察注油瓶中的油面高度，直到油面下降到所需加油量的高度为止。

注油瓶中应留有一定数量的冷冻机油，注油管入口不得浮出油面。

④ 充注制冷剂（冷媒）。参考汽车空调系统制造商提供的参数，确定要充注的制冷剂量。

⑤ 按控制面板上的状态键，直到显示屏显示 "CHARGE 00.90 KG"。

⑥ 按上、下调整键，修改显示屏上的数值，设定新充注量。

⑦ 按启动/停止键，充注开始，显示屏上显示已充注制冷剂的质量。

⑧ 观察显示屏，当已充注量达到设定量时，屏幕上交替显示 "CHARGE COMPLETE"

和"CHARGE ××.××KG"。

⑨ 按启动/停止键，退回待机状态，关闭所有的阀门。

（5）检测车辆空调。起动发动机，打开空调制冷开关并开到最大挡后，观察设备控制面板上的高、低压表，判断压力是否正确，检查蒸发器出口温度是否正常，关闭空调制冷功能。

在两个压力表的压力值相等后，关闭快速接头上的阀门，从汽车空调上拆下快速接头。

（6）回收管路制冷剂。处理红、蓝色歧（胶）管中的剩余制冷剂的操作步骤如下：

① 按控制面板上的状态键直到显示屏上显示"RECOVER ××.××KG"。按启动/停止键，设备开始回收红、蓝色歧（胶）管中的制冷剂。

② 在低压表的压力值低于 0 kPa 后，表明红、蓝色歧（胶）管中的制冷剂已被清除干净，按启动/停止键，关闭所有的阀门；再次按启动/停止键，退回待机状态。

任务1.2.3　空调系统制冷不足的故障诊断

■ 任务1.2.3.1　确认故障现象

工作表：确认故障现象

（1）使用歧管压力表检测实训车辆空调系统压力并填空。
高压值：_____，低压值：_____。
（2）判断实训车辆空调系统压力是否正常：
　　　正常（　） 不正常（　）

■ 任务1.2.3.2　分析可能的故障原因

一、工作表：分析可能的故障原因

（1）写出空调制冷系统的部件。
_____
_____

（2）写出产生故障的原因。
_____
_____

二、参考信息

汽车空调系统常见故障主要表现为不制冷或制冷不足、无暖风或暖风不足、各调节功能失灵等。造成调节功能失灵故障的原因与故障现象的对应性较强，诊断起来比较容易。如手动空调系统的温度调节功能失灵，往往是由温度调节风门的拉丝脱落造成的。

 由于皮带张紧度直接影响空调系统的工作，所以在检查调整压缩机皮带张紧度时要进行正确调整。

（一）空调系统不制冷

（1）故障现象。打开空调开关，各出风口正常出风，但不是凉风。把温度调节滑键（或开关）拨到最大挡，仍然不出凉风。

（2）故障原因。造成空调系统不制冷的故障原因包括压缩机皮带过松；制冷回路泄漏，造成制冷回路堵塞，制冷剂过多或过少；电磁离合器或其控制开关（压力保护开关、外部温度开关等）损坏；压缩机损坏；膨胀阀损坏；空调继电器损坏；线路故障。

（3）故障诊断。在压缩机皮带张紧度和制冷剂量正常的情况下，可按图1-63所示进行诊断。

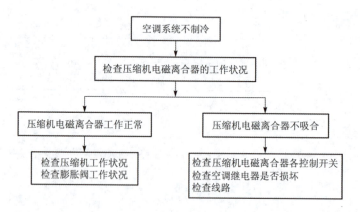

图1-63　空调系统不制冷故障诊断框图

（二）空调系统制冷不足

（1）故障现象。打开空调开关，各出风口能出凉风，但凉度不够；把温度调节滑键（或开关）拨到最大挡，出风凉度仍不够。

（2）故障原因。汽车空调系统制冷不足的故障原因包括压缩机皮带过松，导致电磁离合器打滑；制冷剂不足或过多，导致空调系统中有空气；压缩机损坏，导致内部有泄漏；冷凝器脏污；冷凝器气流不畅；蒸发器表面脏污。

（3）故障诊断。在压缩机皮带张紧度正常的情况下，可按图1-64所示进行诊断。

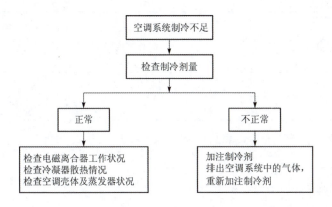

图1-64 空调系统制冷不足故障诊断框图

（三）空调系统无暖风或暖风不足

（1）故障现象。鼓风机工作正常，发动机冷却液温度上升后无暖风。

（2）故障原因。汽车空调系统无暖风或暖风不足的故障原因包括加热器芯堵塞；加热器表面空气流动受阻，如空调进气滤清器堵塞；温度风门位置不正确，工作失灵；发动机节温器损坏。

（3）故障诊断。首先检查进气滤清器是否是脏污、堵塞严重而导致通风不畅。在进气滤清器良好的情况下，可按图1-65所示进行诊断。

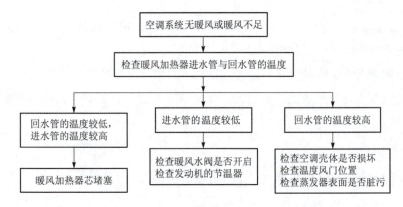

图1-65 空调系统无暖风或暖风不足故障诊断框图

■ 任务1.2.3.3 排除故障并修复

一、工作表：排除故障并修复

（1）参考实训车辆的维修手册，写出拆装冷凝器的步骤。

（2）写出清洗冷凝器的注意事项。

（3）重新检查实训车辆，查看故障是否被排除。

二、参考信息

（一）拆装冷凝器

如果冷凝器特别脏污，就需要拆卸冷凝器进行清洗。其具体操作步骤参考车辆维修手册。

（二）测定空调系统压力

（1）起动发动机，打开空调开关，运转一会儿后，通过歧管压力表数值显示，高、低压表的压力数值均高于正常值。

（2）故障原因：制冷剂过多、冷凝器散热不良或冷凝器风扇工作不正常。

（3）先检查冷凝器风扇的工作情况，检测其工作是否正常；再检查冷凝器，查看冷凝器表面是否脏污。

（三）清洗冷凝器

（1）使用压缩空气吹净冷凝器上的絮状物或树叶等。

（2）使用水枪冲洗冷凝器上的泥土等脏物。

注意事项：

（1）压缩空气和水枪的压力不能过高，距离冷凝器不能太近，以免冷凝器的片子倒伏。

（2）从里往外进行清洗，以免污染散热器。

（四）再次测定空调系统压力

起动发动机，打开空调开关，运转一会儿后，通过歧管压力表数值显示，高、低压表的压力数值均是正常值，即排除了制冷剂过多的故障。

【任务拓展】

使用歧管压力表充注制冷剂时，在操作的过程中，应严格遵守操作规范与安全规则，应戴上手套和防护眼镜，以防止制冷剂溅到皮肤上、眼睛里。

一、将空调制冷系统抽至真空

按图 1-66 所示方式连接并对空调制冷系统抽真空。

（1）打开歧管压力表的高、低压阀，启动真空泵。

（2）使真空泵至少工作 15 min，低压表压力值在 7 kPa 以下。

（3）关闭高、低压阀，其表针在 10 min 内不得回升。

（3）如果 10 min 内表针没有明显回升，即可充入制冷剂，使低压值达到 0.1 MPa。

（4）再次启动真空泵，打开歧管压力表的低压阀继续抽真空 15 min，然后关闭低压阀，即可向空调制冷系统中充注制冷剂。

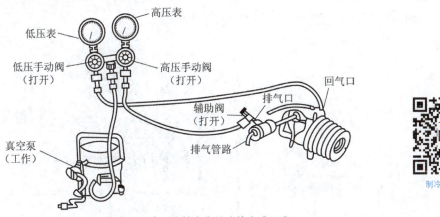

图 1-66　空调制冷系统抽真空的连接方式示意

制冷剂充注阀

二、加注制冷剂

（一）制冷剂的加注方法

使用制冷剂罐充注阀对加注制冷剂，制冷剂罐充注阀使用方法如图 1-67 所示，其操作步骤如下：

（1）将制冷剂罐充注阀手柄 1 逆时针旋转，直至阀针 5 完全缩回为止。

（2）逆时针方向旋转螺柄 3，将其旋至最高位置。

（3）使制冷剂罐充注阀 2 的螺柄与制冷

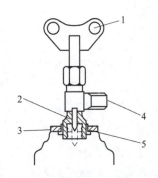

图 1-67　制冷剂罐充注阀的使用方法示意
1—手柄；2—制冷剂罐充注阀；3—螺柄；
4—制冷剂罐充注入阀接头；5—阀针

罐螺栓结合，将制冷剂罐充注阀2固定在制冷剂罐上。

（4）顺时针方向用手拧紧制冷剂罐充注阀2的螺柄3。

（5）顺时针旋转手柄1，使阀针5顶穿制冷剂罐。

（6）将高、低压表的中间注入软管接入制冷剂罐充注阀接头4，当不充注制冷剂时，不要将手柄逆时针退出，以免制冷剂泄漏。

（二）制冷剂的加注步骤

（1）在确认空调系统无渗漏后，连接制冷剂罐充注阀2到制冷剂罐1上，如图1-68所示。

（2）将高、低压表的中间注入软管安装在制冷剂罐充注阀2的接口上，顺时针旋转制冷剂罐充注阀2的手柄，将制冷剂罐1顶开一个小孔。

（3）逆时针旋出注阀2的手柄，使阀针退出，制冷剂进入中间注入软管。注意：此时，不能打开高压手动阀4和低压手动阀3。

（4）拧松高压和低压组合表中间管的螺母，可看到白色气态制冷剂外逸并听到"嘶嘶"声，在排出中间管中的空气后，再旋紧中间管螺母。

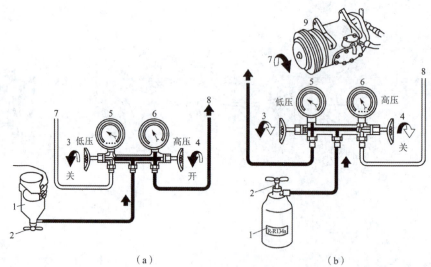

图1-68 制冷剂的加注

1—制冷剂罐；2—制冷剂罐充注阀；3—低压手动阀；4—高压手动阀；5—低压表；6—高压表；7—接低压维修阀软管；8—接高压维修阀软管；9—空调压缩机

（5）如图1-68（a）所示，旋开高压手动阀4，此时可将制冷剂罐1倒立。注意：此时切忌打开空调系统。

（6）如图1-68（b）所示，关闭高压手动阀4，打开低压手动阀3，此时应让制冷剂以气态形式进入制冷系统，以免对压缩机造成液击现象，损坏压缩机。

（7）在缓慢注入制冷剂后，起动发动机，使压缩机在最大制冷状态下运转，以便加速充注制冷剂。注意：此时绝对不能打开高压手动阀4，否则会引起爆炸，损坏压缩机。

（8）当充注的制冷剂达到要求时，关闭高压手动阀 4 和低压手动阀 3，关闭制冷剂罐 1 上的制冷剂罐充注阀 2。

加注制冷剂过多会使压力过高。

（9）当制冷剂充满以后，起动发动机，使压缩机运转 5~10 min。

制冷剂的加注与排放

【参考书目】

1. 《汽车舒适与安全系统检修》（北京理工大学出版社）；
2. 《东风本田汽车空调可视化蒸发器清洗设备说明书》；
3. 《大众汽车空调自学手册》。

学生笔记：

任务 1.3 手动空调不制冷的故障诊断

【任务信息】

	任务 1.3 手动空调不制冷的故障诊断			
任务难度	中级	参考学时		6 学时
案例导入	据车主描述，其汽车采用手动空调，在启动空调后，吹出的不是凉风。维修人员经过询问和初步诊断后发现：该车的制冷剂压力正常，空调通风系统工作正常。这时就需要检查手动空调系统电路部分来判断故障的具体原因			
能力目标	知识	1. 能够识读手动空调电路图； 2. 能够制订手动空调故障诊断计划		
	技能	能够用万用表或示波器检测手动空调故障		
	素质	1. 能够展示操作成果； 2. 能够与团队成员协作完成任务； 3. 具有与客户沟通的能力		
任务 1.3 PPT				

【任务流程】

[任务准备]

如果手动空调不能正常工作，需要检测哪些部件？需要准备哪些工具和设备？具体的检测步骤是什么？请扫描二维码进行学习。

任务 1.3 任务准备

[任务实施]

任务 1.3.1　确认手动空调不制冷的故障现象

一、工作表：确认手动空调不制冷的故障现象

(1) 填写实训车辆信息。

实训车辆的 VIN 码：_____

实训车辆的车型：_____

实训车辆的生产年份：_____

(2) 查看实训车辆的空调系统，说明空调系统的类型，并选择相应的空调系统。

　　□手动空调系统　　□自动空调系统

(3) 操纵实训车辆的空调系统，观察故障现象。

_____

_____

_____

_____

二、参考信息

在确认汽车手动空调不制冷的故障现象时需要操作空调开关，前提条件是起动车辆，然后启动空调，观察现象。

任务 1.3.2　分析手动空调可能的故障原因

一、工作表：分析手动空调系统的电路原理图

(1) 画出实训车辆手动空调系统的电路原理图。

（2）通过观察到的故障现象，参考第（1）题中手动空调系统的电路原理图，分析可能的故障原因。

_____
_____
_____
_____
_____

（3）列出手动空调系统的传感器，并画出实训车辆的传感器电路原理简图。

_____
_____
_____
_____
_____
_____
_____
_____

（4）哪个传感器损坏会直接影响手动空调系统工作？

_____
_____

（5）列出手动空调系统的执行元件。

_____
_____

二、参考信息

分析可能的故障原因的前提条件是明确手动空调系统的电路原理图。

（一）手动空调电气部件

1. 蒸发器温度传感器 G153

蒸发器温度传感器（图 1-69）用于测量蒸发器散热片之间的温度。其信号被送至空调控制单元。当蒸发器的温度过低时，压缩机便停止工作；当蒸发器的温度在 –1 ℃~0 ℃ 范围内时，压缩机关闭；当蒸发器的温度达到约 3 ℃时，压缩机开启。这样就可以避免由于冷凝水冻结而发生结冰的情况。有些空调系统用蒸发器温度开关 E33 取代蒸发器温度传感器 G153，可直接通过此开关断开电磁离合器的电源；另一些空调系统则使用环境温度开关实现此功能。

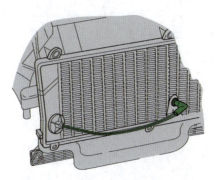

图 1-69　蒸发器温度传感器 G153

2. 三挡压力开关

三挡压力开关安装在冷凝器到膨胀阀的高压管路上。其作用是检测高压管路中制冷剂的压力，从而控制压缩机电磁离合器的接通和断开，并且控制冷却风扇的高速和低速运转。

三挡压力开关曾应用在捷达轿车上。其有两个触点。其中一个触点是常闭触点，该触点是控制压缩机接通和断开的。当制冷回路高压侧压力为 0.22~3.2 MPa 时，该触点是闭合的，压缩机电磁离合器处于接通状态，空调系统正常工作；当制冷回路高压侧压力低于 0.22 MPa 或高于 3.2 MPa 时，该触点是断开的，压缩机电磁离合器处于断开状态，实现了高压保护和低压保护。另一个触点是常开触点，该触点控制冷却风扇的高速和低速运转。当制冷回路高压侧压力高于 1.6 MPa 时，该触点闭合，控制冷却风扇高速运转。在环境温度较高，空调制冷系统负荷较大时，高压侧压力升高，冷却风扇必须高速运转以加强冷却。

关于三挡压力开关控制原理，请扫描以下二维码学习。

三挡压力开关

3. 压力开关 F129

随着电子技术的发展，三挡压力开关逐渐被压力开关 F129 所取代，用在奥迪轿车上。压力开关 F129 是一个三通式组合开关，用于保护冷却气流（风扇回路）和保持适当的压力，如图 1-70 所示。

为了监控和限制封闭的制冷回路中的压力，在制冷回路高压端安装了高压及低压开关。如果空调系统中的高压超出了可接受的范围，电磁离合器便会分离，压缩机停止

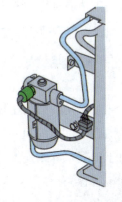

图 1-70　压力开关 F129

运行。压力开关可直接集成在回路中或安装在储液罐上。

压力开关在如下条件下运行。

在压力超过规定值并达到 2.4~3.2 MPa 时，压力开关通过空调控制单元切断电磁离合器的电源。这种过压可能是冷凝器积垢等原因造成的。

在压力低于压力下限 0.2 MPa 时，压力开关通过空调控制单元切断电磁离合器的电源。这种过低的压力可能是制冷剂流失所致。

在压力高于 1.6 MPa 时，压力开关使风扇提速一挡，以提高冷凝器效率。

4. 高压传感器 G65

随着电子技术的发展，在现代车型上出生了新一代的传感器，即高压传感器 G65。

高压传感器用于监控制冷回路。压力开关 F129 已经由电子压力传感器所取代。空调及发动机控制单元中用于测定的电子设备也作了相应调整。和压力开关一样，高压传感器也被集成安装于高压管路内。高压传感器记录制冷剂压力，并将压力物理量转化为电信号。与压力开关不同，高压传感器不仅记录设定的压力阈值，还监控整个工作循环中的制冷剂压力。压力传感器发出的信号指示由空调造成的发动机额外负荷，以及制冷剂回路中的压力状况。通过散热器风扇控制单元 J293，可以控制压缩机冷却风扇 V7 升高或降低一挡，而且可控制电磁离合器 N25 接合或分离。高压传感器的信号用于发动机控制单元和散热器风扇控制单元，如图 1–71 所示。

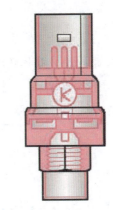

图 1–71　高压传感器 G65

（1）应急措施：如果散热器风扇控制单元没有检测到任何信号，出于安全考虑，将关闭压缩机。

（2）优点：发动机怠速能够准确地按照不同压缩机的功率消耗进行调整；散热器风扇可以更加快速地响应，在开启和关闭之间迅速切换。因此，在发动机怠速时，冷却风扇转速的变化几乎不被察觉。对于配备低功率发动机的汽车而言，这显著提升了驾乘的舒适性。

（3）自诊断故障信息：高压传感器中的故障存储在发动机电子设备的故障存储器中。

（4）高压传感器的工作波形：制冷剂压力施加于一个硅晶体元件上。根据施加压力大小的不同，硅晶体会出现不同程度的变形。硅晶体和一个微处理器集成在高压传感器中，并由系统供电。硅晶体的一个物理特性是：发生形变时，其电阻也随之改变。根据压力的特性，硅晶体两端拾取的测试电压也会发生变化。测试电压传导至微处理器，并转化为脉宽调制信号，如图 1–72 所示。

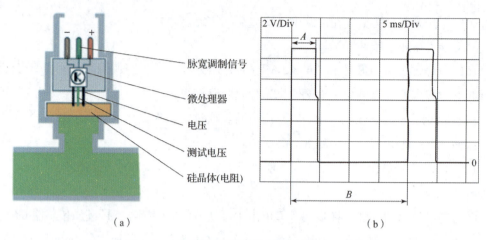

图 1-72 高压传感器的结构原理及工作波形示意
（a）结构原理；（b）工作波形

在较低压力下，硅晶体的变形程度较小，施加的电压仅会遇到很小的阻抗，电压变化量很小。高压传感器的微处理器在压力较低时输出的脉宽也较窄，脉宽信号产生的频率为 50 Hz/s，相当于整个周期为 20 ms（=100%）。当压力低至 0.14 MPa 时，脉宽为 2.3 ms，相当于脉冲周期的 13%，如图 1-73 所示。

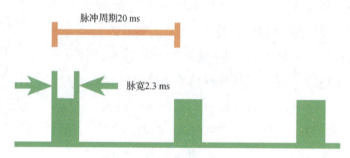

图 1-73 较低压力的脉冲

在高压时，硅晶体进一步受压变形，于是阻抗的变化随之加大。试验电压呈比例减小，脉宽增量与压力增量成正比。在 3.7 MPa 高压下，脉宽为 18 ms，占整个脉冲周期的 90%，如图 1-74 所示。

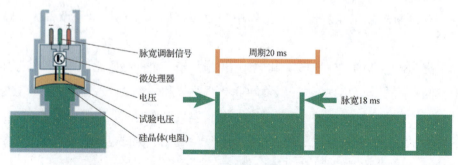

图 1-74 较高压力的脉冲

使用示波器能够直接观测脉冲信号的波形。

关于高压传感器的工作原理，请扫描以下二维码学习。

高压传感器

5. 带指示灯的冷却液温度开关

压缩机会给发动机带来额外的负荷。为了避免发动机高负荷运转（例如汽车爬坡）时冷却液过热，压缩机会被关闭，以消除额外负荷。为此，系统增加了带指示灯的冷却液温度开关，以监控冷却液温度。主要监控设备是组合仪表中带指示灯的冷却液温度传感器。当冷却液温度达到约 119 ℃时，压缩机关闭；当冷却液温度回落至约 112 ℃时，压缩机重新开启。不同类型的汽车会使用带指示灯的不同开关，例如散热器风扇热敏开关 F18 和热敏空调断路开关 F163。

6. 外部温度开关

外部温度开关位于刮水电动机附近。其作用是在环境温度低于 5 ℃时切断压缩机电磁离合器。

7. 空调继电器

打开空调时，空调继电器吸合，电磁离合器吸合，同时散热器风扇低速运转。

（二）手动空调执行部件

1. 压缩机电磁离合器

传动系统连接在压缩机和汽车发动机之间，而电磁离合器控制压缩机的运行。

1）电磁离合器的构成

电磁离合器的构成包括带轴承的皮带轮、带轴套的弹性传动片和电磁线圈。其中，弹性传动片的轴套永久地安装在压缩机输入轴上；皮带轮安装在压缩机壳体上的枢轴承上，位于输出轴端；电磁线圈与压缩机壳体永久相连。在弹性传动片和皮带轮之间有一段间隙，如图 1-75 中的 A。

2）电磁离合器的功能

汽车发动机通过多锲带来驱动皮带轮，见图 1-75 中箭头指示的方向。当压缩机停止运行时，皮带轮自由随动。当压缩机通电后，电磁线圈上产生电压，这时便会产生磁场。该磁场力将弹性传动片吸向旋转的皮带轮，此时空隙 A 被填补，并在皮带轮和压缩机的输入轴之间形成正极电路连接。压缩机开始运转，压缩机持续运转，直到电磁线圈的电路断开为止。接着，皮带轮通过弹簧拉回弹性传动片并再次转动，但不驱动压缩机输入轴。

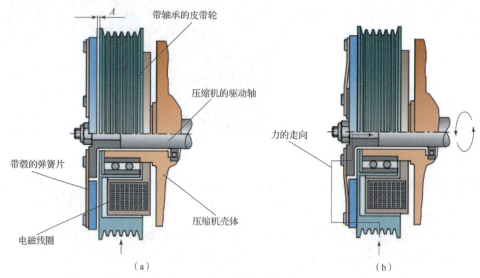

图 1-75 电磁离合器分离和接合示意
（a）电磁离合器分离的示意；（b）电磁离合器接合的示意

压缩机的运转取决于两个条件：一是汽车发动机工作；二是控制压缩机的电磁离合器电磁线圈的一系列开关闭合。压缩机电磁离合器的作用是切断和接通压缩机。其工作特点是电磁线圈一端搭铁；另一端经空调开关与电源相连，当空调开关接通时，电磁离合器吸合压缩机工作，当空调开关关闭时，电磁离合器分离，压缩机停止工作。当接通空调开关时，空调继电器接通，压缩机电磁离合器的电磁线圈通电，产生电磁力，吸入弹性传动片压紧带盘侧缘，两者结合成一体，皮带轮的驱动力经离合器片与轴毂带动压缩机旋转，空调制冷系统工作。

2. 外部调节阀 N280

外部调节阀 N280（图 1-76）安装于斜盘式压缩机上，用于压缩机内压力状况的自适应控制。控制单元 J255 对压缩机外部调节阀进行无级驱动。

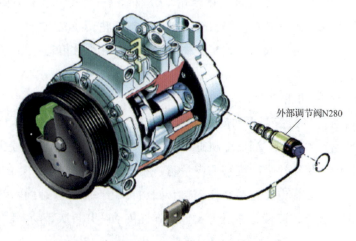

图 1-76 外部调节阀 N280

根据所需温度、外部与内部温度、蒸发器温度以及制冷剂压力的变化，控制单元 J255 对外部调节阀的占空比进行控制，控制斜盘倾斜位置改变，从而决定了排量以及制冷输出。在制冷功能被关闭后，多楔带仍驱动压缩机连续运转，使制冷剂流量被相应降低至 2%。

外部调节阀安装在压缩机中并用一个弹簧锁止垫圈固定。它是压缩机内低压、高压与曲轴箱压力之间的接口，并且是免离合操作的先决条件。通过控制这几种压力对斜盘进行调节，脉宽调制电压信号驱动外部调节阀中的一个挺杆。电压作用的持续时间决定了调整量，如图 1-77 所示。

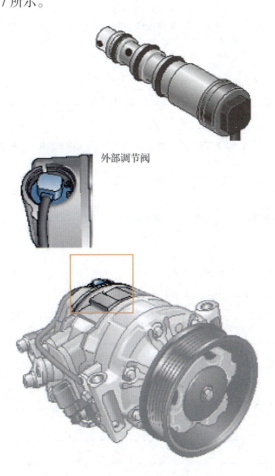

图 1-77　外部调节阀的安装位置

关于外部调节阀的控制，请扫描以下二维码学习。

外部调节阀的控制

任务1.3.3　测量和诊断

一、工作表：用万用表和示波器测量和诊断

实训车辆的VIN码是：_____。其中，表示年份的是第____位，车型代码为_____。
实训车辆使用的空调类型是：_____；实训车辆采用的制冷剂是：_____。

（1）查看空调系统的压力值。低压表读数：_____；高压表读数_____。

（2）通过电路原理图查看实训车辆空调系统的所有熔断器位置和符号。如何检查熔断器的好坏？

（3）在实训车辆上通过车辆维修手册查找双温开关位置。如何检测双温开关故障？

（4）测量散热器风扇电动机和低速挡的串联电阻值，并写出连接散热器风扇的三根线的线径分别是多少。

（5）如何检查高压传感器？写出高压传感器的实际检测的压力值。读出空调请求信号。

（6）写出空调压缩机不吸合的步骤。

二、参考信息

（一）识读手动空调的电路原理图

图1-78所示是捷达前卫汽车手动空调的电路原理图，图中用文字标出各部件名称。空调开关有7个挡位，分别是关闭挡、强制冷挡、常规制冷挡、适度调节挡、通风挡、采暖挡和除霜雾挡。空调开关置通风挡和采暖挡时压缩机不工作。鼓风机开关有4个挡

位，分别是一挡、二挡、三挡和四挡。

外部温度开关是常闭触点。当外界环境温度高于3 ℃时，此开关闭合；当外界环境温度低于3 ℃时，此开关断开。

三挡压力开关有两个触点，一个是常闭触点，另一个是常开触点。当制冷剂压力为0.22~3.2 MPa时，常闭触点始终闭合，压缩机电磁离合器正常吸合，压缩机工作；当制冷剂压力低于0.22 MPa或高于3.2 MPa时，常闭触点断开，压缩机不工作；当制冷剂压力为1.6~3.2 MPa时，压缩机工作，同时冷却风扇高速运转。

在图1-78所示的电路原理图中，发动机控制单元有3个插脚，当1脚将空调开启的信号送到发动机控制单元时，发动机控制单元就会将2脚和3脚接通，从而控制风扇继电器线圈通电，控制压缩机电磁离合器工作。

双温开关是控制冷却风扇的，当冷却液温度超过95 ℃时，冷却风扇低速运转；当冷却液温度超过105 ℃时，冷却风扇高速运转。

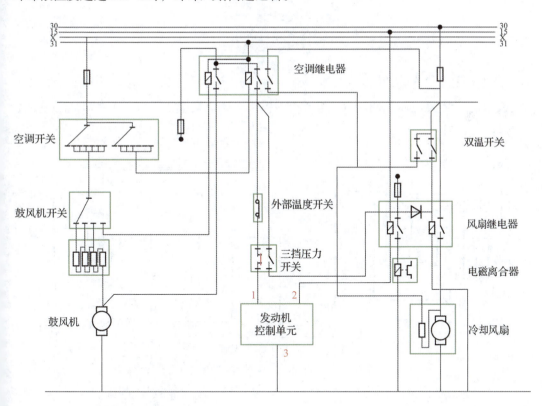

图1-78 捷达前卫汽车手动空调的电路原理图

（二）捷达轿车空调系统故障的测量和诊断

1. 检测熔断器

捷达轿车空调系统的熔断器有两个，分别是鼓风机30 A熔断器S6以及散热器风扇和空调继电器 30 A 熔断器 S19。图 1-79 所示为捷达轿车空调系统电路原理图。

关于捷达轿车空调系统电路分析，请扫描以下二维码学习。

捷达轿车空调系统
电路分析

根据图 1-79 所示的电路原理图找到实车上熔断器的位置。如图 1-80 所示，在中央继电器盒中的熔断器位于 6 号和 19 号位置。

关于风扇控制电路分析，请扫描以下二维码学习。

风扇控制电路分析

若用万用表检测熔断器，需要将空调开关打开，用万用表的电压挡测量熔断器两端对地电压，若测得电压相同并且接近蓄电池供电电压，则熔断器完好；否则，需要更换熔断器。

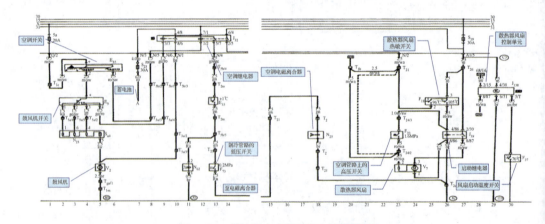

图 1-79　捷达轿车空调系统电路原理图

更换熔断器的注意事项如下：

（1）熔断器熔断后，必须找到熔断器损坏的原因，以彻底排除故障；

（2）更换熔断器时，新熔断器一定要与原熔断器规格相同；

（3）若熔断器支架与熔断器接触不良，则会产生电压降和发热现象，故在安装时要保证良好接触。

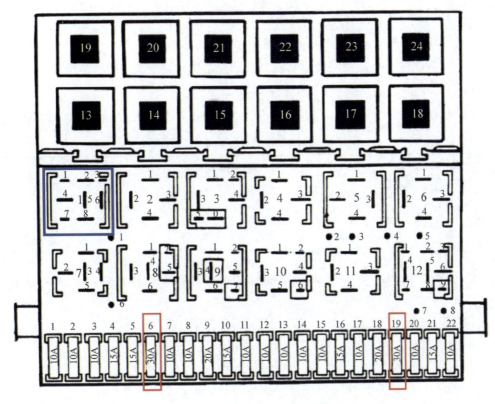

图 1-80 捷达轿车中央继电器盒

2. 检测继电器

捷达轿车空调系统的继电器有两个，分别是空调继电器 J32 和启动继电器 J69。根据电路原理图，在中央继电器盒中的继电器位于 1 号位置，如图 1-80 所示。

继电器的检测分以下两步。

第一步：开路检测，用万用表欧姆挡检查 85 脚和 86 脚的电阻，应为 60~140 Ω，而 30 脚和 87 脚的电阻应为无穷大。如结果与上述规律不符，说明继电器有问题。

第二步：如果上述检测无问题，可在 85 脚和 86 脚间加 12 V 电压，用万用表欧姆挡测量 30 脚和 87 脚的电阻，应约为 0 Ω。如结果不符合上述规律，就说明继电器已损坏。万用表和继电器如图 1-81 所示。

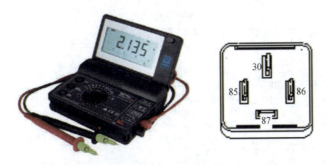

图 1-81 万用表和继电器

3. 检测压缩机电磁离合器

捷达轿车空调系统的压缩机带有电磁离合器。

（1）读取测量值。需要用诊断仪读取空调控制单元测量值，即压缩机的关闭条件，根据压缩机关闭条件的结果来分析可能原因。

用诊断仪读取空调控制单元测量值，显示组 01 各显示区显示内容的含义见表 1-1。

表 1-1　显示组 01 各显示区显示内容的含义

显示区	代码	显示内容的含义
1		压缩机关闭条件
	0	压缩机接通 未识别关闭条件
	1	压缩机关闭 压力开关 F129（触点 1 和触点 2 之间）打开（过压或导线连接松动）
	2	未使用
	3	压缩机关闭 压力开关 F129（触点 1 和触点 2 之间）打开（真空或制冷回路空或导线断路）
	4	未使用
	5	压缩机关闭 发动机转速小于 300 r/min 未识别出发动机转速信号 仪表板、发动机控制单元和控制和显示单元 E87 之间导线断路（插头 A，插口 2） 发动机控制单元或仪表板提供不能使用的发动机转速信号（检查转速信号）
	6	压缩机关闭 用"ECON"键关闭了压缩机 接通压缩机（触按"AUTO"键）
	7	压缩机关闭 用控制和显示单元 E87 的"OFF"键关闭了压缩机 接通压缩机（触按"AUTO"键）
	8	压缩机关闭 测得的外部温度低于 2 ℃ 外部温度低于 2 ℃（将车辆放到热屋内检查） 温度传感器 G17 或 G89 发送错误值
	9	未使用
	10	压缩机关闭 电磁离合器 N25 供电电压低于 9.5 V
	11	压缩机关闭 发动机温度过高 仪表板收到的发动机温度过高，已将输出接地，检查仪表板与 E87 之间导线对地短路

续表

显示区		显示内容的含义
1	12	压缩机关闭 空调压缩机接合 发动机控制单元已关闭了压缩机
	13	压缩机关闭 转速大于 6 000 r/min，压缩机接通延迟约 10 s
	14	压缩机关闭 压力开关 F129（触点 1 和触点 2 之间开关）在车辆行驶的过程中接通了 30 次，F129 和 E87 之间导线连接松动 开关 F129 或制冷回路有故障

如果满足压缩机关闭条件 1、8、11 和 12 中的任何一个，在执行元件诊断过程中，电磁离合器 N25 不工作。

如果压缩机关闭条件 5 与另一个压缩机关闭条件同时出现，就不必考虑压缩机关闭条件 5。

如果几个压缩机关闭条件同时存在（显示区 1），那么这些压缩机关闭条件或交替显示，或由控制和显示单元 E87 决定先显示哪个。

如果压力开关 F129 打开，就先显示压缩机关闭条件 1（过压）并且压缩机关闭；如果压力开关 F129 打开超过 30 s，系统将切换到压缩机关闭条件 3（真空或制冷回路空）。

（2）诊断空调电磁离合器的执行元件。进行空调电磁离合器的执行元件诊断时，应启动发动机，接通压缩机，打开仪表板出风口，向仪表板出风口分配空气。在空调电磁离合器的执行元件的诊断过程中，不能移动车辆且发动机的转速应小于 3 000 r/min，超过该转速，自诊断将中止。在诊断时，所有部件在控制和显示单元 E87 的显示屏上显示。

用地址码"08"先选择空调/暖风电气系统，接着选择执行元件功能。执行元件诊断见表 1–2。

表 1–2　执行元件诊断

显示屏显示	规定功能	故障排除
空调电磁离合器 N25	电磁离合器以 2 s 的节拍吸合，压缩机开始工作；控制和显示单元 E87 的输入以 2 s 的节拍关闭（接地）	按电路原理图检查空调电磁离合器 N25 的供电电压 修理空调电磁离合器 N25 按电路原理图检查 E87、J44 和 N25 间的导线 更换控制和显示单元 E87
新鲜空气鼓风机 V2	新鲜空气鼓风机 V2 在 0 V、3 V、6 V、9 V、12 V、15 V、0 V 时各启动 2 s	检查新鲜空气鼓风机是否运行自如 按电路原理图检查新鲜空气鼓风机控制单元 J126 的接地状况 检查控制单元 J126 更换控制和显示单元 E87

4. 检测高压传感器

（1）通过用诊断仪读取空调控制单元测量值来检测：可以通过用诊断仪读取空调控制单元测量值中的制冷剂压力来判断高压传感器的好坏。

（2）通过用示波器测量高压传感器信号的波形来检测：可以通过用示波器测量高压传感器信号的波形来判断高压传感器的好坏。有些车辆的高压传感器信号是占空比，有些车辆的高压传感器信号是 LIN 总线。

任务 1.3.4　排除和恢复故障

一、工作表：排除故障并检查车辆

（1）排除故障。
（2）重新检查车辆是否还有故障。

二、参考信息

在排除车辆故障后重新检查。

【任务拓展】

空调系统常用诊断方法如下。

（1）看。用眼睛观察空调系统各个零件是否处于正常工作状态。启动空调，让空调系统处于最大制冷状态，观察储液干燥过滤器的观察窗，看制冷剂是否适量。如果可以观察到连续不断的气泡出现，说明制冷剂严重不足；如果每隔 1~2 s 就有气泡出现，表示制冷剂不足；如果观察窗几乎透明，发动机转速变化时可能出现气泡，说明制冷剂适量。看各接头处是否有油污和灰尘，如果有油污和灰尘，空调系统可能存在泄漏。观察冷凝器表面是否脏污，散热片是否倒伏变形。

（2）听。听电磁离合器有无刺耳噪声，如果有噪声，可能是电磁线圈老化而吸力不足，在通电后由于打滑而产生的；也可能是离合器片磨损造成间隙过大使离合器打滑而产生的。听压缩机是否有液击声，如果有液击声，可能是制冷剂过多或膨胀阀开度过大造成的，应释放制冷剂或调整膨胀阀。

（3）摸。高压回路比较热，如果某处特别热或进、出口有明显温差，说明这个地方堵塞。用手感觉压缩机的进气管和排气管之间应该有明显的温度差，前者发凉，后者发烫。用手感觉并比较冷凝器的进入管和排出管的温度，在正常情况下，前者应热一些，因为冷凝器上部温度比下部温度高。用手摸储液干燥过滤器前、后温度要一致。冷凝器输出管到膨胀阀输入管之间是制冷剂中温高压区，温度应该均匀一致。低压回路比较凉，用手摸膨胀阀前、后要有明显的温差，即前热后凉。膨胀阀出口到压缩机之间的软管应该凉而不结霜，正常情况下应表现为结霜后即化，用肉眼看到的只是化霜后结成的水珠。如果高压回路、低压回路没有明显温差，就说明空调制冷系统不工作或存在泄漏，制冷剂严重不足。

（4）测。

① 检漏计。用检漏计检查各接头是否有泄漏。

② 歧管压力表。用歧管压力表检查空调制冷系统的压力。启动发动机，将转速控制在 1 500~2 000 r/min 范围内，使压缩机工作，但不要超过 30 s（保护低压表），观察高、低压表的读数。

制冷循环工作正常时，低压表的读数为 0.12~0.20 MPa，高压表的读数为 1.0~1.50 MPa。高、低压表读数不正常故障的原因及排除方法如表 1-3 所示。

③ 万用表。用万用表检查空调电路故障。

④ 检测仪。使用专用检测仪对手动空调系统进行检测，包括读取故障码、调整基本设定、读取测量数据等内容。

（5）高、低压管路中制冷剂压力异常导致空调制冷系统故障的原因及排除方法见表 1-3。

表 1-3 高低压表读数不正常故障的原因及排除方法

高压表读数	低压表读数	故障原因	排除方法
低	低	制冷剂不足	加注部分制冷剂
		空调制冷系统存在泄漏	检漏修复后，加注适量制冷剂
		空调制冷系统内有水分	放净制冷剂，充分抽真空，排除湿气，重新加注制冷剂
		制冷剂流动不畅	检查膨胀阀、储液干燥过滤器、管路等
高	高	制冷剂过多	放出部分制冷剂
		冷凝器散热不良	检查冷凝器风扇工作情况，检查并清洗冷凝器
		膨胀阀工作不良	检查膨胀阀，必要时更换
		空调制冷系统中混入空气	放净制冷剂，抽真空后重新加注制冷剂
低	高	压缩机高、低压串气	更换故障件

【参考书目】

1.《汽车舒适与安全系统检修》(北京理工大学出版社);
2.《捷达汽车维修手册》;
3.《大众汽车空调自学手册》。

学生笔记:

任务 1.4 自动空调系统的故障诊断

【任务信息】

任务 1.4 自动空调系统的故障诊断			
任务难度	高级	参考学时	6 学时
案例导入	一位车主反映他的汽车（配备自动空调系统）打开空调以后吹出的不是凉风。维修人员经过询问和初步诊断，制冷剂压力无异常，需要进一步用诊断仪读取故障码，读取测量值和对执行元件进行进一步诊断来判断故障的具体原因		
能力目标	知识	1. 能够识读自动空调电路图； 2. 能够制订自动空调故障诊断检测计划	
	技能	1. 能够用诊断仪读取故障码、测量值，对执行元件进行诊断； 2. 能够按照制订的计划实施	
	素质	1. 能够展示操作成果； 2. 能够与团队成员协作完成任务； 3. 能够增强与客户沟通的能力	
任务 1.4 PPT			

【任务流程】

[任务准备]

如果自动空调不能正常工作，需要检测哪些部件？需要准备哪些工具和设备？具体的检测步骤是什么？请扫描二维码进行学习。

任务 1.4 任务准备

[任务实施]

任务 1.4.1 确认故障现象

一、工作表：确认故障现象

（1）起动车辆，打开空调，观察故障现象。
（2）用温度计测量左、右侧出风口温度，并记录下来。
（3）用风速仪测量出风口风量，并记录下来。
（4）用歧管压力表测量高、低压管路中制冷剂压力，并记录下来。

二、参考信息

确认空调故障现象时，首先起动车辆，然后打开空调开关，观察现象，发现出风口吹出来的风不是凉风。用温度计测量出风口的温度，用风速仪测量出风口的风量，用歧管压力表测量高、低压管路中制冷剂的压力，通过测量结果分析可能故障原因。下面以迈腾 B8 轿车为例介绍确认空调故障现象的操作步骤：起动车辆，打开空调开关，用手初步感觉出风口吹出来的风不是凉风；用温度计测量出风口的温度接近环境温度，用风速仪测量出风口的风量大小正常；用歧管压力表测量高、低压管路中制冷剂压力都是正常的。从测量结果分析，考虑空调制冷剂量是正常的，空调通风系统正常，考虑可能的故障原因源于电路方面。

任务 1.4.2　自动空调的电路识图

■ 任务 1.4.2.1　奥迪 A6 轿车自动空调的电路原理图

一、工作表：奥迪 A6 轿车自动空调的电路原理图

（1）分析奥迪 A6 轿车自动空调的电路原理图，并指出输入信号。

（2）分析奥迪 A6 轿车自动空调的电路原理图，并指出输出信号。

（3）分析奥迪 A6 轿车自动空调的电路原理图，并在图 1-82 中画出控制单元的来电和搭铁。

二、参考信息

奥迪 A6 轿车自动空调的电路原理如图 1-82 所示。

带控制单元的电路原理图的识图基本原则与传统电路图是相同的，都是从电源正极经过熔断器、继电器、开关等控制部件，到用电器再回到电源负极。只是在带控制单元的电路原理图中，我们不清楚控制单元内部的电路设计，所以需要清楚控制单元外部连接导线的功能，即明确控制单元的输入信号、输出信号、控制单元的供电和控制单元的搭铁。控制单元的输入信号，对于空调控制单元来说，即指空调的开关和传感器以及伺服电动机上的电位计反馈信号。控制单元的输出信号，即指空调的压缩机电磁离合器、鼓风机和散热器风扇等。

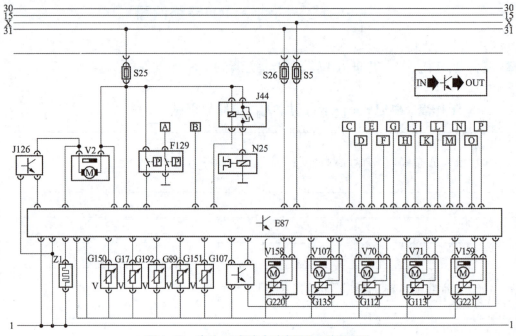

图 1-82 奥迪 A6 轿车自动空调的电路原理图

G107—阳光强度光敏传感器；G17—车外温度传感器；G89—新鲜空气进气通道温度传感器；G150—左出风口温度传感器；G151—右出风口温度传感器；G192—脚部通风口温度传感器；V71—通风风门和新鲜空气/空气再循环风门伺服电动机；G135—通风风门和新鲜空气/空气再循环风门电位计；V158—左侧温度风门伺服电动机；G220—左侧温度风门电位计；V159—右侧温度风门伺服电动机；G221—右侧温度风门电位计；V107—除霜风门伺服电动机；G135—除霜风门伺服电动机电位计；V70—中央风门/脚坑风门伺服电动机；G112—中央风门/脚坑风门伺服电动机电位计；V2—鼓风机；J126—鼓风机控制单元；N25—电磁离合器；E87—空调显示控制单元

■ 任务 1.4.2.2 速腾轿车自动空调的电路原理图

一、工作表：速腾轿车自动空调的电路原理图

（1）分析速腾轿车自动空调的电路原理图，并指出输入信号。

（2）分析速腾轿车自动空调的电路原理图，并指出输出信号。

（3）分析速腾轿车自动空调的电路原理图，并指出空调控制单元的供电保险有几个，分别是什么，在实车上指出相应位置。

二、参考信息

速腾轿车自动空调的电路原理图如图 1-83 所示，速腾轿车自动空调控制单元 J255 的来电线有两根：一根为两个熔断器 SC16 和 SC46，它们分别由 30 和 75 供电；另一根搭铁线与 J126 共用搭铁。

该控制单元的输入信号包括 G65（高压传感器）、G107（阳光强度光敏传感器 1）、G134（阳光强度光敏传感器 2）、G150（左侧出风口温度传感器）、G151（右侧出风口温度传感器）、G263（蒸发器出风口温度传感器）、G89（新鲜空气进气通道温度传感器）、G261（左侧脚部空间出风口温度传感器）、G262（右侧脚部空间出风口温度传感器）、G143（空气内循环风门伺服电动机电位计）、G220（左侧温度风门伺服电动机电位计）、G135（除霜风门伺服电动机电位计）、G221（右侧温度风门伺服电动机电位计）、G113（速滞压力风门伺服电动机电位计）和 G112（中央风门伺服电动机电位计）。

该控制单元的输出信号包括 V154（新鲜空气与空气内循环风门伺服电动机）、V158（左侧温度风门伺服电动机）、V107（除霜风门伺服电动机）、V159（右侧温度风门伺服电动机）、V71（中央风门伺服电动机）、V70（速滞压力风门伺服电动机）、N280（空调压缩机调节阀）和 V2（新鲜空气鼓风机）。

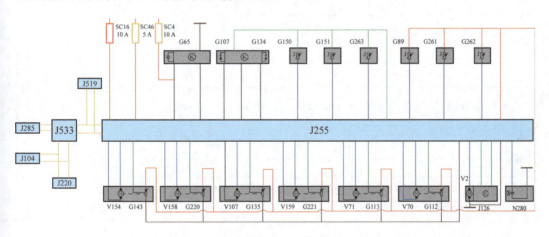

图 1-83 速腾轿车自动空调的电路原理图

空调控制单元与其他控制单元通过总线有信息传递，压缩机是由发动机驱动的，发动机控制单元需要知道空调的开启信息以及压缩机的负荷。而车速信息也会影响空调的温度调节，它由车速传感器传递到仪表控制单元 J285 再传到空调控制单元 J255，用于控制空气流量翻板。后风窗加热的命令被传递到 J519，由 J519 根据用电负荷控制后风窗加热。在工作的同时按键上的 LED 指示灯点亮。发动机转速信息从发动机控制单元传给仪表控制单元 J285，再传给空调控制单元 J255，这个信号用于系统控制，以准确地告知发动机的工况。

任务 1.4.3　诊断仪诊断

■ 任务 1.4.3.1　用诊断仪读取故障码

一、工作表：用诊断仪读取故障码

（1）在实训车辆上，用诊断仪查找空调控制单元的地址码。

（2）如何用诊断仪读取空调控制单元的地址码？请记录过程。

（3）用诊断仪读取空调控制单元故障码的注意事项是什么？

（4）诊断仪所读取的故障码是什么？

（5）从读取到的故障码可以得出什么结论？

二、参考信息

（一）自诊断系统的特点

（1）为了能在部件发生故障或导线断路时迅速查找到故障原因，空调控制单元装备了一个故障存储器，可使用故障诊断仪读出故障。

（2）如果被监测的传感器或部件发生故障，这些故障连同故障类型一同存入故障存储器。若故障存储器存储了对空调系统操作有害的永久故障，空调控制单元的控制和显示面板将在打开点火开关时闪烁 15 s；若没有闪烁，空调控制单元就允许空调按显示面板的设定参数在应急模式下继续运行。

（3）空调控制单元位于控制和显示面板之后，两者合成一体，不能分解。

（二）故障码

用诊断仪查找故障，进行自诊断和故障存储器查询。

通过诊断仪读取故障码来初步确定故障的可能原因，有助于在故障诊断过程中更加方便、快捷地确定故障点。

以迈腾 B8 轿车为例，进入诊断仪诊断程序以后，找到空调地址码 08（空调/暖风电子装置），单击鼠标右键，选择控制单元自诊断，在弹出的自诊断功能对话框中选择"故障存储器"选项，单击"执行"按钮，在弹出的对话框中就会显示空调/暖风电子装置的故障代码，即"40202 高压传感器，无信号"。

从这个故障码可以判断出，该故障与高压传感器有关（参考右侧二维码）。

空调系统读取故障码

■ 任务 1.4.3.2 用诊断仪读取空调数据流

一、工作表：用诊断仪读取空调数据流

（1）在实训车辆上用诊断仪读取空调数据流的方法有哪几种？

（2）如何用诊断仪读取空调制冷剂压力数据？请记录过程。

（3）读取空调数据流的注意事项是什么？

（4）在关闭或打开空调的情况下，分别读取压缩机的实际电流及其切断要求并记录下来。

（5）从读取到的各个数据结果可以得出什么结论？

二、参考信息

通过诊断仪读取空调控制单元的相应数据组信息，进行故障原因的确认，数据流信

息一般指示控制单元输入信号的相应信息。通过数据流确认输入信号及其相应线路是否正常，有助于在故障诊断过程中更加方便、快捷地确定故障点。

以迈腾 B8 轿车为例，进入诊断仪诊断程序以后，找到空调地址码 08（空调/暖风电子装置），单击鼠标右键，选择引导型功能，在弹出的对话框中选择"读取测量值"命令，单击"完成继续"按钮。在弹出的"选择测量值"对话框中选择要读取的测量值，包括压缩机切断要求、压缩机电流实际值、压缩机转速和制冷剂压力 4 个测量值。单击"确定"按钮，弹出"读取测量值"对话框，单击"开始更新"按钮，4 个测量值就会随着空调的操作过程而更新。

从测量值结果可以看出，压缩机切断请求数值显示制冷剂压力传感器故障，说明压缩机不工作是制冷剂压力传感器故障导致的；同时压缩机电流为"0.0 A"，制冷剂压力显示为"故障"，由此最终判断故障原因是制冷剂压力传感器损坏。

从读取的测量值可以判断出该故障与高压传感器有关（参考右侧二维码）。

高压传感器读取测量值

■ 任务 1.4.3.3　空调控制单元的输入信号

一、工作表：空调控制单元的输入信号控制原理

（1）请在空白框处将自动空调传感器名称补充完整。

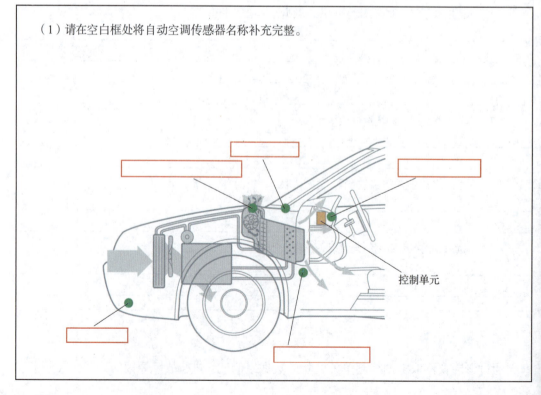

（2）在实训车辆上，通过识读实训车辆的电路原理图，查找该实训车辆的空调控制单元都包括哪些传感器。

____

____

（3）找到其中一个传感器，画出该传感器的电路原理简图。

____

____

____

（4）试分析还有哪些辅助信号用于控制温度。

____

____

（5）除了传感器信号之外，还有哪些是空调控制单元的输入信号？请列出。

____

____

（6）试分析输入信号在空调控制单元工作中的作用。

____

____

二、参考信息

　　自动空调减少了驾驶员的工作量。它的优点是控制系统中包含较多参数，可预先计算出调节后的温度。自动空调系统包括空调控制单元、输入信号和输出信号，输入信号包括环境温度传感器信号、车内温度传感器信号和阳光强度传感器信号等。图 1-84 中标明了传感器在汽车上的位置。空调控制单元相当于系统中枢，它处理来自各传感器的输入信号，消除干扰后送至控制单元内的微电脑。微电脑根据预先设定好的程序进行运算，获得输出信号。输出信号通过输出平台送至执行器，执行器为空调/暖风电子装置定位电动机，各个调节阀都配有适当的定位电动机。目前的空调都与其他车载控制单元直接连接或通过 CAN 总线连接，从而可获得与车速、发动机转速和驻车时间等相关的信息，用于空调控制单元的计算。

　　关于自动空调控制原理，请扫描以下二维码学习。

自动空调控制原理

（一）车外温度传感器 G17

车外温度传感器 G17 安装于车辆前端，记录实际环境温度，如图 1-85 所示。

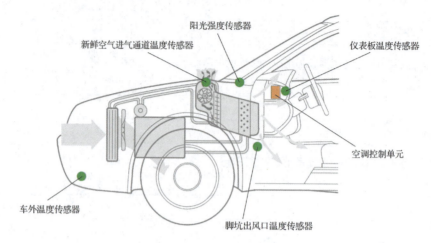

图 1-84　传感器在汽车上的位置示意

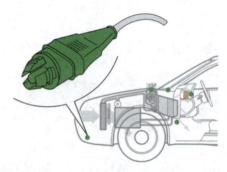

图 1-85　车外温度传感器 G17

（1）信号用途。空调控制单元按照这个温度信号来操纵温度翻板和新鲜空气鼓风机。

（2）信号失效的后果。当信号失效时，空调控制单元将采用第二个温度传感器（新鲜空气进气通道温度传感器）的感测值进行计算。若第二个传感器的信号也失效，则空调系统将采用替代值 +10 ℃继续运行，但空气循环模式就不能使用了。车外温度传感器具有自诊断功能。

关于车外温度传感器，请扫描以下二维码学习。

车外温度传感器

（二）新鲜空气进气通道温度传感器 G89

新鲜空气进气通道温度传感器 G89 直接安装于新鲜空气进气通道中，为实际环境温度的第二测量点，如图 1-86 所示。

（1）信号用途。空调控制单元按照这个温度信号来操纵温度翻板和新鲜空气鼓风机。

（2）信号失效的后果。当信号失效时，空调控制单元将使用位于车辆前端的第一个温度传感器（车外温度传感器）的感测值进行计算。新鲜空气进气通道温度传感器具有自诊断功能。

注意：空调控制单元总是使用这两个传感器所获取值中的最小值。

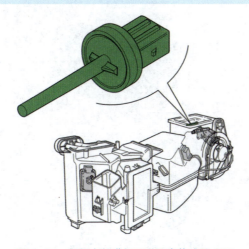

图 1-86　新鲜空气进气通道温度传感器 G89

（三）仪表板温度传感器 G56（带有温度传感器鼓风机 V42）

仪表板温度传感器 G56 通常集成安装在空调控制单元内，将实际车内温度值传送给空调控制单元，如图 1-87 所示。一个小风扇抽吸车内空气，而仪表板温度传感器则位于被抽吸的空气形成的气流中，风扇由控制和显示单元启动。采用此风扇抽吸车内空气是为了避免仪表板温度传感器的感测误差。

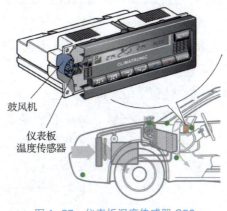

图 1-87　仪表板温度传感器 G56

（1）信号用途。仪表板温度传感器的测量值用于与规定值比较，从而控制温度翻板和新鲜空气鼓风机。

（2）信号失效的后果。信号失效时，空调系统将采用替代值+24℃继续运行。仪表板温度传感器具有自诊断功能。

（四）足部通风口温度传感器 G192

足部通风口温度传感器测量从空调/暖风电子装置流出的空气（及外部进入车内的空气）的温度，通过一个热敏电阻记录温度值，如图1-88所示。当温度降低时，电阻增大。

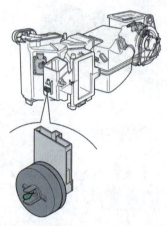

图1-88　足部通风口温度传感器 G192

（1）信号用途。信号被送至空调控制单元进行计算，用来控制除霜器/足部空气流量分配及新鲜空气鼓风机空气流量。

（2）信号失效的后果。当信号失效时，空调控制单元将对替代值+80℃进行计算，空调系统仍继续运行。足部通风口温度传感器具有自诊断功能。

（五）阳光强度光敏传感器 G107

空调的温度利用光敏传感器进行调节。阳光强度光敏传感器G107记录车中乘员所受到的阳光直射量，如图1-89所示。根据空调型号的不同，可通过一个阳光强度光敏传感器或分别安装在车辆左侧和右侧的两个阳光强度光敏传感器测量射入车内的阳光强度。

（1）功能。阳光透过滤镜照射到光敏二极管的光学元件上，滤镜的功能与太阳镜类似，避免光学元件因受紫外线照射而受损。光敏二极管是采用对光敏感的半导体制成的。当没有光线照射时，只有少量电流通过光敏二极管。在受到阳光照射时，电流开始增大，入射光线越强，电流越大。当电流增大时，空调控制单元识别出阳光较强烈，并据此调节车内温度，温度翻板和新鲜空气鼓风机也随之调整。当空调系统配有两个阳光强度光敏传感器时，阳光照射更强烈的一侧制冷强度更高。

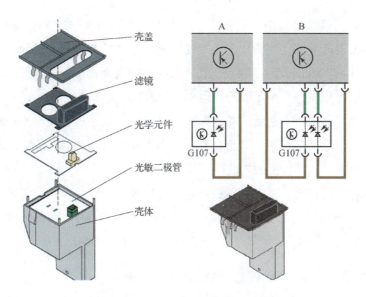

图1-89 阳光强度光敏传感器G107

（2）信号失效的后果。当信号失效时，空调控制单元采用一个固定值代替阳光强度。关于阳光强度光敏传感器，请扫描以下二维码学习。

阳光强度光敏传感器

（六）温度控制辅助信号

在温度调节过程中，温度控制辅助信号有助于提高车内环境舒适度，并可用于系统控制。这些温度控制辅助信号来自其他车载控制单元，由空调控制单元处理。比较重要的温度控制辅助信号包括驻车时间信号、车速信号和发动机转速信号，如图1-90所示。

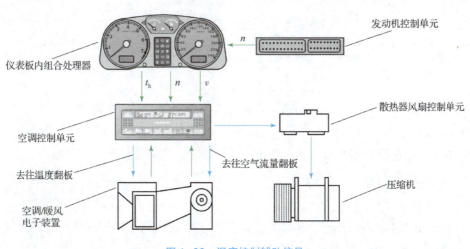

图1-90 温度控制辅助信号

（1）驻车时间信号。该信号记录从关闭点火开关到再次起动发动机所经过的时间。该信号用于调节温度翻板。当再次起动发动机时，空调控制单元通过处理上次关闭发动机时存储的车外温度值调节温度翻板，就可以将车内温度很快调节到舒适温度，而避免了温度过低的情况。注意：测量值的变化（例如因辐射热）不影响调节。

（2）车速信号。通过车速传感器将车速信号传递到仪表再传到空调控制单元的信号为车速信号。该信号用于控制空气流量翻板。当车辆高速行驶时，适当地减小空气流量翻板的开度，可使进入驾驶室的气流尽可能平稳。

（3）发动机转速信号。从发动机控制单元传给仪表再传给空调控制单元的信号为发动机转速信号。该信号用于空调系统控制（切断电磁离合器），准确地告知发动机的工况。例如，如果没有发动机转速信号，空调系统就关闭压缩机。

■ 任务1.4.3.4　用诊断仪进行执行元件诊断

一、工作表：执行元件诊断

（1）查看实训车辆的电路原理图，找出该车空调系统的执行元件有哪些并请列出。

_____
_____
_____

（2）如何用诊断仪进行空调系统执行元件诊断？请记录其中一个执行元件诊断的结果。

_____
_____
_____
_____

（3）说明执行元件诊断结果的含义。

_____
_____
_____

二、参考信息

进行执行元件诊断时，应起动发动机，接通压缩机，打开仪表板出风口，向仪表板出风口分配空气。在执行元件诊断的过程中，不能移动车辆且发动机的转速应小于3 000 r/min。超过该转速，自诊断将中止，在诊断时，所有部件在空调显示屏上显示。

通过诊断仪进行执行元件诊断，可以快速判断执行元件及其相关线路是否发生了故障。

以迈腾B8轿车为例，进行执行元件诊断时，首先找到空调控制单元，单击鼠标右键，选择引导型功能，在弹出的对话框中选择"执行元件诊断"命令，单击"执行"按钮，在弹出的检测程序对话框中，单击"完成继续"按钮，在弹出的促动器诊断对话框中显示，需要开启空调器。此时需要打开车内空调，然后单击"完成继续"按钮，弹出"选择执行元件"对话框，在该对话框中选择要进行哪项执行元件诊断功能，包括：1——左侧温度风门伺服电动机 V158；2——右侧温度风门伺服电动机 V159；3——新鲜空气／车内空气循环速滞压力风门伺服电动机 V425；4——除霜风门伺服电动机 V107；5——前部气流分配风门伺服电动机 V426；6——后部温度风门伺服电动机 V137。例如，选择进行左侧温度风门伺服电动机 V158 的执行元件诊断，需要单右侧的"1"按钮，在弹出的对话框中显示启动左侧温度风门伺服电动机 V158 的执行元件诊断，在启动过程中，伺服电动机周期性运行至其末端位置。在检测过程中，注意显示测量值中的周期性变化，单击"完成继续"按钮，在弹出的对话框中显示该伺服电动机的 4 个值，包括实际值（175）、规定值（927）、冷停止（126）和热停止（910）。其中，实际值表示在整个执行元件诊断过程中左侧温度风门会从最小位置 175 变化到最大位置 907，所以此数值是变化的，即从最小变到最大；规定值是指最小值 109 和最大值 927，即两个数的变化；冷停止是指最小位置 126；热停止是指最大位置 910。冷停止和热停止两个数值不变。在执行元件诊断过程中，伺服电动机会持续在整个工作范围内运行。单击"完成继续"按钮即结束该伺服电动机的执行元件诊断。其他执行元件诊断过程类似。

空调系统执行元件诊断

■ 任务 1.4.3.5　空调控制单元的输出信号

一、工作表：空调系统执行元件的控制原理

（1）查看实训车辆的电路原理图，画出该车空调系统执行元件的电路原理简图。

_____

_____

（2）查看实训车辆的电路原理图，画出该车鼓风机控制的电路原理简图。

_____

_____

二、参考信息

空调控制单元按照预先编制的程序对空调系统的各个传感器信号进行处理，并通过执行元件不断地对风机转速、出风温度、送风方式及压缩机工作状况等进行调节，从而使车内温度、空气流动状况等始终保持在驾驶员设定的水平。

汽车空调风门可把空气引到各个出风口，所有风门均由伺服电动机控制。其位置可

以编程自动调整，也可用控制和显示单元手动控制。以奥迪 A6 轿车为例，该车空调系统的执行元件包括：

（1）汽车空调的通风风门和新鲜空气/空气再循环风门伺服电动机 V71 及电位计 G113。其驱动通风风门和新鲜空气/空气再循环风门。

（2）左侧温度风门伺服电动机 V158 及电位计 G220。其驱动左侧温度风门。

（3）右侧温度风门伺服电动机 V159 及电位计 G221。其驱动右侧温度风门。

（4）除霜风门伺服电动机 V107 及电位计 G135。其驱动除霜风门。

（5）中央风门/脚坑风门伺服电动机 V70 及电位计 G112。流向仪表板和脚坑的空气由三件式中央风门和脚坑风门控制，两风门均由伺服电动机 V70 驱动。

（6）鼓风机 V2 和鼓风机控制单元 J126。其接收控制和显示单元 E87 的指令，调节空气流速。

（7）电磁离合器 N25。其接收控制单元和显示 E87 的指令，控制压缩机的运转。

（8）其他。开启空调时，发动机的节气门开度应该加大，以输出更大功率。

关于电位计控制原理，请扫描以下二维码学习。

电位计控制原理

（一）伺服电动机

伺服电动机布置在与相应翻板轴等高处。所有伺服电动机都接收来自空调控制单元的相应控制信号。每个伺服电动机都配有一个电位计，这个电位计将翻板开度信号反馈给空调控制单元，伺服电动机（执行元件）就将电气输出信号转化成一个机械量。如图 1-91 所示，红色和褐色线表示空调控制单元给电位计的供电线和搭铁线，供电线是 5 V，绿色线是电位计的信号线，反馈翻板位置信息；其他两根蓝色线是空调控制单元给伺服电动机的供电线和搭铁线。

 翻板的调节机构是不相同的，曲拐的布置和转角与具体的翻板有关。

关于伺服电动机控制，请扫描以下二维码学习。

伺服电动机控制

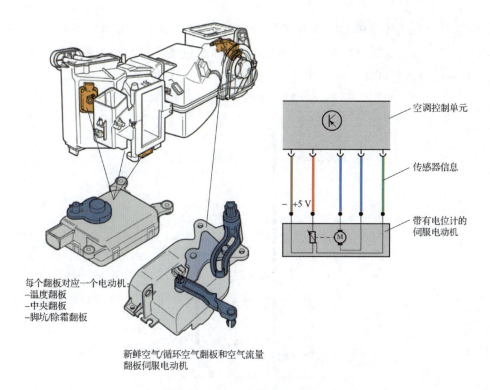

图 1-91 伺服电动机的位置和电路示意

(二) 鼓风机

空调控制单元通过一个脉宽调制信号来控制鼓风机,而鼓风机控制器则将一个自诊断信号反馈给空调控制单元。例如,当反馈信号中有 1 个脉冲时,表明没有故障;当反馈信号中有 2 个脉冲时,表明电流被限制;当反馈信号中有 3 个脉冲时,表明温度太高,如图 1-92 所示。

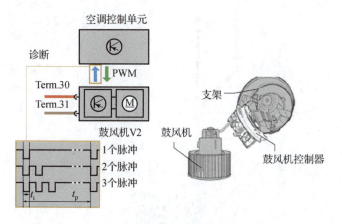

图 1-92 鼓风机控制器

随着汽车技术的蓬勃发展,现在的很多轿车上的鼓风机都有自己的控制单元。例如,迈腾 B8 轿车鼓风机的控制电路如图 1-93 所示。鼓风机控制单元 J126 中的 SC14

是新鲜空气鼓风机控制单元的供电熔断器；红黄线是 J126 的供电线；紫蓝线是信号线（LIN 线）；红色线是鼓风机 V2 的供电线；T4dh/1 褐色线是 J126 的搭铁线；T2qp/2 褐色线是鼓风机 V2 的搭铁线。

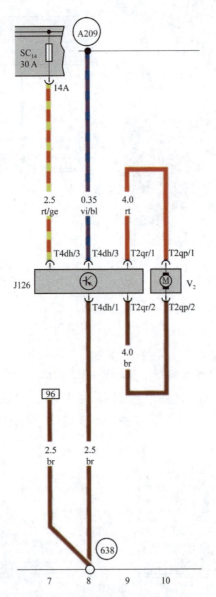

图 1-93　迈腾 B8 轿车鼓风机的控制电路

关于鼓风机控制原理，请扫描以下二维码学习。

鼓风机控制原理

以奥迪 A6 轿车的空调控制单元为例，其包括输入信号传感器和电位计（如图 1-94 中的绿色箭头所示）、输出信号执行元件伺服电动机（如图 1-94 中的蓝色箭头所示）。

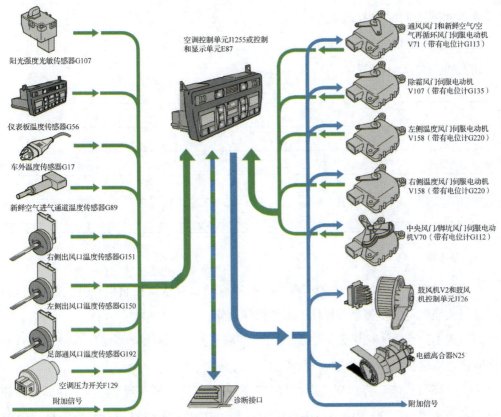

图 1-94　奥迪 A6 轿车的空调控制单元示意

关于空调系统网络拓扑，请扫描以下二维码学习。

空调系统网络拓扑

■ 任务1.4.3.6　用诊断仪做空调系统电气部件检测计划

一、工作表：空调系统电气部件检测计划

（1）若发现空调系统的一个传感器出现故障，应该如何进行诊断和检测？是否有相应计划和策略？

（2）用诊断仪对实训车辆的空调系统电气部件进行检测。

选择的电气部件是＿＿＿＿＿＿＿＿＿＿＿＿＿＿＿＿＿＿＿＿＿＿＿＿

指示的该电气部件的位置：＿＿＿＿＿＿＿＿＿＿＿＿＿＿＿＿＿＿＿

该电气部件的作用：＿＿＿＿＿＿＿＿＿＿＿＿＿＿＿＿＿＿＿＿＿＿

记录该电气部件的检测计划：

＿＿＿＿＿＿＿＿＿＿＿＿＿＿＿＿＿＿＿＿＿＿＿＿＿＿＿＿＿＿＿＿

＿＿＿＿＿＿＿＿＿＿＿＿＿＿＿＿＿＿＿＿＿＿＿＿＿＿＿＿＿＿＿＿

＿＿＿＿＿＿＿＿＿＿＿＿＿＿＿＿＿＿＿＿＿＿＿＿＿＿＿＿＿＿＿＿

＿＿＿＿＿＿＿＿＿＿＿＿＿＿＿＿＿＿＿＿＿＿＿＿＿＿＿＿＿＿＿＿

＿＿＿＿＿＿＿＿＿＿＿＿＿＿＿＿＿＿＿＿＿＿＿＿＿＿＿＿＿＿＿＿

二、参考信息

在遇到故障不知如何排除的情况下，利用诊断仪对空调控制单元电气部件进行检测，可以按照既定的步骤逐步操作，最终排除故障。

以迈腾 B8 轿车空调系统电气部件制冷回路压力传感器 G805 为例，加入检测计划，按照既定步骤逐步操作，最终找到故障点。

进入诊断仪诊断程序以后，在控制单元列表界面，单击右侧第一个"诊断"按钮，在弹出界面最上面的选项中，单击"检测计划"按钮，在弹出的界面中选择"G805-制冷回路压力传感器"选项，若界面中没有需要的电气部件，则可以添加，单击界面最下面的"选择自己的检测计划"选项，找到要制订检测计划的电气部件即可，单击"G805- 制冷回路压力传感器"按钮，单击界面左下角的"进行检测"按钮。

然后按照程序提供的检测计划逐步进行检测。

第一步，打开点火开关，单击"完成/继续"按钮，在弹出的对话框中查看制冷回路压力传感器的检测说明，包括对当前故障存储器记录的分析。单击"完成/继续"按钮。

第二步，读取故障码：B10AE31- 制冷回路压力传感器 -G805，无信号。单击"完成/继续"按钮。

第三步，检测制冷回路压力传感器 G805，在检测之前需要满足相应的检测条件，若满足要求，则单击"完成/继续"按钮。在弹出的对话框中再次询问是否已满足检测条件，若满足单击"是，继续检测"→"1"按钮。

第四步，检测熔断器是否正常，若正常，则单击"是"按钮。

第五步，在发动机静止时，读取车外温度即汽车环境温度测量值，单击"完成/继续"按钮，就会显示制冷剂压力（故障）和车外温度传感器 G17 给出的车外温度（27.5 ℃）。在对话框中还会给出提示：在测得的车外温度下，制冷回路中的压力应大于或等于表格中的数值，见表 1–4。

表 1–4 制冷剂压力与车外温度的关系

车外温度 / ℃	制冷剂压力 / bar[①]
15	3.9
20	4.7
25	5.6
30	6.7
35	7.8

第六步，单击"完成继续"按钮，检测测量的数据是否正常，有 4 个选项，根据测量的结果选择相应的选项，这里选择"3–制冷回路压力传感器–G805 上未显示可信测量值"选项。

第七步，根据选择的结果给出可能的原因有两个：①"制冷回路压力传感器–G 的布线中有故障"；②"制冷回路压力传感器–G805 损坏"。在此步骤中，系统会继续询问"插头连接是否正常"，查看高压传感器插头，发现插头损坏，导致接触不良，所以选择单击"否"按钮。

第八步，修理插头，单击"完成/继续"按钮。

第九步，继续检查系统中是否存在故障，单击"完成/继续"按钮。

第十步，清除空调控制单元的故障存储器，单击"完成/继续"按钮。

第十一步，打开点火开关，重新查询空调控制单元的故障存储器。结果显示：没有故障码。

至此，故障诊断完成。

扫描以下二维码可以观看制冷回路压力传感器 G805 的检测过程视频。

制冷回路压力传感器检测

[①] 1 bar = 0.1 MPa。

任务 1.4.4　排除故障

一、工作表：排除故障并检查车辆

（1）排除故障。
_____
_____
_____
_____

（2）重新检查车辆是否还有故障。
_____
_____
_____
_____
_____

二、参考信息

排除故障后，重新检查车辆。

【任务拓展】

图 1-95 所示的是丰田花冠轿车全自动空调控制电路，该电路由传感器、执行元件和空调控制单元三部分组成。

一、传感器

（1）车内温度传感器。车内温度传感器安装在仪表板的下端，是一个具有负温度系数的热敏电阻。当车内温度发生变化时，热敏电阻的阻值改变，从而向空调控制单元输送车内温度信号。

（2）车外温度传感器。车外温度传感器安装在前保险杠右下端，也是一个热敏电阻，向空调控制单元输送车外温度信号。

（3）A/C 蒸发器温度传感器。A/C 蒸发器温度传感器安装在蒸发器壳体上，用于检测制冷装置内部的温度变化。当蒸发器周围温度发生变化时，A/C 蒸发器温度传感器电阻的阻值也随之改变，并向空调控制单元输出电信号。

（4）太阳强度光敏传感器。太阳强度光敏传感器内部有光敏二极管，安装在汽车前风窗玻璃下面。利用光电效应，该传感器将太阳照射强度转变成电信号，并输送给空调控制单元。

（5）水温传感器。水温传感器直接安装在发动机冷却循环的水路上，用于检测冷却液温度。该传感器产生的水温信号输送给空调控制单元，用于低温时的风机转速控制。

（6）压缩机锁止传感器。压缩机锁止传感器是一种磁电式传感器，安装在空调压缩机内，检测压缩机转速。压缩机每转1圈，该传感器线圈产生4个脉冲信号并输送给空调控制单元。

二、执行元件

执行元件包括进风伺服电动机、空气混合伺服电动机、送风方式控制伺服电动机、最冷控制伺服电动机、鼓风机和压缩机电磁离合器等。

（1）进风方式伺服电动机。进风方式电动机控制空调的进风方式，该伺服电动机的转子经连杆与进风风门相连。该伺服电动机内装有一个电位计，向空调控制单元反馈进风方式伺服电动机的位置情况。

当驾驶员使用进风方式控制键选择"车外新鲜空气导入"或"车内空气循环"模式时，空调控制单元即控制进风方式伺服电动机带动连杆顺时针或逆时针旋转，从而带动进风风门开启或闭合，达到改变进风方式的目的。

当触按"自动控制"键时，空调控制单元首先计算出所需要的送风温度，并根据计算结果自动改变进风方式伺服电动机的转动方向，从而实现进风方式的自动调节。

（2）空气混合伺服电动机。当进行温度调节时，空调控制单元控制空气混合伺服电动机连杆顺时针或逆时针转动，改变空气混合风门的开度，从而改变冷、暖空气的混合比例，调节送风温度。空气混合伺服电动机内电位计的作用是向空调控制单元输送空气混合风门的位置信号。

（3）送风方式控制伺服电动机。当触按操作面板上某个送风方式键时，空调控制单元便将送风方式控制伺服电动机上的相应端子接地，而送风方式控制伺服电动机内的驱动电路据此使连杆转动，将送风控制风门转到相应的位置上，打开某个送风通道。

当触按"自动控制"键时，空调控制单元根据计算结果（送风温度）在吹脸、双肩和吹脚三者之间自动改变送风方式。

（4）最冷控制伺服电动机。最冷控制伺服电动机操纵的最冷控制风门有全开、半开和全闭3个位置。当空调控制单元使某个位置的端子接地时，最冷控制伺服电动机驱动电路使电动机旋转，带动最冷控制风门处于相应位置。

（5）鼓风机。鼓风机的转速可以通过操作空调控制面板上的"高速""中速"和"低速"键设定。当触按"自动控制"键时，空调控制单元根据送风温度自动调整鼓风机转

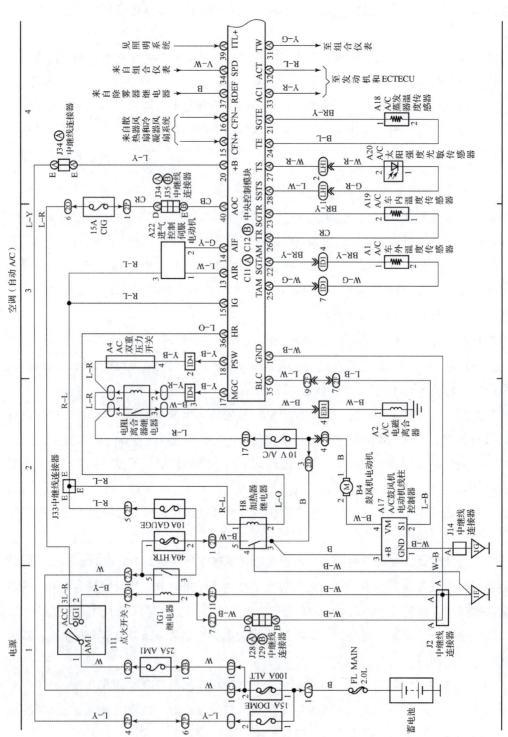

图 1-95 丰田花冠轿车全自动空调控制电路

速。若冷却液温度传感器检测到冷却液的温度低于 40 ℃时，空调控制单元控制鼓风机停止转动。

（6）压缩机电磁离合器（中央控制模块）。压缩机电磁离合器接收空调控制单元的指令，控制压缩机工作。

三、空调控制单元

空调控制单元与操作面板制成一体，它对输入的各种传感器信号和功能选择键的输入指令进行计算、分析、比较后，发出指令，控制各个执行元件动作，使车内温度、空气流动状况等始终保持在驾驶员设定的水平。另外，空调控制单元还具有故障自诊断功能。

（1）计算所需送风温度。空调控制单元根据驾驶员设定温度、车内温度、车外温度和太阳强度光敏传感器输送的数据等计算所需的送风温度；再根据送风温度，向伺服电动机等执行元件发出控制信号，实现各种控制功能。但是当驾驶员将温度设置为最冷或最热时，空调控制单元将用固定值取代上述计算值进行控制，以提高响应速度。

（2）空气混合风门控制。空调控制单元根据驾驶员设定的温度和蒸发器的温度来调节空气混合风门是向冷的方向转动还是向热的方向转动，以降低或提高出风温度，直至调节到设定值。

（3）鼓风机转速控制。当触按"自动控制"键时，空调控制单元根据送风温度自动调整鼓风机转速。若冷却液温度传感器检测到冷却液温度低于 40 ℃时，空调控制单元控制鼓风机停止转动。

（4）进风方式控制。当触按某个进风方式键时，空调控制单元控制进风方式伺服电动机转动，将进风挡板固定在"车外新鲜空气导入"或"车内空气循环"位置。当触按"自动控制"键时，空调控制单元根据送风温度在上述两种方式之间交替自动改变进风方式。

（5）送风方式控制。当触按某个送风方式键时，空调控制单元控制送风方式伺服电动机动作，将送风方式固定在相应状态上。当进行自动控制时，空调控制单元根据求得的送风温度，自动调节送风方式。当送风温度非常低时，最冷控制挡风板完全开启。

（6）压缩机控制。进行自动控制时，如果环境温度或蒸发器温度降至一定值以下，空调控制单元将控制压缩机间歇工作，即电磁离合器交替导通与断开，以节省能源。

空调装置工作时，空调控制单元同时从发动机点火器及压缩机锁止传感器采集发动机转速与压缩机转速信号，并进行比较。若两种转速信号的偏差率连续 3 s 超过 80%，空调控制单元则判定压缩机锁死，同时电磁离合器脱开，防止空调装置进一步损坏，并使操作面板上的 A/C 指示灯闪烁，以提示驾驶员。

【参考书目】

1. 《汽车舒适与安全系统检修》(北京理工大学出版社);
2. 《大众汽车空调自学手册》;
3. 捷达汽车电路原理图和相应车型维修手册;
4. 速腾汽车电路原理图和相应车型维修手册;
5. 迈腾汽车电路原理图和相应车型维修手册。

学生笔记:

模块一测试题及答案请扫描以下二维码。

模块一测试题

模块一测试题答案

模块二　电动车窗和中央门锁的检测与维修

任务 2.1　电动车窗和中央门锁的操作使用

【任务信息】

任务 2.1	电动车窗和中央门锁的操作使用			
任务难度	初级		参考学时	2学时
案例导入	有一个真实的案例：一辆停在红绿灯路口的轿车，被一个抢劫犯打开了副驾驶侧车门，将车主的包抢走了！在此案例中，由于车辆在锁车的时候只锁了驾驶员侧的车门，所以在开锁的时候，也只开驾驶员侧的车门。			
能力目标	知识	1. 能够认识电动车窗的功能； 2. 能够认识中央门锁的功能		
	技能	能够熟练操作电动车窗和中央门锁的开关和进行个性化设置		
	素质	1. 能够展示操作成果； 2. 能够与团队成员协作完成任务		
任务 2.1 PPT				

【任务流程】

[任务准备]

车辆的电动车窗和中央门锁的操作使用请扫描二维码进行学习。

任务 2.1 任务准备
（车辆的电动车窗和中央门锁的操作使用）

[任务实施]

任务 2.1.1　汽车电动车窗的操作使用

一、工作表：汽车电动车窗的操作使用

（1）操作实训车辆，请说明通过几种方式可以操作电动车窗。

（2）说明下图中按键①、②、③分别有什么功能，并说明电动车窗开关有几个挡位？分别是什么。

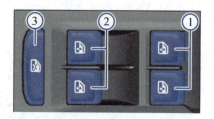

（3）看下图，结合实车操作电动车窗开关并完成填空。

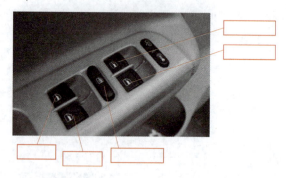

① 在实车上控制左前车窗的开关有_____个。
② 在实车上控制右前车窗的开关有_____个。
③ 如何操作开关能使坐在后排座椅的小朋友安全？

（4）看下图，遥控钥匙是如何控制车窗的升降的？

（5）实训车辆是迈腾 B8 轿车，下图中的门把手按键是如何控制车窗升降的？

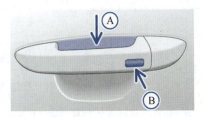

（6）看下图，应急钥匙是如何控制车窗升降的？

（7）电动车窗玻璃升降器有几种类型？分别是什么？

二、参考信息

（一）大众车系电动车窗开关

大众车系电动车窗开关如图 2-1 所示。

图 2-1　大众车系电动车窗开关

大众车系汽车驾驶员侧车门上的按键如图 2-1 所示。①是控制前车门车窗的按钮；②是控制后车门车窗的按键；③是安全按键。

大众车系汽车电动车窗开关功能信息见表 2-1。

表 2-1　大众车系汽车电动车窗开关功能信息

功能	操作方法
打开	按压按键
关闭	拉动按键
停止自动升降	再次按压或拉动相应车窗的按键
	安全按键停用后，可作为车门内的车窗升降器按键，这时按键中的黄色指示灯点亮

在关闭点火开关后，只要没有打开驾驶员侧车门或副驾驶员侧车门，在短时间内仍能通过车门内的按键打开或关闭车窗。在从点火开关中拔出遥控钥匙并打开驾驶员侧车门后，通过操作驾驶员侧车门内的相应车窗按键并保持住，可以打开或关闭所有电动车窗。

（1）自动升降功能。利用自动升降功能可以完全打开或关闭车窗。这时不需要保持住车窗升降器的相应按键。

① 自动上升功能：将相应车窗的按键短时间向上拉至第二挡。

② 自动下降功能：将相应车窗的按键短时间向下按至第二挡。

③ 停止自动升降过程：重新按压或拉动相应车窗的按键。

（2）恢复自动升降功能。如果汽车蓄电池在未完全关闭车窗时被断开或电量耗尽，自动升降功能就不起作用，并且必须恢复。

① 拉起车窗升降按键，关闭所有车窗。

② 松开按键。

③ 再次拉起车窗升降按键并在此位置上至少保持 2 s，自动升降功能恢复。可以单独或同时为多个车窗恢复自动升降功能。

（3）便捷开启和关闭。点火开关关闭时，车窗可以从车外用轿车钥匙打开或关闭。

① 按住轿车钥匙上的闭锁或解锁按键，所有门窗将同时打开或关闭。

② 对于配备无钥匙进入、起动、停止系统（Keyless Entry Start Stop System，Kessy）的轿车，将手指放在车门拉手上的锁止传感区上数秒钟，直至车窗关闭。

③ 如需中止该功能，松开闭锁或解锁按键即可。

（二）红旗 E-HS3 轿车电动车窗

（1）打开或关闭电动车窗。红旗 E-HS3 轿车驾驶员侧电动车窗开关示意如图 2-2 所示，1 表示手动升降，即上拉/下按相应车窗升降开关 1 挡（保持上拉/下按），车窗手动上升/下降；2表示自动升降，即上拉/下按相应车窗升降开关2挡（上拉/下按后松开），车窗玻璃自动上升/下降。

副驾驶员侧及后排乘员侧打开和关闭电动车窗的操作方法与驾驶员侧相同。

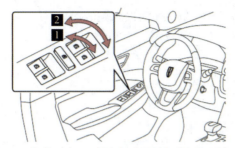

图 2-2　红旗 E-HS3 轿车驾驶员侧电动车窗开关示意

（2）电动车窗锁止开关。图 2-3 所示为红旗 E-HS3 轿车电动车窗锁止开关，按下此开关，副驾驶员侧及后排乘员侧电动车窗开关将失效，驾驶员侧电动车窗开关不受锁止开关控制。

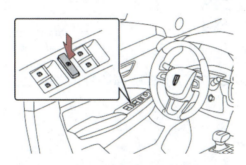

图 2-3　红旗 E-HS3 轿车电动车窗锁止开关

（3）红旗 E-HS3 轿车电动车窗初始化操作。当点火开关置于"ON"模式时，电动车窗可以正常工作。当关闭点火开关后约 10 min，仍可以操作电动车窗。

车窗自动升降功能失效后，需要对车窗进行初始化设定，初始化的方法：持续上拉各车窗的升降开关，车窗将自动完成升至上止点，降至下止点，再升至上止点的连续动作，即完成初始化，在整个过程中不要松开车窗升降开关，直到初始化完成。

（4）遥控升窗。当所有车门、机舱盖及行李舱均关闭，且点火开关置于"OFF"模式时，在有效区域内，长按智能钥匙上的锁止按键，可以关闭所有车窗。

（5）智能升窗。当所有车门、机舱盖及行李舱均关闭，且点火开关置于"OFF"模式时，若随身携带智能钥匙或卡片钥匙，按下车门拉手上的智能解锁/锁止按键并保持该动作，可以关闭所有车窗。

（6）机械钥匙升窗。当所有车门、机舱盖及行李舱均关闭，且点火开关置于"OFF"模式时，使用机械钥匙锁止车门并保持该动作，可以关闭所有车窗。

红旗 E-HS3 轿车电动车窗的使用方法

任务 2.1.2　汽车中央门锁的操作使用方法

一、工作表：汽车中央门锁的操作使用方法

（1）操作实训车辆，说明通过几种方式可以解锁和锁止车门。

_____

（2）在解锁或锁止车门时观察并记录转向灯的闪烁次数。

_____

（3）将下图中按键的操作方法和作用补充完整。

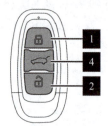

1— _____ ；

2— _____ ；

4— _____

（4）下图所示为智能进入按键。使用智能进入按键的前提条件是_____。

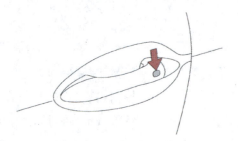

（5）下图所示为机械钥匙。请问如何解锁和锁止车门？_____

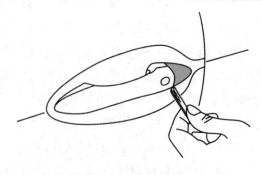

（6）下图所示为中控门锁开关。其中，按键1表示：_____；按键2表示：_____。

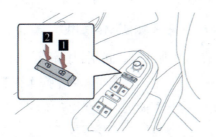

（7）下图所示为车门内开手柄。当车门锁止以后，是否能通过车门内开手柄开打车门？应如何操作？

（8）下图所示为后门儿童安全锁，其作用为_____。其中，按键1表示_____；按键2表示_____。

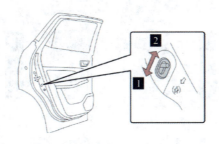

（9）下图所示为智能进入和起动系统示意。

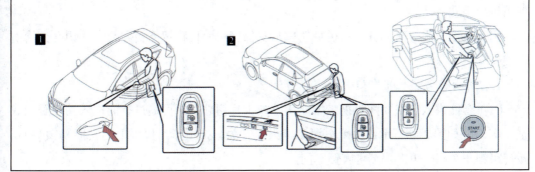

二、参考信息

下面以红旗 E-HS3 轿车的中央门锁的操作使用方法为例来进行讲解。

（一）红旗 E-HS3 轿车中央门锁的操作使用方法

红旗 E-HS3 轿车随车附带 4 种钥匙，包括智能钥匙 1、卡片钥匙 2、机械钥匙 3 和钥匙号码牌 4，如图 2-4 所示。其中，智能钥匙用于操作智能进入和起动系统，具有无线遥控功能；卡片钥匙只用于操作智能进入和起动系统。

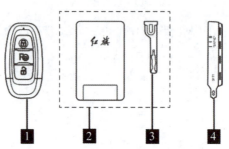

图 2-4　红旗 E-HS3 轿车随车钥匙

红旗 E-HS3 无线遥控钥匙如图 2-5 所示，若短按按键 1，则表示锁止车门；若长按按键 1，则表示关闭所有车窗及天窗。在长按此按键的过程中，如果松开遥控器按键，车窗及天窗就停止运动。若短按按键 2，则表示解锁车门；若长按按键 2，则表示打开所有车窗及天窗；按键 3 用于遥控泊车；长按按键 4 将解锁并打开行李舱。

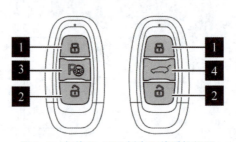

图 2-5　红旗 E-HS3 轿车无线遥控钥匙

按照图示方式取出机械钥匙，使用机械钥匙后，将其存放于卡片钥匙内，将机械钥匙和卡片钥匙一起携带。如果智能钥匙或卡片钥匙电池电量耗尽而不能正常工作，则需使用机械钥匙。

当需要泊车服务时，务必将机械钥匙随身保管，而仅将智能钥匙或卡片钥匙交给泊车服务人员。

1. 从车外解锁或锁止车门

（1）智能进入。只要随身携带智能钥匙或卡片钥匙，即可通过智能进入功能解锁或锁止车门。如图 2-6 所示，关闭电源（点火）开关，按下车门拉手上的智能解锁/锁止按键可锁止车门，再次按下可解锁车门。

（2）无线遥控即用遥控器控制车门解锁或锁止。图 2-7 所示为红旗 E-HS3 轿车遥控钥匙，其中，按键 1 用于锁止所有车门，按键 2 用于解锁驾驶员侧车门 / 解锁所有车门。

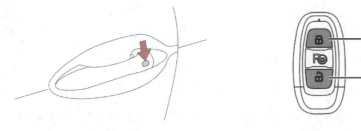

图 2-6　智能进入　　　　　　　图 2-7　红旗 E-HS3 轿车遥控钥匙

（3）机械钥匙。将机械钥匙直接插入钥匙孔，可解锁或锁止车门。如图 2-8 所示，按键 1 用于锁止车门，按键 2 用于解锁车门。

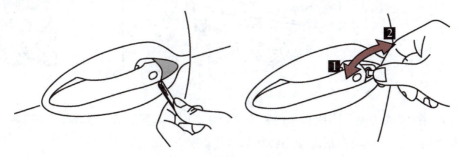

图 2-8　机械钥匙

（4）操作信号。当车门锁止时，所有转向灯闪烁 1 次；当车门解锁时，所有转向灯闪烁 2 次。

2. 从车内解锁或锁止车门

（1）中控门锁开关。可通过驾驶员侧车门上的中控门锁开关解锁或锁止车门。如图 2-9 所示，按键 1 用于锁止所有车门，按键 2 用于解锁所有车门。注意：当有车门未关闭时，中控门锁开关只可解锁车门，无法锁止车门。

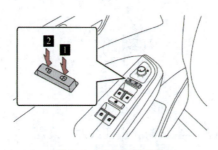

图 2-9　中控门锁开关

（2）车门内开手柄。向内拉动车门内开手柄可以打开车门。在锁止车门后，拉动车门内开手柄一次表示解锁车门，再次拉动表示打开车门，如图 2-10 所示。

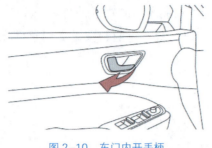

图 2-10 车门内开手柄

红旗 E-HS3 轿车中央门锁的操作使用方法

（3）后门儿童安全锁。设定后门儿童安全锁后，无法从车内打开车门，可防止儿童在车内打开车门。如图 2-11 所示，按键 1 用于锁止车门，按键 2 用于解锁车门。

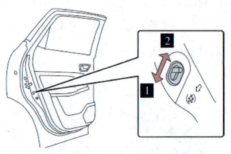

图 2-11 后门儿童安全锁

红旗 E-HS3 轿车后门儿童安全锁的使用操作方法

（4）随速闭锁功能。当所有车门处于闭锁状态时，若某一车门未锁止，车辆运行且车速超过 20 km/h，则可激活随速闭锁功能，锁止所有车门。

3. 行李舱盖开关

（1）打开行李舱盖。

① 从车内打开行李舱盖。车辆静止时，按下行李舱盖内的开启按键，即可解锁并打开行李舱盖，如图 2-12 所示。

图 2-12 行李舱盖内的开启按键

② 从车外打开行李舱盖。当车辆静止且点火开关置于非 "ON" 模式时，若随身携带智能钥匙或卡片钥匙，按下行李舱盖外的开启按键，即可解锁并打开行李舱盖；当车辆处于全车解锁状态下时，按下行李舱盖外的开启按键，即可解锁并打开行李舱盖，如图 2-13 所示。

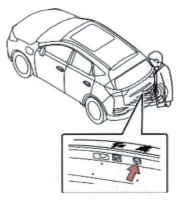

图 2-13　行李舱盖外的开启按键

③ 无线遥控。长按遥控钥匙的行李舱盖按键约 2 s，即可解锁并打开行李舱盖，如图 2-14 所示。

④ 伸脚开启。当点火开关置于"OFF"或"ACC"模式时，若随身携带智能钥匙或卡片钥匙，在后保险杠下方做出伸脚动作，即可解锁并打开行李舱盖，如图 2-15 所示。

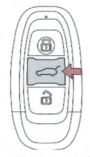

图 2-14　遥控钥匙上的行李舱盖按键

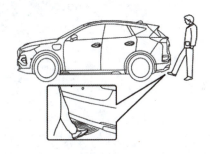

图 2-15　伸脚开启行李舱盖

（2）关闭行李舱盖。按下行李舱盖关闭按键，行李舱盖便自动关闭，如图 2-16 所示。

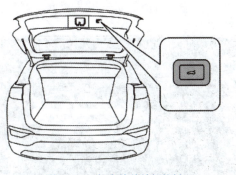

图 2-16　行李舱盖关闭按键

红旗 E-HS3 轿车行李舱盖的开启和关闭

4. 智能进入和起动系统的有效范围

只要随身携带智能钥匙或卡片钥匙，即可进行锁止或解锁车门、解锁行李舱盖和起动车辆等操作。

有效范围表示可检测到智能钥匙或卡片钥匙的区域，钥匙感应天线的有效作用范围是以感应天线为中心，半径约为 1.2 m 的半球形区域。如图 2-17 所示，1 区域表示在锁止或解锁车门时，钥匙在车外感应区域的范围内，可以对系统进行操作；2 区域表示在起动动力系统或切换点火开关模式时，如果钥匙在车内感应区域的范围内，就可以用其操作系统。

通过组合仪表上的多功能显示屏及报警扬声器、危险报警灯、点火开关状态指示灯，实现系统报警与提示功能。

所有转向灯闪烁 1 次表示车门锁止，所有转向灯闪烁 2 次表示车门解锁。

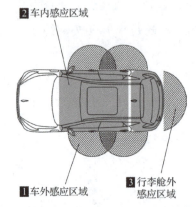

图 2-17 智能进入和起动系统的有效范围

5. 中央门锁的个性化设置

现以红旗 E-HS3 轿车为例讲解中央门锁的个性化设置。

在主菜单界面触按"车辆"按键进入车辆设置主界面，如图 2-18 所示。图中 1 表示进入照明设置界面；2 表示进入舒适设置界面；3 表示进入辅助设置界面；4 表示进入行车记录仪界面；5 表示进入抬头显示设置界面；6 表示进入维修保养设置界面；7 表示进入能量统计界面；8 表示进入内饰设置或能量流模式界面；9 表示进入驾驶模式界面。

图 2-18 车辆设置主界面

舒适设置界面如图 2-19 所示。其中，"安全解锁"用于设置安全解锁的开启/关闭；

按下遥控器解锁按键 1 次，可解锁驾驶员侧车门；连续按下遥控器解锁按键 2 次，可解锁所有车门；再次按下遥控器解锁按键 1 次，可关闭所有车门。

图 2-19　舒适设置界面

红旗 E-HS3 轿车中央门锁的个性化设置

（二）大众轿车中央门锁的操作使用方法

1. 中控门锁的功能

中控门锁的全称是中央控制门锁，它是为提高汽车的便利性、舒适性和行车的安全性而设置的。

一般中控门锁具有锁门控制、开门控制、防止钥匙遗忘、行李舱门开启器控制等多种功能。

（1）将驾驶员侧车门锁开关按下时，其他几个车门及行李舱门都能自动锁止；如用钥匙锁门，也可同时锁止其他车门和行李舱门。

（2）在驾驶员侧车门锁止的情况下，再按下车门锁开关，其他几个车门及行李舱门都能同时开启；用钥匙开门也可实现该动作。

（3）在车室内个别车门需打开时，可分别拉开各自的车门内开手柄。

（4）与防盗系统结合，对车内财物加强保护，如后行李舱盖及燃油舱盖的综合控制。

（5）速度控制。当达到一定行车速度时，各个车门能自行锁止，以防止乘员误操作车门内开手柄。

（6）与其他系统结合，如安全气囊碰撞后门锁自动解锁、钥匙忘拔提醒等。

2. 中控门锁的操作

1）汽车钥匙功能介绍

各个车系的汽车钥匙的功能和作用有所不同，现以迈腾轿车为例予以说明，如图 2-20 所示，其功能见表 2-2。

（a）　　　　　　　　　　　　（b）

图 2-20　迈腾轿车钥匙
（a）迈腾 B8L 轿车钥匙；（b）迈腾 B7L 轿车钥匙

表 2-2 迈腾轿车钥匙功能

按键符号	功能介绍
🔓	按住按键，开启门锁功能，使用 Kessy 也可以实现此功能
🔒	按住按键，实现闭锁功能，使用 Kessy 也可以实现此功能
🚗	行李舱盖自动打开（开启行李舱锁），使用 Kessy 也可以实现此功能

2）汽车钥匙的使用

以迈腾轿车为例，按压 1 次只打开驾驶员侧的车门锁，按压 2 次才能打开所有车门锁和行李舱盖锁，此功能在显示屏中进行设置。"All doors"表示可同时开启所有车门锁；"Single door"表示用钥匙开启车门时仅开启驾驶员侧车门。

3）备用机械钥匙

开启车门锁一般采用遥控钥匙，但如果遥控钥匙电池亏电就无法解锁/锁止车门，在这种情况下，一般采用备用机械钥匙，备用机械钥匙一般与遥控钥匙安装在一起，如图 2-21 所示。

> ⚠ 注意　若用备用机械钥匙开启驾驶员侧车门，则仅开启驾驶员侧车门，而非所有车门，并且打开点火开关前所有车门的锁止机构均处于关闭状态（但车门锁并未开启），也未激活中央门锁按键。

4）中央门锁按键

中央门锁按键如图 2-22 所示，其主要功能是在车内解锁或锁止车门。 按键用于解锁车门；🔒 按键用于闭锁车门。

> ⚠ 注意　在打开和关闭点火开关后，中央门锁按键均起作用，但在激活车门锁止机构后，中央门锁按键不起作用。

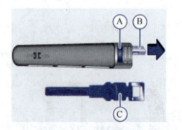

图 2-21　备用机械钥匙
A—按键；B—链环；C—备用机械钥匙

图 2-22　中央门锁按键

5）用 Kessy 闭锁或起动轿车

Kessy 属于闭锁/起动系统，该系统不用钥匙即可闭锁或起动轿车。只需将有效轿车钥匙置于有效工作范围内，对准车门拉手传感器或按压行李舱盖上的按键即可。Kessy 中控门锁组成如图 2-23 所示，由舒适系统控制单元 J393 控制。

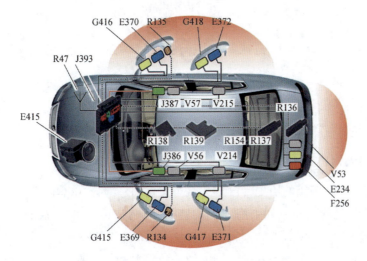

图 2-23　Kessy 中控门锁组成

G415—驾驶员侧车门外把手接触传感器；E369—驾驶员侧车门外把手；R134—驾驶员侧进入及起动系统天线；J386—驾驶员侧车门控制单元；E371—左后车门外把手；V56—驾驶员侧车门中央门锁电动机；G417—左后车门外把手接触传感器；V214—左后车门中央门锁电动机，锁止；E234—行李舱盖把手中的解锁按键；F256—行李舱盖闭锁单元；V53—行李舱盖中中央门锁电动机；G418—右后侧车门外把手接触传感器；E372—右后侧车门外把手；V215—右后侧车门中央门锁电动机，锁止；G416—右前侧车门外把手接触传感器；E370—右前车门外把手；R135—右前侧车门进入及起动系统天线；J387—右前侧车门控制单元；V57—右前车门中央门锁电动机；R47—中控门锁和防盗报警装置天线；J393—舒适/便捷功能系统中央控制单元

若有效轿车钥匙处在有效工作范围内，则 Kessy 即认可该钥匙的遥控功能，从而不动用钥匙即可实现下列功能。

（1）无钥匙进入：通过两前车门外把手或行李舱盖上的按键开启轿车。

（2）无钥匙起动：起动发动机，但有效轿车钥匙必须在车内。

（3）无钥匙离车：通过两前车门外把手闭锁轿车。

车门外把手结构示意如图 2-24 所示。用手握住图 2-24（a）中车门外把手的 A 位置可开启轿车，用手指按住图 2-24（a）中车门外把手的 B 位置可闭锁轿车。

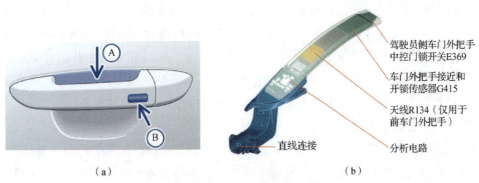

图 2-24　车门外把手结构示意
（a）外形；（b）传感器

关于 Kessy 的功能，请扫描以下二维码。

Kessy 的功能

【任务拓展】

一、电动天窗的作用

汽车天窗有 100 多年的历史，已成为汽车文化的一部分。近几年，我国不少汽车厂也开始生产带天窗的轿车，如上海通用的赛欧和别克、一汽 – 大众的宝来和奥迪、上海 – 大众的帕萨特、广州本田的雅阁、北京现代的索纳塔等都有了"天窗版"。

在满足功能性、安全性的基础上，人们希望汽车能带给他们心理上的满足，安装汽车天窗能够提升汽车内部环境的舒适性和个性。天窗的特别结构能使混浊的空气迅速排出车外，同时又能阻挡车外灰尘进入；新鲜的空气从汽车天窗进入车内，没有摇下侧窗换气产生的风噪；汽车天窗可辅助调节温度，减少空调使用时间，节省油耗；汽车天窗使车内明亮，亲近自然。

汽车制造厂出于成本的考虑，80% 的原厂车是不带天窗的，而且原厂配套天窗的车型价格较高，现在越来越多的车主选择加装天窗。

汽车天窗按驱动方式的不同可分为手动式和电动式；按开启方向的不同可分为内藏式、外倾式和敞篷式等。手动式天窗主要有外倾式和敞篷式，此类天窗结构比较简单，价格也较低，且便于安装；电动式天窗主要有内藏式、外倾式，此类天窗档次较高，价格较高，由于要布线，所以安装难度较大。

一般来说，外倾式手动式天窗多用于经济型轿车，而内藏式电动式天窗则多用于商务车或高档车。外倾式天窗在开启后向车顶的外后方升起，分电动和手动两种形式，具有防夹功能和自动关闭功能，配有可拆式遮阳板，此类天窗主要安装在中小型轿车上。内藏式天窗在开启后可以保持不同的弧度，具有防夹功能和自动关闭功能，配有独立的内藏式太阳挡板。此类天窗主要安装在大中型轿车上。敞篷式天窗在开启后完全打开，其使用高品质的特殊材料组合而成，具有防紫外线、隔热的效果。此款天窗非常前卫，适合年轻人口味。相对于前两款天窗，敞篷式天窗的密闭防尘效果略差。

汽车天窗有如下作用。

（1）通风换气。换气是汽车加装天窗最主要的目的。没有天窗的汽车，遇到车内空气污浊，如废气、吸烟、夏季车内霉变等，通常只能打开侧窗给车内换气，这种方法不仅使乘客感到不舒服，同时效果也不理想，而且车外污浊的空气和噪声也会进入车内。

带天窗的汽车进行换气则方便得多，汽车天窗改变了用侧窗换气的方式。天窗利用负压换气的原理，依靠汽车在行驶时气流在车顶快速流动形成的负压将车内污浊的空气抽出。由于不是直接进风，而是将污浊的空气抽出，以新鲜空气从进气口补充的方式进行通风换气，所以车内气流极其柔和，没有风直接刮在身上的不适感觉，也不会有尘土卷入。

（2）节能。夏日里汽车在阳光下暴晒，车内温度可高达 60 ℃，这时打开天窗比开空调的降温速度快 2~3 倍，也可节约能耗 30% 左右。

（3）除雾。春、夏两季雨水多、湿度大，前挡风玻璃常有雾气，车内空气也容易污浊，这时打开天窗至后翘通风位置，顷刻间雾气消失，空气清新，又无雨水进入车内，提高了舒适性与安全性。

（4）开阔视野。汽车天窗可以开阔视野，并且能够使人们亲近自然和沐浴阳光，驱除被封在车厢内的压抑感。当独自长时间驾车时，风噪声会使人心烦意乱，侧窗风吹在身上也不太舒服，这时可以打开天窗以亲近自然，而且没有噪声的干扰。

二、红旗 E–HS3 轿车的全景天窗的操作使用

（1）天窗开关的使用。红旗 E–HS3 轿车的全景天窗如图 2–25 所示，按键 1 用于打开天窗；当天窗关闭时，短按按键一次，天窗后部上倾，遮阳帘部分打开；当天窗处于上倾位置时，短按按键 1 一次，天窗与遮阳帘同步打开。按键 2 用于关闭天窗，当天窗打开时，短按按键 2 一次，即可关闭天窗。

> 天窗自动开启或关闭时，按下天窗按键可使天窗停止动作。长按天窗按键，可手动开启或关闭天窗，松开天窗按键即使天窗停止动作。

（2）天窗遮阳帘的使用。红旗 E–HS3 轿车天窗遮阳帘的打开和关闭按键如图 2–26 所示。按键 1 用于打开遮阳帘，短按遮阳帘开启按键一次，遮阳帘完全打开。按键 2 用于关闭遮阳帘，短按遮阳帘关闭按键 1 次，遮阳帘完全关闭。

> 遮阳帘自动打开或关闭时，按下遮阳帘按键可使遮阳帘停止动作。长按遮阳帘按键可手动打开或关闭遮阳帘，松开遮阳帘按键即遮阳帘停止动作。

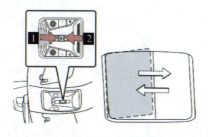

图 2–25　红旗 E–HS3 轿车的全景天窗

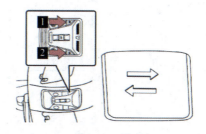

图 2–26　遮阳帘的打开和关闭按钮

(3) 初始化操作。

① 天窗初始化操作。天窗位置不正确、天窗自动功能失效或天窗和遮阳帘联动功能失效时，需要进行初始化。初始化的操作步骤如下：将电源（点火）开关置于"ON"模式，天窗运行到全闭位置，此时向前长按天窗开关并保持约7s，当天窗撞击机构挡点后松开开关，在5s内再次向前长按天窗开关，天窗执行上倾打开、滑动打开、滑动关闭一系列动作后停止，松开天窗开关，初始化操作完成。

② 遮阳帘初始化操作。遮阳帘位置不正确或遮阳帘自动功能失效时，需要进行初始化。初始化的操作步骤如下：将电源（点火）开关置于"ON"模式，遮阳帘运行到全开位置，此时长按遮阳帘开启按键并保持约7s，当遮阳帘撞击机构挡点后松开开关，在5s内再次按下该按键，遮阳帘执行向前关闭、向后打开一系列动作后停止，松开该按键，初始化操作完成。

(4) 防夹功能。天窗/遮阳帘在关闭过程中若遇到障碍物，则天窗/遮阳帘可以自动返回至某一安全位置。

(5) 遥控关闭天窗。当所有车门、发动机舱盖及行李舱盖均关闭，且电源（点火）开关置于"OFF"模式时，在有效区域内，长按智能钥匙上的锁止按键可以关闭天窗。

(6) 智能关闭天窗。当所有车门、发动机舱盖及行李舱盖均关闭，且电源（点火）开关置于"OFF"模式时，若随身携带智能钥匙或卡片钥匙，按下车门外把手上的智能解锁/锁止按键并保持该动作，可以关闭天窗。

(7) 用机械钥匙关闭天窗。当所有车门、发动机舱盖及行李舱盖均关闭，且电源（点火）开关置于"OFF"模式时，使用机械钥匙锁止车门并保持该动作，可以关闭天窗。

【参考书目】

1. 《汽车舒适与安全系统检修》（北京理工大学出版社）；
2. 大众车型用户手册；
3. 红旗车型用户手册。

学生笔记：

模块二　电动车窗和中央门锁的检测与维修

任务 2.2　更换电动车窗升降器和门锁电动机总成

【任务信息】

任务 2.2　更换电动车窗升降器和门锁电动机总成			
任务难度	中级	参考学时	2 学时
案例导入	一位车主向服务顾问抱怨，在操作驾驶员侧的车窗玻璃开关时，车窗玻璃不能完全落下，反复操作多次，问题依旧存在。经班组组长检测，确定电动车窗升降器拉线损坏，需要更换电动车窗升降器总成		
能力目标	知识	1. 能够识读车辆维修手册并根据车辆维修手册描述相应系统拆装流程； 2. 能够识读车辆维修手册，制订拆装电动车窗升降器工作计划	
	技能	能够拆装电动车窗升降器	
	素质	1. 能够展示操作成果； 2. 能够与团队成员协作完成任务； 3. 能够增强与客户沟通的能力	
任务 2.2 PPT			

【任务流程】

［任务准备］

拆卸和安装迈腾轿车电动车窗升降器，需要做哪些准备工作？需要准备哪些工具？具体的拆装步骤有哪些？请扫描二维码进行学习。

任务 2.2 任务准备
（拆卸和安装迈腾轿车电动车窗升降器）

[任务实施]

任务 2.2.1　电动车窗升降器的拆装和结构认识

■ 任务 2.2.1.1　拆卸电动车窗升降器

一、工作表：拆卸电动车窗升降器

（1）查看车辆维修手册，说明拆卸电动车窗升降器需要哪些工具。
（2）查看车辆维修手册，制订拆卸电动车窗升降器的工作计划。
（3）说明在拆卸电动车窗升降器的过程中需要注意哪些问题。

二、参考信息

查看相关车辆维修手册。

■ **任务 2.2.1.2　选择相同类型、结构的电动车窗升降器**

工作表：电动车窗玻璃升降器的类型和组成

（1）电动车窗升降器。

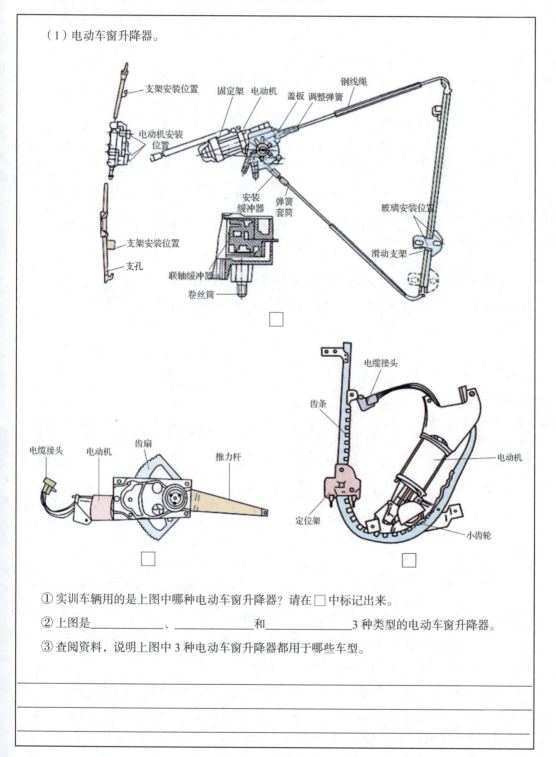

① 实训车辆用的是上图中哪种电动车窗升降器？请在 □ 中标记出来。

② 上图是＿＿＿＿＿＿、＿＿＿＿＿＿和＿＿＿＿＿＿3 种类型的电动车窗升降器。

③ 查阅资料，说明上图中 3 种电动车窗升降器都用于哪些车型。

（2）指出电动车窗升降器包括哪些组成部分。

■ 任务2.2.1.3 安装和调试电动车窗升降器

一、工作表：电动车窗升降器的安装和调试

查看车辆维修手册，根据相应流程安装电动车窗升降器，在安装过程中调试、确定工作性能。

二、参考信息

电动车窗系统主要由电动车窗、电动车窗升降器、电动机、继电器、开关、控制单元等装置组成。奥迪轿车电动车窗系统的结构（驾驶员侧）如图2-27所示。

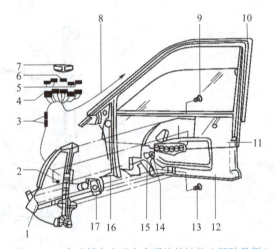

图2-27 奥迪轿车电动车窗系统的结构（驾驶员侧）

1—电动车窗升降器；2，14—垫；3—电动机插座；4—开关总成插座；5—主开关；6—主开关的断路开关；7—插座架；8—线束；9—固定螺栓；10—车窗密封条；11—前左侧车窗玻璃；12—车窗附件支架；13—固定螺栓；15—车窗锁止夹子；16—固定螺钉；17—电动机

有些汽车上的电动车窗由电动机直接作用于升降器，而有些则是通过驱动机构作用于升降器，从而把电动机的转动变成电动车窗的上下移动。

电动车窗升降器有两种形式：一种是用齿扇来实现换向作用，如图2-28所示。齿扇上连有螺旋弹簧，当车窗上升时，弹簧展开，放出能量，以减轻电动机负荷；当车窗下降时，弹簧压缩，吸收能量，从而使车窗无论上升还是下降，电动机的负荷基本相

同。另一种是使用柔性齿条和小齿轮,车窗连在齿条的一端,电动机带动轴端小齿轮转动,使齿条移动,从而带动车窗升降,其结构如图 2-29 所示。

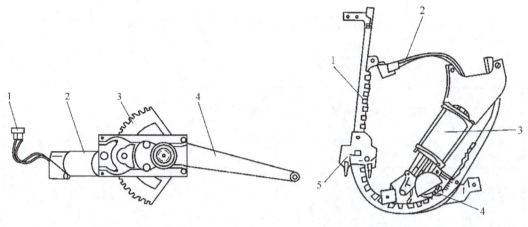

图 2-28　齿扇式电动车窗升降器
1—电缆接头；2—电动机；3—齿扇；4—推力杆

图 2-29　齿条式电动车窗升降器
1—齿条；2—电缆接头；3—电动机；4—小齿轮；5—定位架

任务 2.2.2　中央门锁的拆装和结构认识

■ 任务 2.2.2.1　拆卸中央门锁

一、工作表：拆卸中央门锁

（1）查看车辆维修手册,说明拆卸中央门锁需要哪些工具。

（2）查看车辆维修手册,制订拆卸中央门锁的工作计划。

（3）说明在拆卸中央门锁的过程中需要注意哪些问题。

二、参考信息

查看相关车辆维修手册。

■ 任务 2.2.2.2　选择相同类型、结构的中央门锁电动机

工作表：中央门锁的结构组成

（1）中央门锁有几种类型？分别是什么？请列举应用车型。

（2）写出下图中图注的名称

1—_____；
2—_____；
3—_____；
4—_____；
5—_____；
6—_____；
7—_____；
8—_____；
9—_____

■ 任务 2.2.2.3　安装和调试中央门锁

一、工作表：中央门锁的安装和调试

查看车辆维修手册，根据相应流程安装中央门锁，在安装过程中调试、确定工作性能。

二、参考信息

（一）中央门锁的安装位置

中央门锁控制系统及其组件的安装位置示意如图 2-30 所示。

（二）中央门锁的组成

中央门锁总成主要由直流电动机、门锁传动机构、门锁位置开关和外壳等组成，如图 2-31 所示。

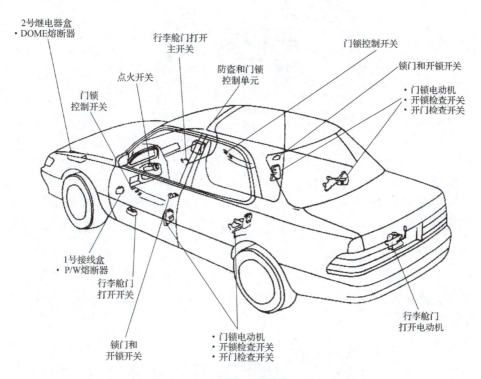

图 2-30　中央门锁控制系统及其组件的安装位置示意

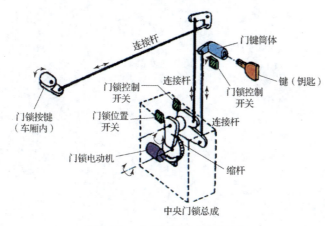

图 2-31　中央门锁总成结构示意

门锁传动机构主要由蜗轮齿轮组、连接杆、门锁控制开关、门锁位置开关等组成，如图 2-32 所示。门锁电动机是门锁的执行器，当门锁电动机转动时，蜗杆带动蜗轮转动，蜗轮推动连接杆，车门被锁上或打开，然后蜗轮在回位弹簧的作用下返回原位置，以防止操纵门锁钮时电动机工作。

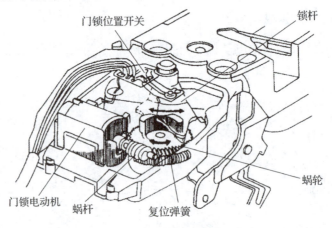

图 2-32 门锁传动机构

门锁位置开关位于门锁总成内，用来检测车门的锁紧状态，它由一个触点片和一个开关底座组成。当锁杆推向锁门位置，即当车门关闭时，门锁位置开关断开；当锁杆推向开门位置，即当车门打开时，门锁位置开关接通。图 2-33 所示为门锁位置开关在车门锁紧和打开时的状态。

钥匙控制开关安装在每个前门的钥匙门上，当从外面用钥匙打开或锁紧车门时，钥匙控制开关便发出开门或锁门的信号给门锁控制单元或门锁控制继电器。钥匙控制开关的位置如图 2-34 所示。

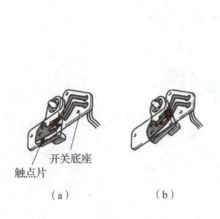

图 2-33 门锁位置开关的工作情况
（a）车门锁紧（门锁位置开关断开）；
（b）车门打开（门锁位置开关接通）

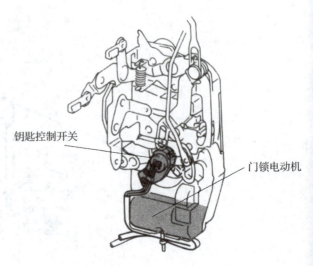

图 2-34 钥匙控制开关的位置

【任务拓展】

一、电动天窗的结构

电动天窗是最受车主欢迎的汽车天窗，现以电动天窗为例说明汽车天窗的基本结构。电动天窗主要由滑动机构、驱动机构、开关和控制系统等组成，如图 2-35 所示。

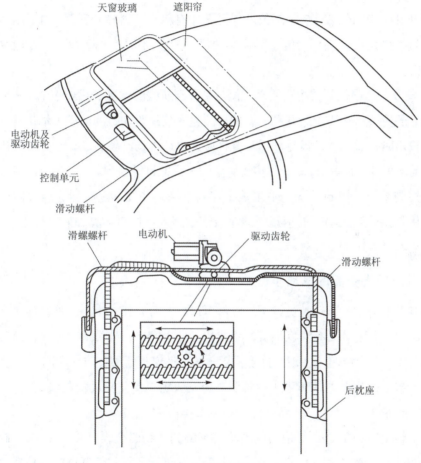

图 2-35　电动天窗的结构示意

（1）滑动机构。电动天窗滑动机构主要由导向块，导向销，连杆，托架和前、后枕座等组成。

（2）驱动机构。电动天窗驱动机构主要由电动机、传动机构和滑动螺杆等组成。

（3）电动机。通过传动装置为电动天窗的开/闭提供动力。电动机能双向转动，即通过改变电流的方向来改变电动机的旋转方向，实现电动天窗的开/闭。

（4）传动机构。传动机构主要由蜗轮蜗杆传动机构、齿轮传动机构（主动中间齿轮、过渡中间齿轮）和驱动齿轮等组成。齿轮传动机构接收电动机的动力信号，改变旋转方向，并减速增矩后将动力传给滑动螺杆，使电动天窗实现开/闭；同时又将动力传给凸轮，使凸轮顶动限位开关使其开/闭。主动中间齿轮与蜗轮固装在同一轴上，并与蜗轮同步转动；过渡中间齿轮与驱动齿轮固装在同一输出轴上，被主动中间齿轮驱动，使驱动齿轮带动电动天窗开/闭。

（5）电动天窗的开关。电动天窗的开关由控制开关和限位开关组成。

① 控制开关。控制开关主要包括滑动开关和斜升开关。滑动开关有滑动打开、滑动关闭和断开（中间位置）3个挡位。斜升开关有斜升、斜降和断开（中间位置）3个挡位。通过操作这些开关，令电动天窗驱动机构的电动机实现正/反转，使电动天窗实现不同状态。

② 限位开关。限位开关主要用来检测电动天窗所处的位置，犹如一个行程开关。限位开关是靠凸轮转动来实现断开和闭合的，凸轮安装在驱动机构的动力输出端。当电动机将动力输出时，通过驱动齿轮和滑动螺杆减速以后带动凸轮转动，于是凸轮周缘的凸起部位顶动限位开关使其开/闭，以实现对电动天窗的自动控制。

（6）控制系统。控制系统是一个数字控制电路，并设有定时器、蜂鸣器和继电器等。其作用是接收开关输入的信息，通过数字电路进行逻辑运算，确定继电器的动作，以控制电动天窗的开/闭。

二、具有防夹功能的电动车窗

汽车有了电动车窗，驾驶员按下按键就可以控制其升降，十分方便。但是在关闭电动车窗时，如果驾驶员没有注意乘员的手或物件伸出窗口，乘员的手或物件就容易被上升的玻璃夹住。为安全起见，现在许多乘用车的电动窗都增加了防夹功能。

目前，汽车的防夹电动车窗（包括防夹电动天窗）的防夹功能的实现需要"触觉"和"视觉"的配合。

所谓"触觉"的配合，就是当电动车窗感触到异物时会自动停止上升。如图2-36所示，防夹电动车窗在关闭的过程中，有电子控制单元及霍尔传感器时刻检测电动机的转速，当霍尔传感器检测到电动机转速有变化时，就会向电子控制单元报告信息，电子控制单元向继电器发出指令，使电动机停转或反转（下降），防夹电动车窗也就停止移动或下降。

当然，这种电动车窗在移动过程中的阻力变化与其到达终端时的阻力是不一样的，后者较前者大得多，因此控制方式也不一样。当电动车窗到达关闭的终端时，因阻力变大，电动机过载电流也变大，继电器有过载保护，会自动切断电流。有的汽车在电动车窗升降的终点装置限位开关，电动车窗到达终端时压住限位开关，电流被切断，电动机停止运转。

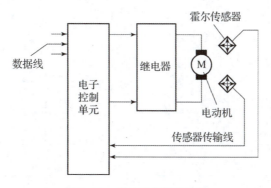

图 2-36 防夹功能原理示意

所谓"视觉"的配合，是装置一套光学控制系统。它检测有无异物在电动车窗移动范围内，从而控制电动车窗移动，无须异物直接接触玻璃。光学控制系统的主要元件是光学传感器，它由红外线发射器和接收器组成，安装在电动车窗的内饰件上，能连续精确地扫描指定的区域。这个区域一般指电动车窗向上移动时，距离电动车窗开口框上边缘 4~200 mm 的范围。一旦检测到异物，传感器会迅速把信息反馈至电子控制单元，电子控制单元发出指令使电动机停止运转。由于这种装置小巧，装嵌隐蔽，电子控制单元的控制技术先进，所以有人称之为"智能无接触防夹玻璃"。

一般普通乘用车的防夹电动车窗只有"触觉"，一定档次的乘用车的防夹电动车窗才有"视觉"。如果有"触觉"和"视觉"二重监测，汽车防夹电动车窗就十分安全了。

【参考书目】

1.《汽车舒适与安全系统检修》（北京理工大学出版社）；
2.《捷达汽车维修手册》；
3.《速腾汽车维修手册》；
4.《迈腾汽车维修手册》；
5.《卡罗拉汽车维修手册》。

学生笔记：

模块二　电动车窗和中央门锁的检测与维修

任务 2.3　电动车窗和中央门锁的电路设计与连接

【任务信息】

任务 2.3　电动车窗和中央门锁的电路设计与连接			
任务难度	中级	参考学时	2 学时
案例导入	若提供电源、电动车窗主开关、电动车窗分开关、电动车窗电动机和相应导线,你能设计出一个电动车窗电路吗?按照你设计出来的电路,电动车窗能否正常工作?		
能力目标	知识	1. 能够分析电动车窗的电路原理图; 2. 能够分析中央门锁的电路原理图	
	技能	能够按照电路原理图连接电动车窗和中央门锁电路	
	素质	1. 具有团队协作精神; 2. 具有严谨的工作态度	
任务 2.3 PPT			

【任务流程】

[任务准备]

若提供电源、电动车窗主开关、电动车窗分开关、电动车窗电动机和相应导线,你能设计出一个电动车窗电路吗?按照你设计出来的电路,电动车窗能否正常工作?请扫描二维码进行学习。

任务 2.3 任务准备
(设计电动车窗电路)

129

[任务实施]

任务 2.3.1　电动车窗的电路设计及连线

一、工作表：电动车窗的电路设计及连线

（1）简单的电动车窗电路中包括哪些部件？请在相应部件前打"√"。

□电源　　□点火开关　　□电动车窗主开关　　□电动车窗分开关　　□继电器　　□熔断器　　□电动车窗电动机

_____

_____

（2）若提供电源、点火开关、电动车窗主开关、电动车窗分开关、熔断器、电动车窗电动机、继电器和导线，请设计电动车窗电路，实现主开关能够控制电动车窗升/降，分开关也能够控制电动车窗升/降的电路。

（3）在实训台架上将电动车窗的各个部件通过导线连接起来，并操作电动车窗开关，检查电动车窗的工作是否正常。

二、参考信息

（一）电动车窗电路原理识图分析

不同汽车所采用的电动车窗的控制电路不同，按电动机是否直接搭铁，可将其分为电动机不搭铁和电动机搭铁两种。

（1）电动机不搭铁的控制电路是指电动机不直接搭铁，其搭铁受开关控制，通过改变电动机的电流方向来改变电动机的转向，从而实现电动车窗的升/降。电动机不搭铁的电动车窗控制电路如图 2-37 所示。

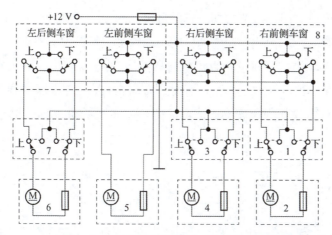

图 2-37　电动机不搭铁的电动车窗控制电路
1—右前侧车窗开关；2—右前侧车窗电动机；3—右后侧车窗开关；4—右后侧车窗电动机；5—左前侧车窗电动机；
6—左后侧车窗电动机；7—左前侧车窗开关；8—驾驶员主控开关组件

（2）电动机搭铁的控制电路是指电动机一端直接搭铁，而电动机有两组磁场绕组，通过接通不同的磁场绕组，使电动机的转向不同，实现电动车窗的升/降。电动机搭铁的电动车窗控制电路如图 2-38 所示。

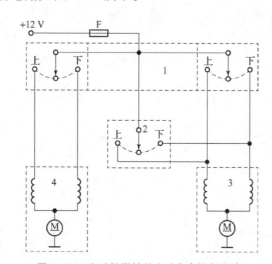

图 2-38　电动机搭铁的电动车窗控制电路
1—驾驶员侧主控开关组件；2—右前侧车窗开关；3—右前侧车窗电动机；4—左前侧车窗电动机

可见，在电动车窗控制电路中，一般都设有驾驶员集中控制的主控开关和每一个车窗的独立操作开关，每个车窗的操作开关可由乘客自己操作。但是，有些汽车的主控开关备有安全开关，可以切断其他各电动车窗的电源，使每个电动车窗的操作开关不起作用，这个开关只能由驾驶员一人操作。

对于电动机不搭铁的控制方式，因为开关既控制电动机的电源线，又控制电动机的搭铁线，所以开关结构和电路比较复杂，但是电动机结构简单，故应用比较广泛。

图 2-39 和图 2-40 所示为电动机不搭铁的电动车窗系统，驾驶员和乘客分别操作，

图示是右前侧车窗下降时的电流方向。驾驶员操作的主控开关中的右前侧车窗开关，使其在"下"的位置时，右前侧车窗电动机的一端通过主控开关与搭铁断开后接电源而通电转动，使右前侧车窗向下运动，电流方向如图 2-39 中箭头所指。乘客操作右前侧车窗的独立操作开关，使其在"下"的位置时，右前侧车窗电动机的一端通过独立操作开关与搭铁断开后接电源而通电转动，使右前侧车窗向下运动，电流方向如图 2-40 中的箭头所指。

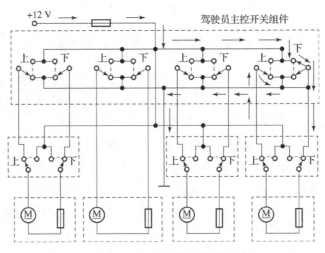

图 2-39　主控开关控制右前侧车窗下降

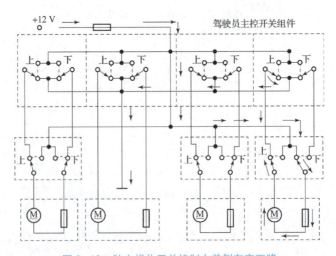

图 2-40　独立操作开关控制右前侧车窗下降

关于电动机不搭铁的电动车窗控制电路分析，请扫描以下二维码学习。

电动机不搭铁的电动车窗控制电路分析

（二）桑塔纳 2000 型轿车电动车窗电路识图

在进行桑塔纳 2000 型轿车电动车窗电路识图之前，先学习单个电动车窗开关电路分析，请扫描以下二维码。

单个电动车窗开关电路分析

桑塔纳 2000 型轿车采用的电动车窗装置由翘板按键开关、传动机构、升降器及电动机组成，其控制电路如图 2-41 所示。按键开关 E39、E40、E41、E52 和 E53 被安置在中央通道面板上的开关盘上。其中，黄色按键开关 E39 为安全开关，可以使后车窗开关 E53 和 E55 不起作用；E40、E41、E52 和 E54 分别为左前侧、右前侧、左后侧和右后侧电动车窗升降开关。为了使左后侧和右后侧电动车窗能独立升降，在两后门上分别设置了 E53 和 E55 两个按键开关。V14、V15、V26 和 V27 分别为左前、右前和左后、右后侧电动车窗电动机，电动机为永磁直流电动机，正常工作电流为 4~15 A，电动机内带有过载断路保护器，以免电动机超载烧坏。延时继电器 J52 保证在点火开关断开后，使电动车窗电路延时约 50 s 后再断开，使用方便、安全；自动继电器 J51 用于控制左前侧电动车窗电动机，实现点动控制。

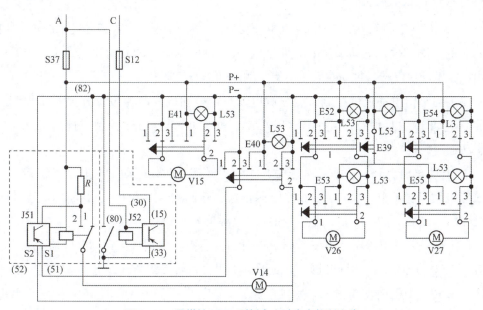

图 2-41　桑塔纳 2000 型轿车电动车窗控制电路

工作原理：接通点火开关后，延时继电器 J52 与 C 路电源相通，其常开触点闭合，按键开关内的 P- 通过该触点接地，而 P+ 通过熔断器 S37 与 A 路电源相通，此时，按动按键开关便可使电动车窗电动机转动。

（1）发动机熄火后的延时控制。关闭点火开关后，C 路电源断电，延时继电器 J52 由 A 路电源供电，延时 50 s 后，延时继电器 J52 触点断开，按键开关的搭铁线被切断，所有按键开关失去控制作用。

（2）后车窗电动机的控制。左后和右后侧电动车窗电动机各有两个按键开关 E52、E53 和 E54、E55 控制，E52 和 E54 安装在中央通道面板上，供驾驶员控制。E53 和 E55 分别安装在两个后门上，供后座乘客控制。同一后门的两个开关采用级联方式连接，当两个开关被同时按下时没有控制作用，只有当某一个开关被按下时，才具有控制作用。在安全开关 E39 被按下的情况下，E39 的常闭触点断开，切断了后车门上按键开关 E53 和 E55 的电源，使其失去了对各自电动车窗电动机的控制，因此起到了保护儿童安全的作用。

① 电动车窗上升。在安全开关 E39 没有被按下的情况下，将 E52（E54）置上升位，电动车窗电动机 V26（V27）正转，带动左后（右后）侧电动车窗上升。其电路：A 路电源正极→熔断器 S37 → P+ → E52（E54）→ E53（E55）→左后（右后）电动车窗电动机 V26（V27）→ E53（E55）→ E52（E54）→ P– → J52 触点→接地→电源负极。如果按下左后（右后）侧车门上 E53（E55）的上升键位，电动车窗电动机 V26（V27）同样可带动电动车窗上升，此时电路：A 路电源正极→熔断器 S37 → P+ → E39 → E53（E55）→左后（右后）侧电动车窗电动机 V26（V27）→ E53（E55）→ E52（E54）→ P– → J52 触点→搭铁→电源负极。

② 电动车窗下降。在安全开关 E39 没有被按下的情况下，按下 E52（E54）或 E53（E55）的下降键位，电动车窗电动机 V26（V27）电枢电流的方向与电动车窗上升时情况相反，电动机反转，带动左后（右后）侧电动车窗下降。

（3）前车窗电动机的控制。右前侧电动车窗电动机 V15 由按键开关 E41 控制，而左前侧电动车窗电动机 V14 由按键开关 E40 和自动继电器 J51 控制，且具有点动自动控制功能。

① 电动车窗上升。按下按键开关 E41 的上升键位时，电动车窗电动机正转，带动右前侧电动车窗上升，其电路：A 路电源正极→熔断器 S37 → P+ → E41 →电动车窗电动机 V15 → E41 → P– → J52 触点→搭铁→电源负极。

按下按键开关 E40 的上升键位时，P+ 和 P– 经 E40 分别接至自动继电器 J51 的输入端 S2 和 S1，此时，自动继电器 J51 的触点 1 闭合，触点 2 断开，电动车窗电动机 V14 正转，带动左前侧电动车窗上升，其电路：A 路电源正极→熔断器 S37 → P+ → E40 →电动车窗电动机 V14 → J51 的常闭触点 1 → P– → J52 触点→搭铁→电源负极。按键开关 E40 复位时，上述电路被切断，电动车窗电动机 V14 停转。

② 电动车窗下降。按下按键开关 E41 的下降键位时，车窗电动机 V15 反转，带动右前侧门车窗玻璃下降，其电流通路与上升时相反。

按下按键开关 E40 的下降键位时，P+ 和 P– 经 E40 分别接至自动继电器 J51 的输入端 S2 和 S1，此时，自动继电器 J51 的触点 2 闭合，触点 1 断开。电动车窗电动机 V14 的电路：A 路电源正极→熔断器 S37 → P+ →取样电阻 R → J51 的触点 2 →电动车窗电动机 V14 → E40 → P– → J52 触点→搭铁→电源负极，流过电动车窗电动机 V14 的电流方向与电动车窗上升时相反，电动车窗电动机反转，带动电动车窗下降。将手抬起时 E40 复位，J51 的触点也复位（触点 2 断开，触点 1 闭合），切断上述电路，电动车窗电动机停转。

③ 点动自动控制。当按下按键开关 E40 下降键位的时间小于或等于 300 ms 时，自动继电器 J51 判断为点动自动下降操作，于是继电器动作，使触点 2 闭合。流过电动车窗电动机 V14 的电流方向与正常下降时相同，电动车窗电动机反转，电动车窗下降。如果在下降期间 E40 的上升键位不被按下，继电器 J51 的触点 2 将一直处于闭合状态，直至电动车窗下降到底，电动车窗电动机 V14 停转，此时，电枢电流将增大，当电流增至约 9 A 时，取样电阻 R 上的电压使继电器 J51 动作，触点 2 断开，自动切断电动车窗电动机的通电回路，电动车窗电动机停转；如果在电动车窗下降期间，按下 E40 的上升键位，继电器 J51 将判断为下降操作结束，触点 2 断开，电动车窗电动机 V14 停转。这样，通过对按键开关 E40 进行点动控制就可以使左前侧电动车窗停止在任意位置。

关于电动车窗各挡位电路分析，请扫描以下二维码学习。

电动车窗各挡位电路分析

任务 2.3.2　中央门锁的电路识图及连线

一、工作表：中央门锁的电路识图及连线

（1）简单的中央门锁电路包括哪些部件？请在相应部件前打"√"。
□电源　□点火开关　□中央门锁开关　□电动车窗主开关　□继电器　□保险丝　□中央门锁电动机

（2）在实训台架上将中央门锁的各个部件通过导线连接起来，并操作中央门锁开关，检查中央门锁的工作是否正常。

二、参考信息

（一）晶体管式门锁控制器

晶体管式门锁控制器内部有两个继电器，一个管锁门，另一个管开门。继电器由晶体管开关控制，它利用电容器的充放电过程控制一定的脉冲电流持续时间，使执行机构完成锁门和开门动作。晶体管式门锁控制器电路如图2-42所示。

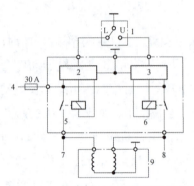

图 2-42　晶体管式门锁控制器电路

1—中央门锁开关；2—锁门控制电路；3—开门控制电路；4—接电源正极；5—锁门继电器；6—开门继电器；7，8—接其他车门（锁）

（二）电容式门锁控制器

电容式门锁控制器利用电容器的充放电特性，平时电容器充足电，工作时把它接入控制电路使放电，使两电路中之一通电而短时吸合。电容器完全放电后，通过继电器的电容中断而使其触点断开，中央门锁控制系统不再工作。电容式门锁控制器电路如图2-43所示。

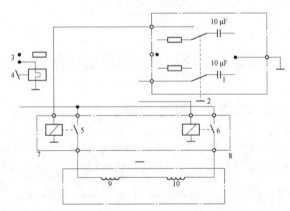

图 2-43　电容式门锁控制器电路

1—电容器；2—中央门锁开关；3—接电源正极；4—热敏断路器；5—锁门继电器；6—开门继电器；7—接其他车门（锁）；8—接其他车门（开）；9，10—门锁执行机构（电磁式）

（三）车速感应式门锁控制器

在中央门锁控制系统中加载10 km/h车速感应开关，当车速在10 km/h以上时，若车门未上锁，驾驶员无须手动操作，车速感应式门锁控制器自动将门上锁。如果个别车门要自行开门或锁门，可分别操作。车速感应式门锁控制器电路如图 2-44 所示。当点火开关接通时，电流流经报警灯，可使 3 个车门的报警灯开关（此时门未锁）搭铁，报警灯点亮。若按下锁门开关，定时器使三极管 VT_2 导通一下，在三极管 VT_2 导通期间，锁定继电器线圈 K_1 通电，动合触点闭合，门锁执行机构通正向电流，执行锁门动作。当按下开锁开关时，开锁继电器线圈 K_2 通电，动合触点闭合，门锁执行机构通反向电流，执行开门动作。汽车行驶时，若车门未锁，且车速小于 10 km/h，则置于车速表内的 10 km/h 车速感应开关闭合，此时稳态电路不向三极管 VT_1 提供基极电流；当行车速度大于 10 km/h 时，10 km/h 车速感应开关断开，此时稳态电路给三极管 VT_1 提供基极电流，三极管 VT_1 导通，定时器触发端经 VT_1 和车门报警开关搭铁，如同按下锁门开关一样，使车门锁定，从而保证行车安全。

关于中央门锁电路原理分析，请扫描以下二维码学习。

中央门锁电路原理分析

[任务拓展]

电动天窗具有遮挡视线（避免由外向内看）和前后倾斜功能。在没有打开任何车门的情况下，将点火开关从打开位置旋至关闭位置时，电动天窗仍能工作 10 min。本田雅阁轿车电动天窗控制电路示意如图 2-45 所示。

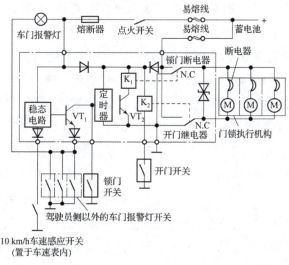

图 2-44 车速感应式门锁控制器电路

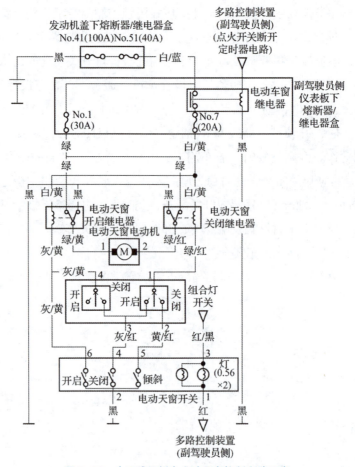

图 2-45　本田雅阁轿车电动天窗控制电路示意

该电动天窗能开启、关闭、倾斜。例如，对于电动天窗开启电路，当打开点火开关时，电路中的电流由蓄电池正极→多路控制装置（副驾驶员侧）（点火开关断开定时器电路）→电动车窗继电器（副驾驶员侧仪表板下熔断器/继电器盒）→黑线→搭铁→蓄电池负极，电动车窗继电器接通。

当电动天窗开关打到开启位置时，电路中的电流由蓄电池正极→黑线→（发动机盖下熔断器/继电器盒）No.41（100 A）、No.51（40 A）→白/蓝线→电动车窗继电器触点→熔丝No.7（20 A）（副驾驶员侧仪表板下熔断器/继电器盒）→白/黄线→电动天窗开启继电器线圈→灰/黄线→电动天窗开关6端子→电动天窗开关2端子→黑线→搭铁→蓄电池负极，电动天窗开启继电器接通，将触点吸到左边位置。

此时，电路中的电流由蓄电池正极→黑线→（发动机盖下熔断器/继电器盒）No.41（100 A）、No.51（40 A）→白/蓝线→熔断丝 No.1（30 A）（副驾驶员侧仪表板下熔断器/继电器盒）→绿线→电动天窗开启继电器触点→绿/黄线→电动天窗电动机1号端子→电动天窗电动机2号端子→绿/红线→电动天窗关闭继电器触点→黑线→搭铁→蓄电池负极，电动天窗电动机开始工作，电动天窗开启。

三、参考书目

《汽车舒适与安全系统检修》(北京理工大学出版社)

学生笔记：

模块二 电动车窗和中央门锁的检测与维修

任务 2.4 电动车窗升降器功能失效的故障诊断与排除

【任务信息】

任务 2.4 电动车窗升降器功能失效的故障诊断与排除				
任务难度	高级	参考学时		3 学时
案例导入	在某 4S 店中,一位客户正抱怨他的迈腾 B8 轿车驾驶员侧的电动车窗只能上升不能下降。维修技术人员操作驾驶员侧电动车窗开关,发现该电动车窗只能上升,但在操作下降挡位时,电动车窗不能下降。维修技术人员怀疑是电动车窗开关故障,需要借用诊断仪进行进一步故障检测			
能力目标	知识	1. 能够识读电路图; 2. 能够分析故障原因及进行诊断方法; 3. 能够制订故障诊断计划		
	技能	1. 能够用专业诊断设备进行检测; 2. 能够根据故障诊断计划进行故障的诊断与排除		
	素质	1. 具有团队协作精神; 2. 具有严谨的工作态度; 3. 具有较强的与客户沟通的能力		
任务 2.4 PPT				

【任务流程】

[任务准备]

针对车辆的电动车窗升降器,若出现驾驶员侧电动车窗只能上升不能下降故障,则需要做哪些工作来解决这个问题呢?若用诊断仪进行测量和故障诊断,需要用到诊断仪的哪些功能来辅助诊断?请扫描二维码进行学习。

任务 2.4 任务准备

141

[任务实施]

任务 2.4.1　确认故障现象

操作实训车辆驾驶员侧电动车窗开关，完成下面的工作表。

工作表：故障现象的确认

（1）确认故障现象，并记录下来。

操作电动车窗开关：

位置	升	降
左前侧电动车窗	□自动升　□手动升　□不动作	□自动降　□手动降　□不动作
右前侧电动车窗（驾驶员侧）	□自动升　□手动升　□不动作	□自动降　□手动降　□不动作
右前侧电动车窗（副驾驶员侧）	□自动升　□手动升　□不动作	□自动降　□手动降　□不动作
左后侧电动车窗（驾驶员侧）	□自动升　□手动升　□不动作	□自动降　□手动降　□不动作
左后侧电动车窗（副驾驶员侧）	□自动升　□手动升　□不动作	□自动降　□手动降　□不动作
右后侧电动车窗（副驾驶员侧）	□自动升　□手动升　□不动作	□自动降　□手动降　□不动作
右后侧电动车窗（副驾驶员侧）	□自动升　□手动升　□不动作	□自动降　□手动降　□不动作

（2）在确认故障现象后，应该如何与客户沟通？

任务 2.4.2　分析不同车型的电动车窗的电路原理图

■ 任务 2.4.2.1　分析捷达车型电动车窗电路原理图

一、工作表：捷达车型电动车窗电路识图

（1）分析捷达 2001 型轿车的电动车窗电路原理图，指出电动车窗电路包括哪些部件。

① 捷达 2001 型轿车的电动车窗电路中控制单元是_____，其来电线有____根，分别是_____，搭铁线____根，分别是_____。
② 控制电动车窗的开关分为主开关和分开关两种，主开关有_____，分开关有_____。
③ 电动车窗电动机有_____。
（2）分析捷达 2001 型轿车的电动车窗电路原理图，并在图中画出副驾驶侧电动车窗主开关控制电动车窗上升的电路。

二、参考信息

捷达车型电动车窗电路原理图如图 2-46 所示。

该控制单元有两根供电线,如图 2-46 所示的红色线,分别是 15 号线通过熔断器 S14 供电,30 号线供电。1 根搭铁线(T18a/17)接地点位于左侧 A 柱上。

输入信号如图 2-46 中绿色线所示,即左前侧电动车窗开关 E40、右前侧电动车窗开关 E41、左后侧电动车窗开关 E53、右后侧电动车窗开关 E55、右前侧电动车窗分开关 E107、左后侧电动车窗分开关 E52、右后侧电动车窗分开关 E54。

输出信号如图 2-46 中蓝色线所示,即左前侧车电动车窗升降器电动机 V14、右前侧电动车窗升降器电动机 V15、左后侧电动车窗升降器电动机 V26、右后侧电动车窗升降器电动机 V27。

关于捷达车型电动车窗电路分析,请扫描以下二维码学习。

捷达车型电动车窗电路分析

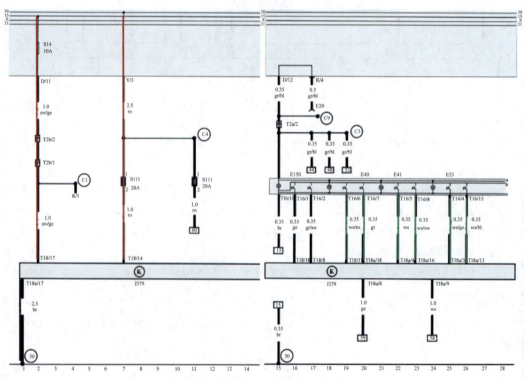

图 2-46 捷达车型电动车窗电路原理图

任务 2.4.2.2　分析卡罗拉车型电动车窗电路原理图

一、工作表：卡罗拉车型电动车窗电路识图

（1）分析卡罗拉车型电动车窗电路原理图，指出电动车窗电路包括哪些部件。

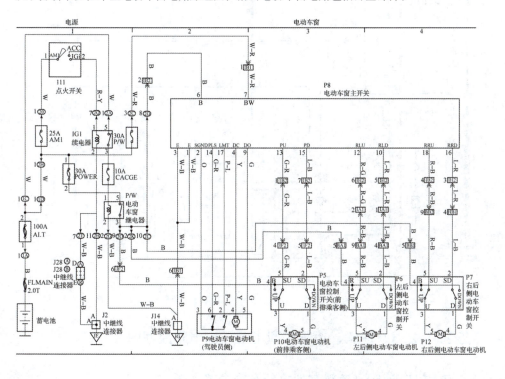

（2）分析卡罗拉车型电动车窗电路原理图，并在图中画出左后侧电动车窗主开关控制电动车窗上升的电路。

（3）在实训台架上，根据卡罗拉车型电动车窗电路原理图，将各个部件通过导线连接起来，并记录连接过程中遇到的问题。

二、参考信息

图 2-47 所示为卡罗拉车型电动车窗电路原理图。电动车窗的工作是由电动车窗继电器控制的，如图中红色椭圆框所示，若电动车窗继电器触点吸合，需要 IG 继电器工作，如图中红色线和绿色线所示，其能够让电动车窗继电器触点吸合。图中黄色线是电

145

动车窗主开关和分开关，蓝色线是4个车门上的电动车窗电动机。操作某个开关，相应的电动车窗电动机即工作。

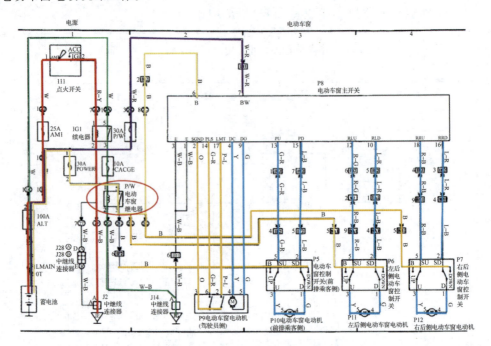

图 2-47　卡罗拉车型电动车窗电路原理图

■ 任务 2.4.2.3　速腾、迈腾车型电动车窗电路原理图

一、工作表：速腾、迈腾车型电动车窗电路识图

（1）分析速腾车型电动车窗电路原理图，J386与J387之间通过_____传递信号，J387与J389之间是通过_____传递信号。

（2）下图是速腾车型电动车窗电路原理图，请将红色框补充完整。

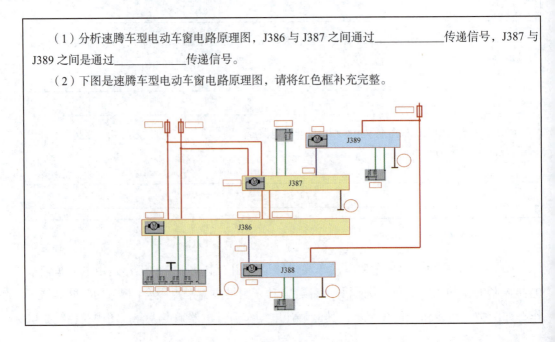

（3）分析迈腾车型电动车窗电路原理图，说明有几种方式可以控制电动车窗，分别是什么。

_____

_____

（4）若通过遥控钥匙控制电动车窗升降，信号传递路径是什么？请记录下来，并在电路原理图中画出。

_____

_____

（5）请画出迈腾车型电动车窗的网络拓扑图，在下图中将各控制单元的名称补充完整。

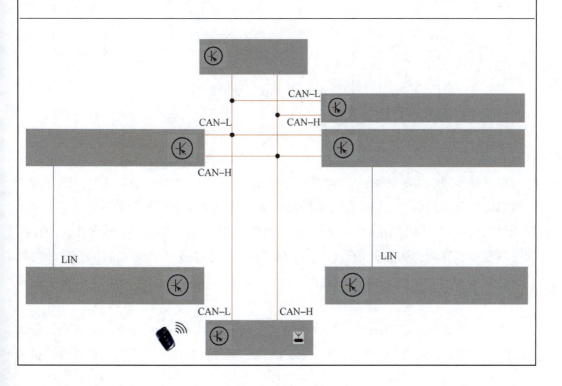

二、参考信息

（一）速腾车型电动车窗电路识图

2011年速腾车型电动车窗电路原理图如图2-48所示。速腾车型电动车窗控制系统包括4个控制单元，分别是驾驶员侧车门控制单元J386、副驾驶员侧车门控制单元J387、左后侧车门控制单元J388、右后侧车门控制单元J389；包括4个电动车窗电动机，分别是驾驶员侧电动车窗电动机V147、副驾驶员侧电动车窗电动机V148、左后侧电动车窗电动机V26、右后侧电动车窗电动机V27；包括8个电动车窗开关，分别是驾驶员侧电动车窗升降器开关 E40、驾驶员侧车门上的右前侧电动车窗升降器开关 E81、驾驶员侧车门上的左后侧电动车窗升降器开关 E53、驾驶员侧车门上的右后侧电动车窗升降器开关 E55、儿童安全装置按键 E318、副驾驶员侧车门内的电动车窗升降器开关 E107、左后侧车门内的电动车窗升降器开关 E52、右后侧车门内的电动车窗升降器开关 E54。

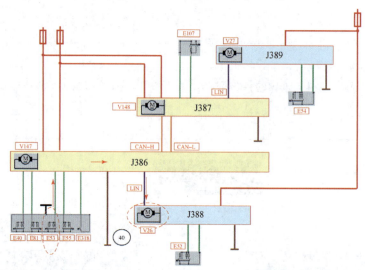

图 2-48　2011 年速腾车型电动车窗电路原理图

以驾驶员侧电动车窗控制原理为例，输入信号即 E40、E81、E53、E55、E318 这 5 个电动车窗开关的信号。输出信号则由控制单元 J386 直接发给驾驶员侧电动车窗电动机 V147。若是 E53 操作左后侧电动车窗，如图 2-48 中虚线框所示，信号传递路径则是 E53 将电动车窗开关操作信号输入 J386，J386 通过 J386 与 J388 之间的 LIN 总线将信息传递给 J388，如图 2-48 中红色箭头所示，J388 控制 V26 工作，如图 2-48 中虚线框所示。

（1）控制单元。在 2011 年速腾车型电动车窗电路原理图中控制单元有 4 个，分别是 J386、J387、J388 和 J389。其中，J386 和 J387 两个控制单元分别有两根来电线和一根搭铁线。J388 和 J389 两个控制单元分别有一根来电线和一根搭铁线。J386 与 J387 之间由 CAN 总线传递电动车窗控制信息，J386 与 J388 之间由 LIN 总线传递电动车窗控制信息，J387 与 J389 之间由 LIN 总线传递电动车窗控制信息。

（2）输入信号。如图 2-48 所示，各个开关通过绿色线连接到各个相应控制单元作为输入信号，包括 E40、E81、E53、E55、E318、E107、E52 和 E54 等 8 个电动车窗开关。

图 2-49 所示为电动车窗开关控制原理示意，控制单元 J386 内部有个上拉电阻，为 1 000 Ω，该电阻作为分压器预制于电动车窗开关前，控制单元将提供一个 12 V 的电压通过上拉电阻，当开关打到不同挡位时，会通过不同阻值的电阻接地或直接接地，可以在信号线上产生 5 种不同的电平，这 5 种不同的电平分别代表电动车窗开关的不同功

能，分别为未启动开关、手动升起电动车窗、自动升起电动车窗、手动落下电动车窗和自动落下电动车窗。同时控制单元内部监测点会检测出不同挡位的方波电压信号传给 A/D（模/数）转换器，A/D 转换器将检测到的方波电压信号转化为控制单元可识别的数字信号，控制单元根据数字信号判断开关状态，形成控制指令，通过输出驱动器驱动执行器工作。

通常，通过诊断仪读取电动车窗开关数据流，则会在数据流中显示每个开关的测量值。因此，只有在偶发故障或测量值不可靠的情况下才需要用测量仪器对开关或电路进行检查。

例如，当电动车窗开关断开时（即不操作电动车窗开关），开关信号检测点 A 的电压值为 12 V；当电动车窗开关在其他 4 个不同挡位时，开关信号检测点 A 的电压值会根据开关电阻分压的不同而不同，所以电动车窗开关信号线在电动车窗开关不同挡位的电位值是不同的。

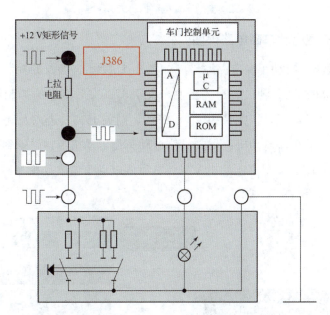

图 2-49　电动车窗开关控制原理示意

（3）输出信号。输出信号来自控制单元内部的 4 个电动机，即 V147、V148、V26 和 V27。电动车窗电动机都是永磁式直流电动机，电动车窗电动机的工作原理示意如图 2-50 所示。当控制单元通过粉色线供电时，三极管 B 和 C 导通，电流走向即 12 V 电源通过三极管 B→电动车窗电动机→三极管 C 回到负极搭铁，如图 2-50 中红色线所示电流走向。当控制单元通过绿色线供电时，三极管 A 和 D 导通，则电流走向即 12 V 电源通过三极管 A→电动车窗电动机→三极管 D 回到负极搭铁，如图 2-50 中黄色线所示电流走向。两种状态的电动车窗电动机的旋转方向正好相反，从而实现电动车窗的上升和下降。

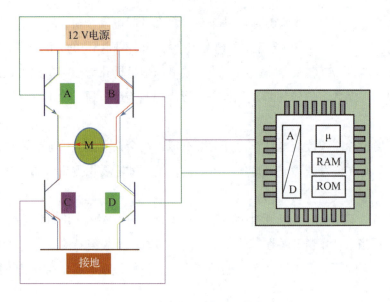

图 2-50　电动车窗电动机的工作原理示意

（二）迈腾车型电动车窗电路识图

2018 年迈腾车型电动车窗电路原理图如图 2-51 所示，涉及的控制单元有驾驶员侧车门控制单元 J386、副驾驶员侧车门控制单元 J387、左后侧车门控制单元 J388、右后侧车门控制单元 J389、车载电网控制单元 J519、网关 J533、进入及起动系统控制单元 J965；包括 4 个电动车窗电动机：驾驶员侧电动车窗电动机 V14、副驾驶员侧电动车窗电动机 V15、左后侧电动车窗电动机 V26、右后侧电动车窗电动机 V27；包括 8 个电动

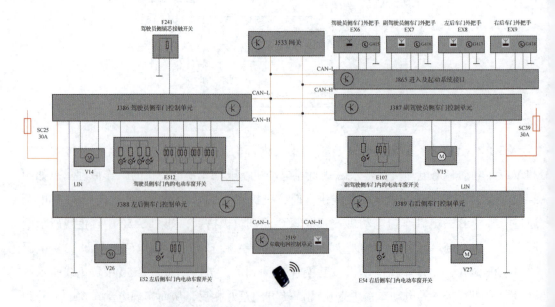

图 2-51　2018 年迈腾车型电动车窗电路原理图

车窗开关，分别是驾驶员侧电动车窗开关 E710、驾驶员侧车门内的右前侧电动车窗开关 E716、驾驶员侧车门上的左后侧电动车窗开关 E711、驾驶员侧车门上的右后侧电动车窗开关 E713、儿童安全装置按键 E318、副驾驶员侧车门内的电动车窗开关 E107、左后侧车门内的电动车窗开关 E52、右后侧车门内的电动车窗开关 E54。

（1）电动车窗开关控制电动车窗升降动作。如图 2-51 所示，以驾驶员侧车门内的电动车窗开关为例，若操作驾驶员的车门内的电动车窗开关 E512（4 个电动车窗开关），则会将开关输入信号传给控制单元 J386，通过 J386 将驱动指令传给驾驶员侧电动车窗电动机 V14；通过 LIN 总线将输入信号传给控制单元 J388，再驱动左后侧电动车窗电动机 V26；通过 CAN 总线将开关信号传给控制单元 J387，再驱动副驾驶侧电动车窗电动机 V15，通过 LIN 总线将开关信号传给控制单元 J389，再驱动右后侧电动车窗电动机 V27。

（2）遥控钥匙控制电动车窗升降动作。如图 2-51 所示，通过按压遥控钥匙上的闭锁和开锁按键并保持 2 s 以上，可以实现电动车窗上升和下降控制。遥控钥匙的电动车窗升降信息通过无线信号传给车载电网控制单元 J519，J519 将电动车窗升降信息通过 CAN 总线传给控制单元 J386 和 J387，然后再通过 LIN 总线传给控制单元 J388 和 J389，从而控制 4 个电动车窗电动机工作。

（3）应急钥匙控制电动车窗升降动作。如图 2-51 所示，通过操作应急钥匙 F241（驾驶员侧锁芯中的接触开关）开锁或者闭锁并保持 2 s 以上，则 F241 将电动车窗升降信息传给控制单元 J386，通过 J386 将驱动指令传给驾驶员侧电动车窗电动机 V14；通过 J386 和 J388 之间的 LIN 总线将输入信号传给控制单元 J388，再驱动左后侧电动车窗电动机 V26；通过 CAN 总线将开关信号传给控制单元 J387，再驱动副驾驶员侧电动车窗电动机 V15，通过 J387 和 J389 之间的 LIN 总线将开关信号传给控制单元 J389，再驱动右后侧电动车窗电动机 V27。

（4）门把手控制电动车窗升降动作。门把手控制电动车窗升降的车辆只适用于带有 Kessy 功能的车辆。如图 2-51 所示，门把手控制电动车窗动作只预留锁车功能，按压门把手上的小按键并保持 2 s 以上，即可实现电动车窗上升功能。按压驾驶员侧车门外把手 EX6、副驾驶员侧车门外把手 EX7、左后侧车门外把手 EX、右后侧车门外把手 EX9 中的任何一个按键并保持 2 s 以上，则会将电动车窗控制信息传给控制单元 J965（详细控制过程请参考后续内容），J965 将信息通过 CAN 总线传给控制单元 J386 和 J387，然后再通过 LIN 总线传给控制单元 J388 和 J389，从而控制 4 个电动车窗电动机工作。

关于迈腾车型电动车窗开关的操作方法，请扫描以下二维码学习。

迈腾车型电动车窗开关的操作方法

■ 任务 2.4.2.4 分析红旗车型电动车窗电路原理图

一、工作表：红旗车型电动车窗电路识图

（1）分析红旗车型电动车窗电路原理图，指出电动车窗电路包括哪些部件。

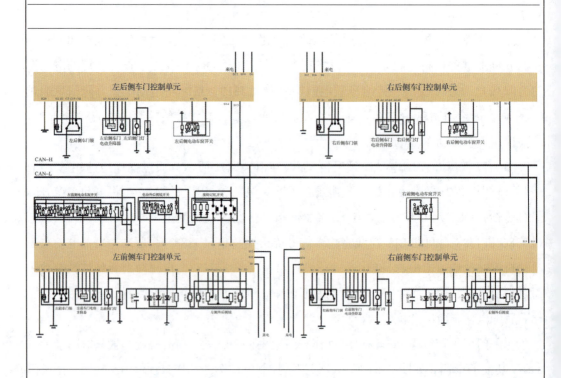

（2）分析红旗车型电动车窗电路原理图，并在上图中画出左后侧电动车窗主开关控制电动车窗上升的电路。

二、参考信息

图 2-52 所示为红旗车型电动车窗电路原理图。该图中有 4 个控制单元，分别是左前侧车门控制单元、左后侧车门控制单元、右前侧车门控制单元和右后侧车门控制单元。这 4 个控制单元通过 CAN 总线进行通信。每个控制单元都分别有 3 根来电线和 1 根搭铁线；有 1 个电动车窗主开关，是左前侧电动车窗开关，它可以控制 4 个电动车窗的上升和下降；有 3 个电动车窗分开关，分别是左后侧电动车窗开关、右前侧电动车窗开关和右后侧电动车窗开关。操作某个开关，相应的电动车窗电动机即工作。

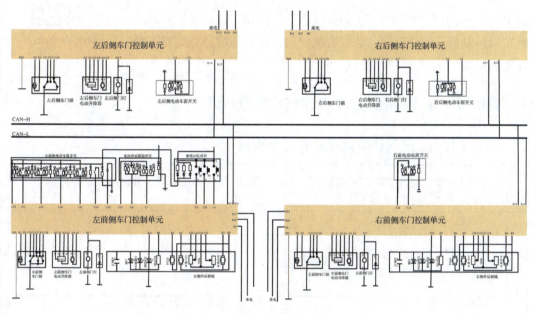

图 2-52 红旗车型电动车窗电路原理图

任务 2.4.3 应用诊断仪和示波器进行诊断和测量

■ 任务 2.4.3.1 应用诊断仪读取故障码

一、工作表：应用诊断仪读取故障码

（1）针对实训车辆，用诊断仪 VAS6150 读取故障码，并记录下来。

（2）诊断仪读取故障码的控制单元是_____。
（3）记录诊断仪读取故障码的过程。

二、参考信息

用诊断仪读取电动车窗故障码，进入诊断仪诊断程序以后，找到驾驶员侧车门电子装置地址码42，单击鼠标右键，选择引导型功能，在弹出的驾驶员侧车门电子装置对话框中选择"读取/清除故障存储器"命令，在弹出的对话框中显示"检测描述：可以显示并删除故障存储器，关于驾驶员侧车门控制单元。检测前提条件：点火开关已打开"。单击"完成/继续"按钮，在弹出的对话框中显示：1—读取故障存储器和显示；2—清除故障存储器，读取和显示；3—退出检测程序。单击右侧的"1"按钮，就会显示驾驶员侧车门控制单元的故障码，若没有故障码，则提示故障存储器不存在任何记录。

读取电动车窗故障码

■ 任务2.4.3.2 应用诊断仪读取开关数据流

一、工作表：应用诊断仪读取开关数据流

（1）应用诊断仪测量实训车辆电动车窗开关处于不同状态时的数据流，并将结果记录下来。
_____
_____

（2）诊断仪读取测量值的控制单元是_____。
（3）记录诊断仪读取测量值的过程。
_____
_____
_____

二、参考信息

应用诊断仪VAS6150读取电动车窗开关数据流。

（一）开关状态：未操作

当驾驶员侧电动车窗开关状态是未操作时，通过诊断仪读取驾驶员侧车门控制单元J386中各个开关测量值都是"未开动"，如图2-53所示。

读取电动车窗测量值

图2-53 驾驶员侧电动车窗开关数据——未操作

（二）开关状态：手动上升

当驾驶员侧电动车窗开关状态是手动上升时，通过诊断仪读取驾驶员侧车门控制单元 J386 中“前车窗升降器按钮，驾驶员侧”开关测量值是“手动上升”，其余开关测量值都是“未开动”，如图 2–54 所示。

测量值 － 显示测量值

0042 － 驾驶员侧车门电子设备　(UDS / ISOTP / 5Q0959593E /

名称	值
[IDE04219]_车窗升降器控制单元，驾驶员侧	
前车窗升降器按钮，驾驶员侧	手动上升
副驾驶员侧前部车窗升降器按钮	未开动
车窗升降器，后部，驾驶员侧	未开动
车窗调节马达，后部，前排副驾驶员侧	未开动

图 2–54　驾驶员侧电动车窗开关数据——手动上升

（三）开关状态：自动上升

当驾驶员侧电动车窗开关状态是自动上升时，通过诊断仪读取驾驶员侧车门控制单元 J386 中“前车窗升降器按钮，驾驶员侧”开关测量值是“自动上升”，其余开关测量值都是“未开动”，如图 2–55 所示。

测量值 － 显示测量值

0042 － 驾驶员侧车门电子设备　(UDS / ISOTP / 5Q0959593E /

名称	值
[IDE04219]_车窗升降器控制单元，驾驶员侧	
前车窗升降器按钮，驾驶员侧	自动上升
副驾驶员侧前部车窗升降器按钮	未开动
车窗升降器，后部，驾驶员侧	未开动
车窗调节马达，后部，前排副驾驶员侧	未开动

图 2–55　驾驶员侧电动车窗开关数据——自动上升

（四）开关状态：手动下降

当驾驶员侧电动车窗开关状态是手动下降时，通过诊断仪读取驾驶员侧车门控制单元 J386 中“前车窗升降器按钮，驾驶员侧”开关测量值是“手动下降”，其余开关测量值都是“未开动”，如图 2–56 所示。测量驾驶员侧车门内侧开关阻值约为 100 Ω，测量驾驶员侧车门内侧开关波形的方波高电位为 1.2 V。

测量值 － 显示测量值

0042 － 驾驶员侧车门电子设备　(UDS / ISOTP / 5Q0959593E /

名称	值
[IDE04219]_车窗升降器控制单元，驾驶员侧	
前车窗升降器按钮，驾驶员侧	手动下降
副驾驶员侧前部车窗升降器按钮	未开动
车窗升降器，后部，驾驶员侧	未开动
车窗调节马达，后部，前排副驾驶员侧	未开动

图 2–56　驾驶员侧电动车窗开关数据——手动下降

（五）开关状态：自动下降

当驾驶员侧电动车窗开关状态是自动下降时，通过诊断仪读取驾驶员侧车门控制单元 J386 中“前车窗升降器按钮，驾驶员侧”开关测量值是“自动下降”，其余开关测量值都是“未开动”，如图 2–57 所示。

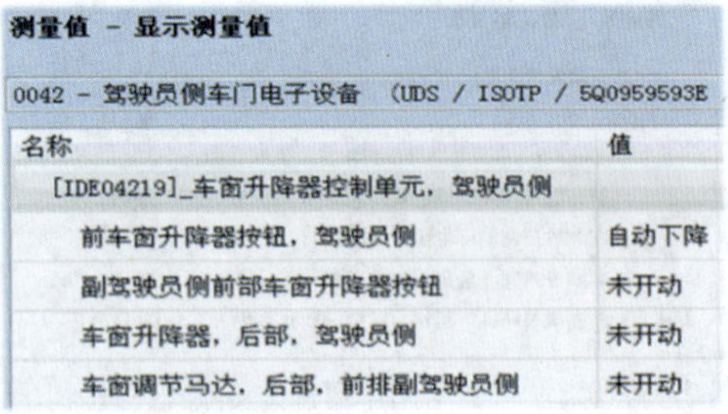
测量值 – 显示测量值

0042 – 驾驶员侧车门电子设备 （UDS / ISOTP / 5Q0959593E

名称	值
[IDE04219]_车窗升降器控制单元，驾驶员侧	
前车窗升降器按钮，驾驶员侧	自动下降
副驾驶员侧前部车窗升降器按钮	未开动
车窗升降器，后部，驾驶员侧	未开动
车窗调节马达，后部，前排副驾驶员侧	未开动

图 2–57　驾驶员侧电动车窗开关数据——自动下降

■ 任务 2.4.3.3　应用诊断仪进行执行元件诊断

工作表：应用诊断仪进行执行元件诊断

（1）应用诊断仪进行电动车窗执行元件诊断，并将结果记录下来。

____

____

（2）诊断仪执行元件诊断的控制单元是________。

（3）记录诊断仪执行元件诊断的过程。

____

____

■ 任务 2.4.3.4　应用万用表测量电动车窗开关

一、工作表：电动车窗开关的测量

（1）应用万用表测量实训车辆电动车窗开关处于不同位置时的电阻，并将结果记录下来。

① 应用万用表测量电阻的条件是______________________________。

② 万用表的红表笔连接到__________，黑表笔连接到__________；应用万用表测量电阻的条件是______________________________。

____

____

（2）应用万用表测量实训车辆电动车窗开关处于不同位置时的电压，并将结果记录下来。万用表的红表笔连接到_____，黑表笔连接到_____；应用万用表测量电压的条件是_____。

二、参考信息

应用万用表测量电动车窗开关各挡位的电压和电阻。

（一）开关状态：未操作

当驾驶员侧电动车窗开关状态是未操作时，测量驾驶员侧车门内侧开关阻值是无穷大，测量驾驶员侧车门内侧开关波形的方波高电位为 12 V，如图 2-58 所示。

项目	空挡
电阻值（常温）	无穷大
电压值	12 V方波

图 2-58　驾驶员侧电动车窗开关电压和电阻数据——未操作

（二）开关状态：手动上升

当驾驶员侧电动车窗开关状态是手动上升时，测量驾驶员侧车门内侧开关阻值约为 820 Ω，测量驾驶员侧车门内侧开关波形的方波高电位为 5.2 V，如图 2-59 所示。

项目	手动上升挡
电阻值（常温）	≈820 Ω
电压值	5.2 V方波

图 2-59　驾驶员侧电动车窗开关电压和电阻数据——手动上升

（三）开关状态：自动上升

当驾驶员侧电动车窗开关状态是自动上升时，测量驾驶员侧车门内侧开关阻值约为 270 Ω，测量驾驶员侧车门内侧开关波形的方波高电位为 2.2 V，如图 2-60 所示。

项目	自动上升挡
电阻值（常温）	≈270 Ω
电压值	2.2 V方波

图 2-60　驾驶员侧电动车窗开关电压和电阻数据——自动上升

（四）开关状态：手动下降

当驾驶员侧电动车窗开关状态是手动下降时，测量驾驶员侧车门内侧开关阻值约为100 Ω，测量驾驶员侧车门内侧开关波形的方波高电位为1.2 V，如图2-61所示。

图2-61　驾驶员侧电动车窗开关电压和电阻数据——手动下降

（五）开关状态：自动下降

当驾驶员侧电动车窗开关状态是自动下降时，测量驾驶员侧车门内侧开关阻值约为0 Ω，测量驾驶员侧车门内侧开关波形的方波高电位为0 V，如图2-62所示。

图2-62　驾驶员侧电动车窗开关电压和电阻数据——自动下降

■ 任务2.4.3.5　应用示波器测量电动车窗开关波形

一、工作表：电动车窗开关不同挡位的波形

操作实训车辆驾驶员侧电动车窗开关，分别测量开关在5个挡位的波形，并记录下来。

未操作	自动上升	自动下降	手动上升	手动下降

二、参考信息

（一）电动车窗开关挡位波形分析

图2-63（a）所示为电动车窗开关控制原理示意，J386驾驶员侧车门控制单元为电动车窗开关导线供给方波电压。通过将不同电阻接地或直接接地，可以在信号线上产生5种不同的电平，这5种不同的电平代表电动车窗开关的不同功能，分别为未启动电动车窗开关、手动升起电动车窗、自动升起电动车窗、手动落下电动车窗和自动落下电动车窗。通常，通过诊断仪读取电动车窗开关数据流，会在数据流中显示每个电动车窗开

关的测量值。因此，只有在偶发故障或测量值不可靠的情况下才需要用测量仪器对电动车窗开关或布线进行检查。通过示波器测量图中 A 点，可以测量出电动车窗开关不同挡位的波形，如图 2-63（b）所示。

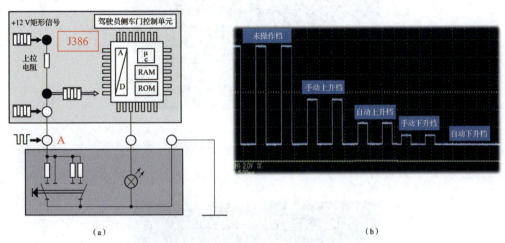

图 2-63　电动车窗开关原理及波形示意
（a）电动车窗开关原理示意；（b）电动车窗开关波形示意

（二）电动车窗开关不同挡位的波形测量与分析

（1）电动车窗开关状态：未操作。当驾驶员侧电动车窗开关状态是未操作时，测量驾驶员侧车门内侧开关波形的方波高电位为 12 V，如图 2-64 所示。

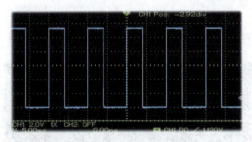

图 2-64　驾驶员侧电动车窗开关数据——未操作

（2）电动车窗开关状态：手动上升。当驾驶员侧电动车窗开关状态是手动上升时，测量驾驶员侧车门内侧开关波形的方波高电位为 5.2 V，如图 2-65 所示。

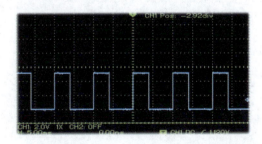

图 2-65　驾驶员侧电动车窗开关数据——手动上升

（3）电动车窗开关状态：自动上升。当驾驶员侧电动车窗开关状态是自动上升时，测量驾驶员侧车门内侧开关波形的方波高电位为 2.2 V，如图 2-66 所示。

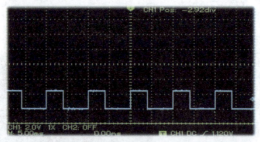

图 2-66　驾驶员侧电动车窗开关数据——自动上升

（4）电动车窗开关状态：手动下降。当驾驶员侧电动车窗开关状态是手动下降时，测量驾驶员侧车门内侧开关波形的方波高电位为 1.2 V，如图 2-67 所示。

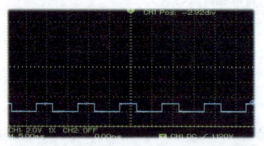

图 2-67　驾驶员侧电动车窗开关数据——手动下降

（5）电动车窗开关状态：自动下降。当驾驶员侧电动车窗开关状态是自动下降时，测量驾驶员侧车门内侧开关波形的方波高电位为 0 V，如图 2-68 所示。

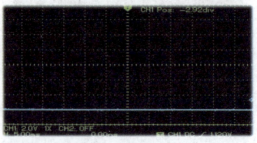

图 2-68　驾驶员侧电动车窗开关数据——自动下降

关于电动车窗开关电路原理分析，请扫描以下二维码学习。

电动车窗开关电路原理分析

任务 2.4.4　排除故障并检查车辆

一、工作表：排除故障并检查车辆

（1）排除故障。

（2）重新检查车辆，看是否还有故障。

二、参考信息

排除故障后，重新检查车辆。

【任务拓展】

一、汽车天窗的日常保养

（1）天窗保养应注意以下几点。

① 对于手动天窗，有许多故障是人为因素造成的，如锁扣或摇柄不慎拧反而对手动天窗造成损害。

② 对于电动天窗，在颠簸的道路上最好不要完全滑开天窗，否则可能因电动天窗和滑轨的振动太大而引起相关部件变形，甚至损坏电动机。

③ 对于后加装的汽车天窗，若想使其正常运行，且尽量降低其故障率，就要保证以下4点：合格的产品、专业的安装、正确的使用和定期的保养。

④ 为了确保汽车天窗完全防水，将它用橡胶密封圈密封，日常使用时要注意密封圈的防尘。尤其在冬季，要经常用除尘掸进行清洁，但要注意的是，不能在有冰冻的情况下开启汽车天窗。在风沙较大的春、秋两季，要每两个月用湿海绵清洁一次密封圈。另外，车辆在长久停放前，要用滑石粉（用滑石粉保养，可延长密封圈的使用寿命）彻底清洁一次，以免因车辆停放时间过长使密封圈在空气中发生化学反应而自然老化。

⑤ 在用高压水枪对车辆进行清洁时，不要将水柱直接对准密封圈；否则，不仅容易使密封圈在高压水柱压力下变形而使车内进水，还有可能损坏密封圈。

（2）汽车天窗保养的程序如下。

① 将汽车天窗完全打开。

② 用干净软布轻擦汽车天窗滑轨上的灰尘。

③ 选择不易吸附灰尘的润滑剂（这样的润滑剂能防止滑动部分和传动管道在运动过程中过早磨损，还能防止其他不正常的故障，能起到延长汽车天窗使用寿命的作用）。

④ 对汽车天窗活动部分和传动管道进行润滑。

⑤ 将汽车天窗完全打开、关闭几次，再用软布擦掉多余的润滑剂，以免污染车内饰品。

二、汽车天窗常见故障检修要点

汽车天窗出现最多的故障是机械故障，特别是漏水故障比较常见。当汽车天窗出现电气故障而无法电控关窗时，大多数厂家均有应急关闭汽车天窗的方式。例如，大众公司的车辆，在汽车天窗开关面板附近的顶棚内放置有内六角摇把，可以用于手动强制关闭汽车天窗。

（1）当汽车天窗出现漏水故障时，应检查汽车天窗排水孔和滑轨附近是否有杂物。汽车天窗在设计时已经考虑到了防水要求，在汽车天窗的四周布置有导水槽，四角设计了出水口，排水管隐藏在车身A柱内，A柱底端安装有排水口。如果汽车天窗周围的排水管被沙土或树叶堵塞，水无法顺利排出，必然会向车内泄漏。

（2）当汽车天窗出现运动缓慢或无法向某方向运动时，首先应排查机械方面的原因，例如，是否滑轨积尘过多导致电动机工作阻力过大，必要时应对电动机进行初始化操作，避免长时间按压操纵开关导致电动机过热。

【参考书目】

《汽车舒适与安全系统检修》（北京理工大学出版社）

学生笔记：

模块二 电动车窗和中央门锁的检测与维修

任务 2.5 中央门锁的故障诊断与排除

【任务信息】

任务 2.5 中央门锁的故障诊断与排除			
任务难度	高级	参考学时	3 学时
案例导入	一位速腾轿车车主来到 4S 店,抱怨该车遥控钥匙无法打开车门。维修技术人员经过初步检查,发现中央门锁出现故障,需要进一步检查开关及其相关线路		
能力目标	知识	1. 能够分析故障原因并进行诊断; 2. 能够分析电路图; 3. 能够制订故障诊断计划流程	
	技能	1. 能够用专业诊断设备进行检测; 2. 能够根据计划进行故障排除	
	素质	1. 能够用专业诊断设备进行检测; 2. 能够根据计划进行故障排除	
任务 2.5 PPT			

【任务流程】

[任务准备]

针对车辆的中央门锁系统,若出现中央门锁不能闭锁故障,则需要做哪些工作解决这个问题?若用诊断仪进行测量和故障诊断,则需要用到诊断仪的哪些功能辅助诊断?请扫描二维码进行学习。

任务 2.5 任务准备

[任务实施]

任务 2.5.1　确认故障现象

工作表：故障现象的确认

确认故障现象，并记录下来。

任务 2.5.2　分析不同车型中央门锁的电路原理图

■ 任务 2.5.2.1　速腾、迈腾车型中央门锁电路原理图

一、工作表：速腾、迈腾车型中央门锁电路识图

（1）根据下图分析电子控制单元控制电动机的工作原理
 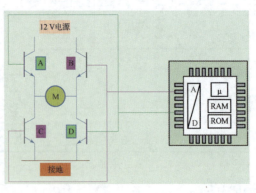
（2）分析迈腾轿车电路原理图，J386 与 J387 通过_____传递信号，J387 与 J389 通过_____传递信号。
（3）在电路原理图上画出车门外把手控制各个车门锁解锁的工作线路路径。

（4）在电路原理图上画出油箱盖解锁的工作线路路径。

（5）在电路原理图上画出行李舱盖锁的工作线路路径并写出工作原理。

二、参考信息

迈腾 B8L 轿车中央门锁电路由网关 J533、车载电网控制单元 J519、进入及起动系统接口 J965、驾驶员侧车门控制单元 J386、副驾驶员侧车门控制单元 J387、左后侧车门控制单元 J388、右后侧车门控制单元 J389 以及驾驶员侧车门闭锁单元 VX21、左后侧车门闭锁单元 VX23、右前侧车门闭锁单元 VX22、右后侧车门闭锁单元 VX24 等组成，如图 2-69 所示。

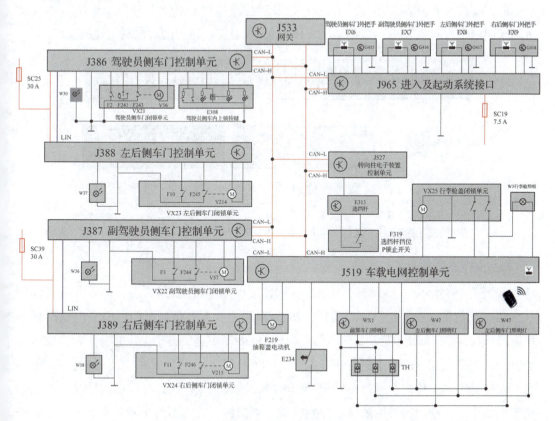

图 2-69 迈腾 B8L 轿车中央门锁电路原理图

(一)控制单元

网关J533、车载电网控制单元J519、进入及起动系统接口J965、驾驶员侧车门控制单元J386、副驾驶员侧车门控制单元J387通过CAN总线进行信息传递。驾驶员侧控制单元J386和左后侧车门控制单元J388,副驾驶员侧控制单元J387和右后侧车门控制单元J389之间通过LIN总线传递信息。VX21、VX23、VX22、VX24同J386、J388、J387、J389相连。门外把手系统为J965提供信号。行李舱闭锁系统由J519进行控制。

以驾驶员侧车内上锁按键(中央门锁车内按键)E308、驾驶员侧车门闭锁单元VX21为例,驾驶员侧车内上锁按键(中央门锁车内按键)E308是一个双挡开关,如图2-70所示。当开关处于不操作状态时,J386发出一个具有固定占空比的脉冲信号,这时门锁状态为解锁。当开关右侧触点闭合时(解锁),J386输出电位为0,这时门锁状态也为解锁。当开关左侧触点闭合(闭锁)时,电路中额外串接一个电阻,使J386的输出电流发生变化,实现闭锁。

驾驶员侧车门闭锁单元VX21如图2-70所示。其中,F2为旋转锁闩开关(驾驶员侧车门接触开关)、F241为驾驶员侧锁芯中的接触开关、F243为驾驶员侧车门中央门锁状态监控开关Safe功能指示灯。上述开关监控驾驶员侧车门中央门锁电动机V56和驾驶员侧车门内中央门锁Safe功能电动机V161的工作状态,以便随时控制门锁的状态。

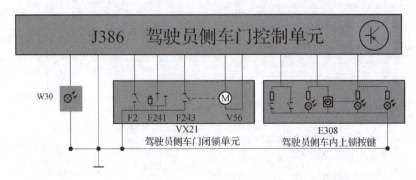

图2-70 驾驶员侧车内上锁按键(中央门锁车内按键)E308和驾驶员侧车门闭锁单元VX21

(二)输入信号

如图2-71所示,输入信号是VX21、VX22、VX23和VX24。

与电动车窗开关的控制原理类似,图2-74所示为驾驶员侧车门内中央门锁控制开关原理示意,控制单元是驾驶员侧车门控制单元J386,其内部有个上拉电阻,为1 000 Ω,该电阻作为分压器预制于中央门锁开关前,J386将提供一个12 V的电压通过上拉电阻,当开关打到不同挡位,会通过不同阻值的电阻接地或直接接地,可以在信号线上产生两种不同的电平,这两种不同的电平分别代表中央门锁开关的不同功能,分别为车门解锁和车门锁止。同时J386内部监测点会检测出不同挡位的方波电压信号传给A/D转换器,A/D转换器将检测到的方波电压信号转化为J386可识别的数字信号,J386根据数字信号判断开关状态，形成控制指令，通过输出驱动器驱动执行器工作。

用诊断仪读取中央门锁开关数据流，会在数据流中显示每个开关的测量值。因此，只有在偶发故障或测量值不可靠的情况下才需要用测量仪器对开关或电路进行检查。

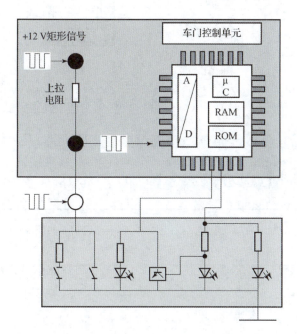

图2-71 驾驶员侧车门内中央门锁控制开关原理示意

关于中央门锁控制原理，请扫描以下二维码学习。

中央门锁控制原理

（三）输出信号

输出信号来自画在控制单元内部的4个电动机，即V56、V57、V214和V215。中央门锁电动机都是永磁式直流电动机，其工作原理如图2-72所示，与电动车窗电动机控制原理一样，当控制单元通过粉色线供电时，三极管B和C导通，电流走向即12 V电源通过三极管B→电动机→三极管C回到负极搭铁，如图2-72中红色线所示电流走向。当控制单元通过绿色线供电时，三极管A和D导通，电流走向即12 V电源通过三极管A→电动机→三极管D回到负极搭铁，如图2-72中黄色线所示电流走向。两种状态下电动机的旋转方向正好相反，从而实现解锁和锁止动作。

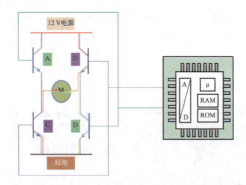

图 2-72　中央门锁电动机的工作原理示意

■ 任务 2.5.2.2　分析红旗车型中央门锁电路原理图

一、工作表：红旗车型中央门锁电路识图

（1）通过分析红旗车型中央门锁电路，指出中央门锁电路包括哪些部件？

（2）画出红旗车型中央门锁电路原理图。

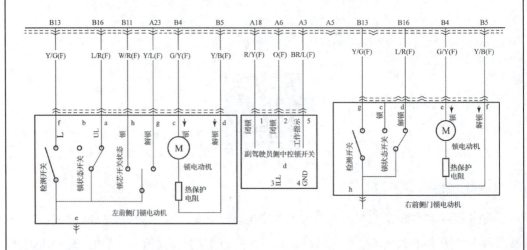

（3）通过分析红旗车型中央门锁电路，在上图中画出中央门锁的车门开锁电路，并记录下来。

二、参考信息

（一）红旗车型中央门锁控制系统

红旗车型中央门锁控制系统如图 2-73 所示，它由左前车门控制单元、右前车门控制单元、右后车门控制单元、左后车门控制单元通过 CAN 总线相互连接，并且受车身控制单元 1 控制。它可以实现的功能如图 2-74 所示。

（二）红旗轿车电路

图 2-75 所示为红旗 H5 轿车中央门锁控制系统电路示意。

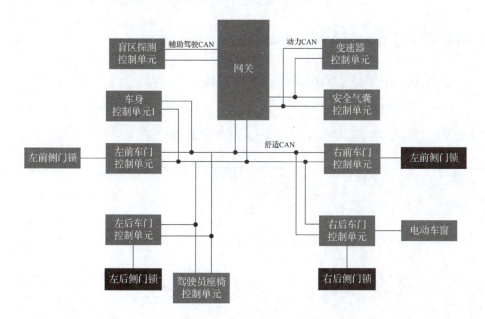

图 2-73　红旗车型中央门锁控制系统

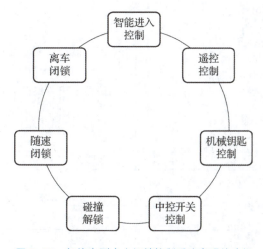

图 2-74　红旗车型中央门锁控制系统实现的功能

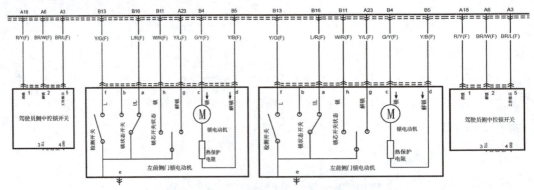

图 2-75 为红旗 H5 轿车中央门锁控制系统电路示意

■ 任务 2.5.2.3 分析卡罗拉车型中央门锁电路原理图

一、工作表：卡罗拉车型中央门锁电路识图

（1）分析卡罗拉车型中央门锁电路，指出中央门锁电路包括哪些部件。

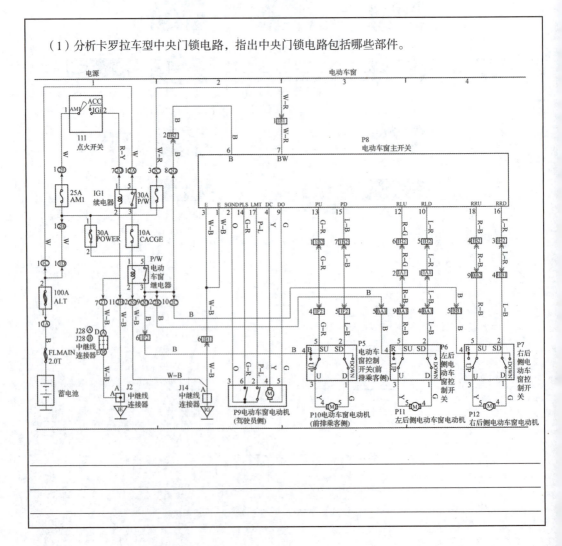

（2）分析卡罗拉车型中央门锁电路，在上图中画出中央门锁的闭锁电路，并记录下来。

（3）在实训台架上，根据卡罗拉车型中央门锁电路原理图，将各个部件通过导线连接起来，并记录连接过程中遇到的问题。

二、参考信息

卡罗拉车型中央门锁电路原理图如图 2-76 所示。

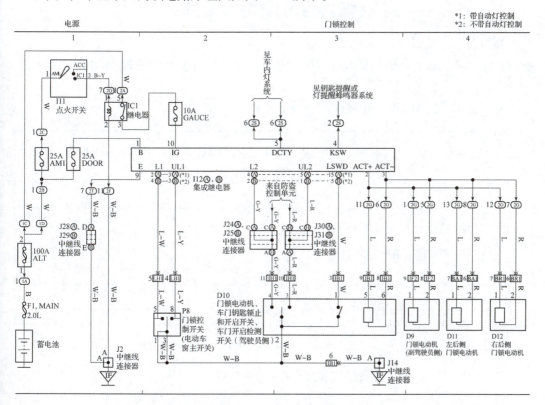

图 2-76　卡罗拉车型中央门锁电路原理图

卡罗拉车型中央门锁工作电路如下。

（1）集成继电器供电电路：蓄电池+→ALT（100 A）→25 A（DOOR）→集成继电器端子 B→端子 E→中继线接器 J2→搭铁。

（2）闭锁电路：将门锁电动机、车门钥匙锁止和开启开关、车门开启检测开关（驾驶员侧）D10 旋向闭锁位置，触点 2 和触点 3 接触。电路为集成继电器端子 UL2→中继线连接器 J30 → D10 触点 3 → D10 触点 2 → 中继线连接器 J14 → 搭铁，此时，UL2 端子电位下降为 0。

门锁电动机供电电路：集成继电器 ACT+ → D10、D9、D11、D12 → ACT- 集成继电器 → 搭铁，门锁闭锁。

（3）解锁电路：将门锁电动机、车门钥匙锁止和开启开关、车门开启检测开关（驾驶员侧）D10 旋向闭锁位置，触点 2 和触点 4 接触。电路为集成继电器端子 UL2 → 中继线连接器 J30 → D10 触点 4 → D10 触点 2 → 中继线连接器 J14 → 搭铁，此时，L2 端子电位下降为 0。

门锁电动机供电电路：集成继电器 ACT- → D10、D9、D11、D12 → ACT+ 集成继电器 → 搭铁，门锁闭锁。

任务 2.5.3　测量与诊断

■ 任务 2.5.3.1　应用诊断仪和示波器读取中央门锁开关数据流和波形图

一、工作表：应用诊断仪读取中央门锁开关数据流

（1）用诊断仪读取实训车辆中央门锁开关在不同位置时的数据流，并将结果记录下来。

（2）诊断仪读取测量值的控制单元是_____。

（3）记录诊断仪读取测量值的过程。

二、参考信息

下面介绍中央门锁开关数据流和波形图的读取过程。

根据迈腾轿车的中央门锁电路示意分析可知，驾驶员侧车门对应开关有中央门锁按键 E308、旋转锁闩 F2、车门锁 F243、车门锁中的按键 F241，如图 2-77 所示。

应用诊断仪 VAS6150 读取中央门锁开关 E308 的数据流和波形图。操作驾驶员侧车内上锁按键，数据流和波形图分别显示，如图 2-78 所示，当驾驶员侧车内上锁按键处于空挡位置，即不操作状态时，数据流显示为"未开动"；当驾驶员侧车内上锁按键处于解锁位置时，数据流显示为"车门解锁"；当驾驶员侧车内上锁按键处于锁止位置时，数据流显示为"锁止车门"。

模块二　电动车窗和中央门锁的检测与维修

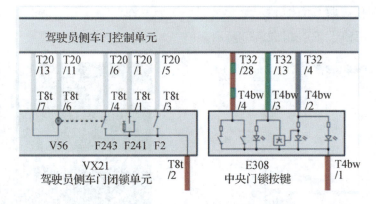

图 2-77　迈腾车型中央门锁输入信号电路示意

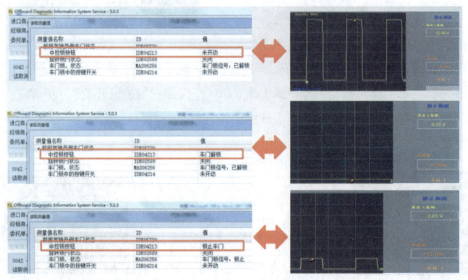

图 2-78　中央门锁按键 E308 的数据流和波形图

应用诊断仪读取中央门锁开关旋转锁闩 F2 的数据流。操作旋转锁闩，数据流显示"关闭"和"已打开"两种状态，如图 2-79 所示。

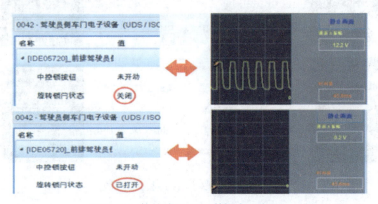

图 2-79　旋转锁闩 F2 的数据流和波形图

应用诊断仪读取车门锁 F243 的数据流,显示"车门锁信号:锁止"和"车门锁信号:已解锁"两种状态,如图 2-80 所示。

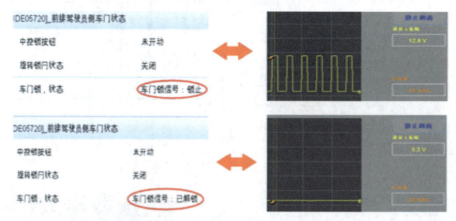

图 2-80　车门锁 F243 的数据流和波形图

应用诊断仪读取车门锁中的按键 F241,即机械锁开关的数据流和波形图。如图 2-81 所示,当未操作机械钥匙时,数据流显示"车门锁中的按键开关:未开动";当用机械钥匙开锁时,数据流显示"车门锁中的按键开关:打开";当用机械钥匙闭锁时,数据流显示"车门锁中的按键开关:关闭"。

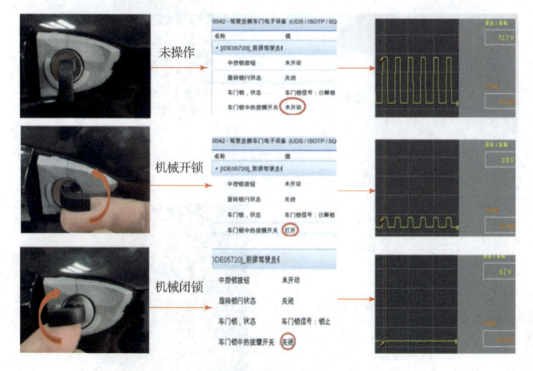

图 2-81　机械锁开关 F241 的数据流和波形图

任务 2.5.3.2　应用诊断仪进行执行元件诊断

一、工作表：应用诊断仪进行执行元件诊断

（1）用诊断仪进行中央门锁执行元件诊断，并将结果记录下来。

（2）诊断仪执行元件诊断的控制单元是_____。

二、参考信息

通过诊断仪对驾驶员侧车门中央门锁电动机 V56 进行诊断，通过示波器可以看出驾驶员侧车门中央门锁电动机在解锁和锁止时的波形图，如图 2-82 所示。

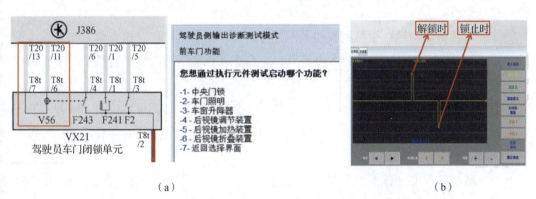

图 2-82　驾驶员侧车门中央门锁电动机 V56 诊断及波形图
（a）驾驶员侧车门中央门锁电动机 V56；（b）数据测量值及波形图

任务 2.5.4　排除故障

一、工作表：排除故障并检查车辆

（1）排除故障。

（2）重新检查中央门锁，看是否还有故障。

二、参考信息

排除故障后,重新检查车辆。

【任务拓展】

大众车型中央门锁简单故障分析如下。

故障 1:当按下遥控器按键,转向灯不闪,门锁也不动作。

故障分析:

按下遥控器按键,观察遥控器指示灯是否点亮,若不点亮,请更换电池。

若遥控器指示灯正常,确认是否在有效距离内或附近是否有强干扰,如电厂等。

若遥控器在近距离内仍不起作用,请确认车身电瓶电量是否充足。

故障 2:遥控控制正常,中央控制不正常。

故障分析:

检查驾驶员侧按键可否控制其他车门打开、关闭;若不可以,检查副驾驶员侧按键可否控制其他车门打开、关闭;若也不可以,则更换控制器后再试;若仍不正常,请检查线束。

若单侧按键可以控制其他车门打开、关闭,而另一侧按键不可以控制,则先更换不能控制车门打开、关闭一侧的五线门锁;若仍不能控制,则更换控制器后再试;若仍不正常,则检查线束。

若出现单侧只能开(或关)锁而不能关(或开)锁,而另一侧控制正常时,则先更换五线门锁;若仍不能正常控制其他门锁,则更换控制器后再试;若仍不正常,则检查线束。

故障 3:按下遥控器按键,门锁动作正常,转向灯不亮或单侧不亮。

故障分析:

将转向灯开关打开,确认转向灯及线束是否有问题;若无问题,更换控制器后再试;若仍不正常,则检查线束。

故障 4:按下遥控器按键,门锁不动作,转向灯正常。

故障分析:

操作驾驶员侧或副驾驶员侧按键,观察是否可以控制其他车门打开、关闭,若可以,则更换控制器;若中央控制也不正常,则更换控制器后再试;若仍不正常,则检查线束。

故障 5:遥控开锁后,室内灯不亮。

故障分析:

检查室内灯开关的挡位是否正确;若正确,打开车门,查看室内灯是否点亮;若室内灯未点亮，则更换控制器后再试；若仍不正常，则检查线束。

【参考书目】

1. 《汽车舒适与安全系统检修》（北京理工大学出版社）；
2. 《捷达汽车维修手册》；
3. 《速腾汽车维修手册》；
4. 《迈腾汽车维修手册》；
5. 《卡罗拉汽车维修手册》。

学生笔记：

模块二测试题及答案请扫描以下二维码。

模块二测试题

模块二测试题答案

模块三 电动后视镜、电动座椅的检测与维修

任务 3.1 电动后视镜、电动座椅的使用

【任务信息】

任务 3.1　电动后视镜、电动座椅的使用			
任务难度	初级	参考学时	2 学时
案例导入	一位车主来到 4S 店，咨询针对不同驾驶员应如何快速设置电动座椅和电动后视镜的位置。		
能力目标	知识	1. 能够了解电动后视镜与电动座椅的结构与原理； 2. 能够认识电动后视镜与电动座椅开关的功能； 3. 能够掌握电动后视镜与电动座椅记忆功能设置的方法	
	技能	能够熟练操作电动后视镜与电动座椅的开关和进行个性化设置	
	素质	1. 能够展示操作成果； 2. 能够与团队成员协作完成任务	
任务 3.1 PPT				

【任务流程】

[任务准备]

课前预习内容请扫描二维码，进行线上学习。

任务 3.1 任务准备

[任务实施]

任务 3.1.1　汽车电动后视镜与电动座椅的操作与使用方法

一、工作表：汽车电动后视镜与电动座椅的操作与使用方法

（1）指出下图中挡位名称，解释其功能。

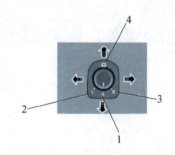

① 1——_____；2——_____；3——_____；4——_____。
② 功能：

（2）操作实训车辆，填写下表。

挡位位置	电动后视镜状态
O	
L	
R	
🖳	

（3）指出下图所示位置名称，解释其功能。

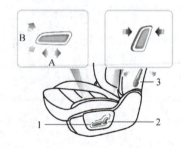

① 1——_____；2——_____；3——_____。
② 功能：

180

二、参考信息

（一）电动后视镜与电动座椅操作开关

（1）电动后视镜操作开关。汽车上的电动后视镜位置直接关系到驾驶员能否观察到车后的情况，与行车的安全性有着密切联系。电动后视镜可通过开关进行调整，操作十分方便。

电动后视镜操作开关如图 3-1 所示。

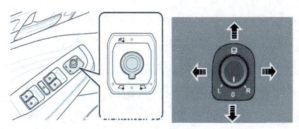

图 3-1　电动后视镜操作开关

电动后视镜操作开关位于驾驶员侧电动车窗调节组合开关附近。当旋钮位于"O"位置时，电动后视镜开关处于关闭位置；当旋钮位于"L"位置时，调整左侧电动后视镜位置；当旋钮位于"R"位置时，调整右侧电动后视镜位置；当旋钮位于" "位置时，折叠电动后视镜。某些车型的电动后视镜带有加热功能，在电动后视镜的操作开关上有相应位置标识。当旋钮置于"L"或"R"位置时，旋钮可以上下、左右拨动，实现电动后视镜上下、左右位置的调节。

（2）电动座椅操作开关。电动座椅以电动机为动力，通过传动装置和执行机构来调节座椅的各种位置，为驾驶员提供便于操作、舒适而又安全的驾驶位置，为乘员提供不易疲劳、舒适而又安全的乘坐位置。

电动座椅有 8 种调节功能，分别为座椅前、后调节，座椅上、下调节，座椅前部的上、下调节，靠背的倾斜角度调节和腰部支撑调节等。

电动座椅操作开关如图 3-2 所示。

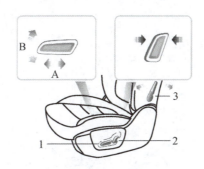

图 3-2　电动座椅操作开关
1—沿 A 方向推动可实现座椅前、后调节；沿 B 方向推动可实现座椅前部的上、下调节；
2—前后推动可调节靠背倾斜角度；3—拨动手柄 3，可实现腰部支撑调节

（二）红旗 E-HS3 轿车的电动后视镜与电动座椅

1. 红旗 E-HS3 轿车的电动后视镜操作开关

红旗 E-HS3 轿车的电动后视镜操作开关如图 3-3 所示。当电动后视镜操作开关位于图 3-3（a）中 1 或 2 位置时，驾驶员可调节左侧电动后视镜的位置。电动后视镜调节方向如图 3-3（b）所示，可以实现上、下/左、右 4 个方向的调节。当电动后视镜操作开关位于 3 或 4 位置时，可以实现电动后视镜的折叠与加热功能。

对电动后视镜进行操作需要注意以下事项。

（1）当调节电动后视镜位置时，点火开关应位于"ON"挡，且车辆处于驻车模式，尽量避免在行车过程中调节电动后视镜。

（2）当使用电动后视镜的折叠与加热功能时，点火开关应位于"ON"挡。在寒冷天气下，电动后视镜可能被冻结，若此时使用电动后视镜的折叠功能，电动后视镜可能无法自动折叠或展开。在此情况下，需要先清除电动后视镜上的冰雪，然后手动操作电动后视镜即可。

红旗 E-HS3 轿车电动后视镜操作

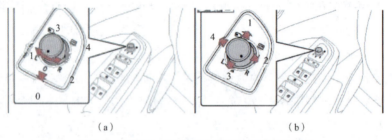

图 3-3　红旗 E-HS3 轿车的电动后视镜操作开关
（a）挡位位置；（b）电动后视镜调节方向

2. 红旗 HS5 轿车的电动座椅操作开关

红旗 HS5 轿车的电动座椅具有腰部支撑凸起、腰部支撑凹陷、腰部支撑上移、腰部支撑下移、座椅前移、座椅后移、座椅前部上升、座椅前部下降、座椅上升、座椅下降、座椅靠背直起、座椅靠背后倾等功能。红旗 HS5 轿车的电动座椅操作开关如图 3-4 所示。

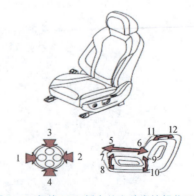

图 3-4　红旗 HS5 轿车的电动座椅操作开关

模块三　电动后视镜、电动座椅的检测与维修

对电动座椅进行操作需要注意以下事项。

（1）在车辆行驶过程中调整电动座椅时，切勿过度倾斜座椅，以免身体从腰部安全带滑出。如果座椅过度倾斜，那么腰部安全带可能会滑过髋部而直接勒住腹部或使肩部安全带触及颈部，一旦发生事故，就会增大人员伤害甚至死亡的可能性。

红旗 HS5 轿车电动座椅操作

（2）在调整电动座椅时，各调节部件需要锁定到位。若未锁定到位，一旦紧急制动或发生碰撞，就会导致座椅或座椅靠背意外移动，从而造成人身伤害。应尝试前后滑动座椅并晃动座椅靠背来确定已将其锁定到位。

任务 3.1.2　电动后视镜和电动座椅的记忆功能

一、工作表：电动后视镜和电动座椅的记忆功能设置

调节实训车辆电动后视镜与电动座椅的位置，利用记忆功能存储电动后视镜与电动座椅的位置，并完成下面的工作表。

（1）调节电动后视镜与电动座椅的位置，记录使用记忆功能的操作流程。

（2）当车辆蓄电池断电后，记忆功能失效，如何进行激活？

二、参考信息

在某些车型中，车辆具有记忆功能。记忆功能可实现电动后视镜、电动座椅与车载电脑连接在一起，把不同驾驶员根据个人情况调节的电动后视镜与电动座椅位置信息存储于车载电脑内，当驾驶员操作记忆按键或遥控单元时，车载电脑把电动后视镜与电动座椅恢复至驾驶员调节位置。电动座椅的记忆功能可以通过按键"M"实现，如图 3-5 所示，记忆功能的设定步骤如下。

（1）把电动座椅、电动后视镜调节到合适的位置。

（2）按下按键"M"，此时按键指示灯被点亮。

（3）在短时间内，按住按键"1"，直至按键"M"指示灯熄灭，并发出声音提醒。此时相关的位置信息就会记忆在按键"1"下面。

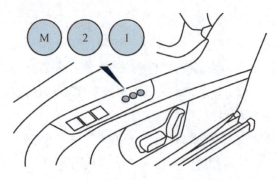

图 3-5 按键 "M"（记忆功能键）

红旗 E-HS3 轿车除了可以记忆电动后视镜与电动座椅的位置外，对于高配置的车辆还可以记忆转向盘的位置。红旗 E-HS3 轿车记忆功能的操作步骤为：调节好电动座椅、转向盘、电动后视镜的位置后，长按任一记忆功能按键 3 s 以上，听到仪表提示音后松开按键，位置信息将被记忆到该按键中，可同时记忆 3 组位置。

当蓄电池断电后，车辆的记忆功能需要进行初始化设置，否则将无记忆功能。红旗 E-HS3 轿车的记忆功能初始化流程为：把点火开关置于 "ON" 挡，同时按下按键 "1" 和 "3" 进行初始化设置，报警扬声器鸣响 1 声后表示初始化设置成功。

【任务拓展】

一、电动后视镜的结构

电动后视镜的结构如图 3-6 所示。电动后视镜的背后装有两套电动机和驱动器，可控制电动后视镜上下及左右转动。通常上下方向的转动由一个电动机控制，左右方向的转动由另一个电动机控制。通过改变电动机的电流方向，即可完成电动后视镜的上下及左右调节。

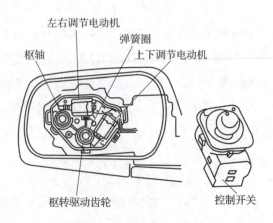

图 3-6 电动后视镜的结构

二、电动后座椅的结构

电动座椅一般由双向电动机、传动装置和座椅调节器等组成,如图3-7所示。

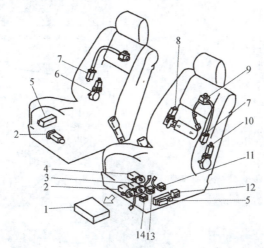

图3-7 电动座椅的结构

1—电动座椅控制单元；2—滑动电动机；3—前垂直电动机；4—后垂直电动机；5—电动座椅开关；6—倾斜电动机；7—头枕电动机；8—腰垫电动机；9—位置传感器（头枕）；10—倾斜电动机和位置传感器；11—位置传感器（后垂直）；12—腰垫开关；13—位置传感器（前垂直）；14—位置传感器（滑动）

（1）电动机。大多数电动座椅采用永磁式电动机（内装短路器），通过开关操作电动机按不同方向旋转，为电动座椅的调节机构提供动力。此类电动机多采用双向电动机，即电枢的旋转方向随电流方向的改变而改变，以达到调节座椅的目的。电动机的数量取决于电动座椅的类型，通常双向移动座椅装有2个电动机，四向移动座椅装有4个电动机，最多可达6个电动机。为了防止电动机过载，电动机内装有熔断丝，以确保电气设备安全。

（2）传动机构。电动机旋转运动，通过传动机构实现电动座椅的空间位置移动。

（3）高度调整机构。高度调整机构由蜗杆轴、蜗轮、芯轴等组成，如图3-8所示。调整时，蜗杆轴在电动机的驱动下，带动蜗轮转动，从而保证芯轴旋进或旋出，实现电动座椅的上升与下降。

（4）纵向调整机构。纵向调整机构由蜗杆、蜗轮、齿条、导轨等组成，如图3-9所示。齿条装在导轨上，调整时，电动机转矩经蜗杆传至两侧的蜗轮上，经导轨上的齿条，带动电动座椅前后移动。

【参考书目】

1. 《汽车舒适安全与信息系统检修》（北京理工大学出版社）；
2. 大众车型用户手册；
3. 红旗车型用户手册。

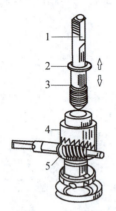

图3-8 高度调整机构
1—铣平面；2—止推垫片；3—芯轴；
4—蜗轮；5—挠性驱动蜗杆轴

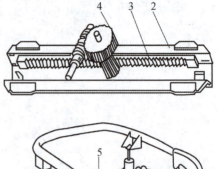

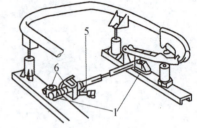

图3-9 纵向调整机构
1—支撑及导向元件；2—导轨；3—齿条；4—蜗轮；
5—反馈信号电位计；6—调整电动机

学生笔记：

___
___
___

模块三　电动后视镜、电动座椅的检测与维修

任务 3.2　控制单元控制的电动后视镜的故障诊断

【任务信息】

任务 3.2　控制单元控制的电动后视镜故障诊断			
任务难度	高级	参考学时	2 学时
案例导入	一位车主来到 4S 店，抱怨该车单侧电动后视镜不能调节。维修技术人员经过初步分析，确认是电动后视镜故障，还需要进一步检查开关、电动后视镜电动机及其相关线路		
能力目标	知识	1. 能够分析电动后视镜不工作的故障原因； 2. 能够识读与分析电动后视镜电路原理图； 3. 能够制订故障诊断计划流程	
	技能	1. 能够用专业诊断设备进行检测； 2. 能够根据计划排除故障	
	素质	1. 具有团队协作精神； 2. 具有严谨的工作态度； 3. 具有较强的服务意识	
任务 3.2 PPT			

【任务流程】

[任务准备]

对于车辆的电动后视镜，若出现电动后视镜不工作故障，则需要做哪些工作解决这个问题？若用诊断仪进行测量和故障诊断，需要用到诊断仪的哪些功能辅助诊断？请扫描二维码进行学习。

任务 3.2 任务准备

[任务实施]

任务 3.2.1　确认故障现象

工作表：故障现象的确认

（1）操作电动后视镜调节开关，将下表补充完整。

元件名称	元件状态			
右侧电动后视镜	向上调节 ☐正常　☐异常	向下调节 ☐正常　☐异常	向前调节 ☐正常　☐异常	向后调节 ☐正常　☐异常
左侧电动后视镜	向上调节 ☐正常　☐异常	向下调节 ☐正常　☐异常	向前调节 ☐正常　☐异常	向后调节 ☐正常　☐异常

（2）结合操作情况，描述故障现象。

任务 3.2.2　分析不同车型的电动后视镜电路原理图

一、工作表：不同车型电动后视镜电路识图

（1）下图为丰田皇冠车型电动后视镜电路，请在图中画出调整右侧电动机向下调节的电路。

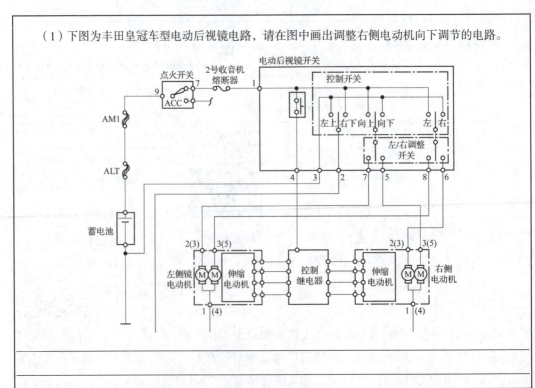

（2）下图为速腾车型电动后视镜电路，指出图中所示位置的元件名称，并解释电路原理。

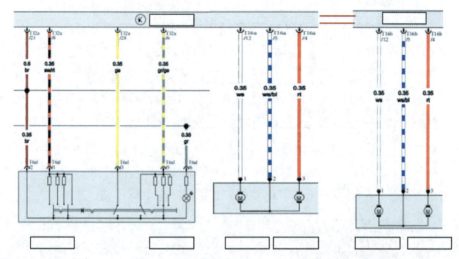

① 在图中画出调节驾驶员侧电动后视镜位置的电路。

② 在图中画出调节副驾驶员侧后视镜位置的电路。

（3）下图为红旗车型电动后视镜控制原理图，将图补充完整，解释副驾驶员侧电动后视镜动作信息传递路径。

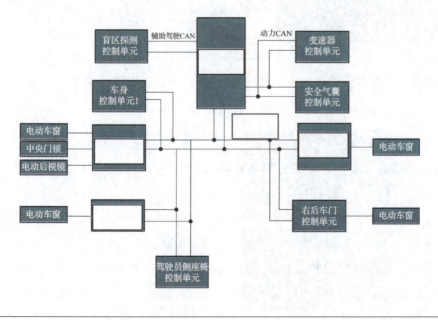

二、参考信息

（一）丰田皇冠车型电动后视镜控制系统电路图

汽车上的电动后视镜位置直接关系到驾驶员能否观察到车后的情况，与行车安全性有着密切联系。丰田皇冠车型（可伸缩式）电动后视镜控制系统电路图如图3-10所示。在进行调节时，首先通过左/右调节开关选择要调节的后视镜，如调节左侧后视镜时，开关打向左侧，此时开关分别与7、8节点接通，再通过控制开关即可进行该侧后视镜的上下或左右调节。如果进行向上调节，可将控制开关推向上侧，此时控制开关分别与向上节点、左向上节点结合。电路由蓄电池正极、熔断器、点火控制开关、向上节点左/右调节开关、7节点、左侧镜上下调节电动机、1节点、电动镜开关、2节点、控制开关、左上节点、电动镜开关、3节点、蓄电池负极形成回路，左侧镜上下调整电动机运转，完成调节过程。其他调节过程与以上调节过程类似，通过接通不同的开关即可完成。

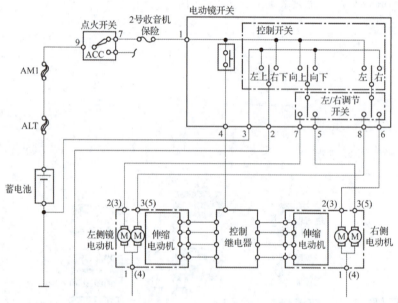

图3-10　丰田皇冠车型电动后视镜控制系统电路图

（二）速腾车型电动后视镜控制系统电路图

速腾车型电动后视镜控制系统电路图如图3-11所示。

速腾车型电动后视镜调节原理：开关E48通过3个不同的电阻与控制单元J386连接，控制单元J386采集到不同的电位信号，从而识别开关E48的"L""O""R"挡位。同理，控制单元J386识别开关E48的左、右、上、下调节意图。例如，调节副驾驶员侧电动后视镜的位置，E48、E43输入信号传输至控制单元J386，控制单元J386接收信号后经CAN总线网络传输至控制单元J387，控制单元J387接收信号并分析驾驶员意图，然后控制执行器V25、V150动作。

模块三　电动后视镜、电动座椅的检测与维修

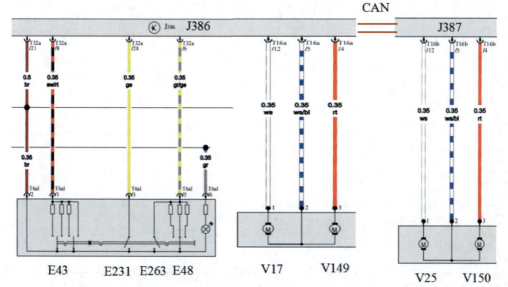

图 3-11　速腾车型电动后视镜控制系统电路图

J386—驾驶员侧车门控制单元；J387—副驾驶侧车门控制单元；E43—后视镜调节开关；E231—车外后视镜加热按键；E263—后视镜内折开关；E48—后视镜调节转换开关；V17—驾驶员侧后视镜调节电动机；V149—驾驶员侧后视镜调节电动机；V25—副驾驶员侧后视镜调节电动机；V150—副驾驶员侧后视镜调节电动机

（三）红旗车型电动后视镜控制系统原理

红旗车型电动后视镜控制系统属于中央门锁系统的一部分，其原理示意如图 3-12 所示。

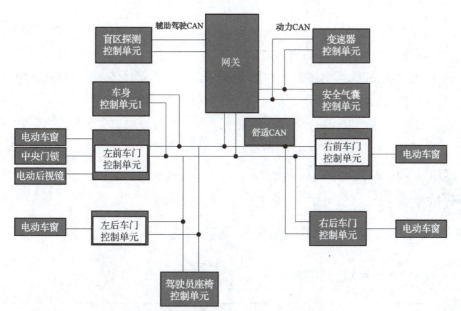

图 3-12　红旗车型电动后视镜控制系统原理示意

左、右两侧电动后视镜分别由左前车门控制单元与右前车门控制单元控制，电动后视镜挡位信息通过舒适 CAN 总线网络在两个控制单元之间传递。

191

任务 3.2.3　应用诊断仪和示波器进行诊断和测量

■ 任务 3.2.3.1　应用诊断仪读取故障码

一、工作表：应用诊断仪读取故障码

（1）针对实训车辆，用诊断仪读取故障码，并记录下来。
_____
_____

（2）诊断仪读取故障码的控制单元是：_____。
（3）记录用诊断仪读取故障码的过程。
_____
_____
_____

二、参考信息

下面以大众车型为例讲解用诊断仪读取电动后视镜故障码的流程。
（1）进入诊断仪诊断程序以后，找到驾驶员侧车门电子装置地址码42。
（2）单击鼠标右键，选择引导型功能，在驾驶员侧车门电子装置对话框中选择"读取/清除故障存储器"命令。
（3）在弹出的对话框中检测描述为：可以显示并删除故障存储器，关于驾驶员侧车门控制单元；检测前提条件：点火开关已打开。
（4）单击"完成/继续"按钮。在弹出的对话框中显示内容为：1-读取故障存储器和显示；2-清除故障存储器，读取和显示；3-退出检测程序。
（5）单击右侧的"1"按钮，就会显示驾驶员侧车门控制单元的故障码。若没有故障码，则显示故障存储器不存在任何记录。
在读取故障码的操作中，上述流程选择的是引导性功能，也可以选择自诊断功能读取故障码。

■ 任务 3.2.3.2　应用诊断仪读取电动后视镜开关数据流

一、工作表：读取电动后视镜开关数据流

（1）用诊断仪测量实训车辆电动后视镜开关在不同位置时的数据流，并将结果记录下来。
_____
_____

（2）诊断仪读取数据流的控制单元是：_____。
（3）记录用诊断仪读取数据流的过程。

二、参考信息

通过读取电动后视镜开关的数据流，可以判断电动后视镜开关状态是否正常。以大众车型为例，读取电动后视镜开关的数据流的流程如下。

（1）进入诊断仪诊断程序以后，找到驾驶员侧车门电子装置"地址码 42 驾驶员车门电子系统"，单击鼠标右键，选择引导型功能。

（2）在弹出的对话框中选择"读取测量值"命令，单击"执行"按钮。在弹出的对话框中显示"读取以下控制单元的所有测量值：J386 驾驶员侧车门控制单元"。

（3）在弹出的对话框中单击"完成/继续"按钮，在弹出的对话框中提示"- 将诊断插头连接在汽车上；- 打开点火开关"。

（4）单击"完成/继续"按钮后，在弹出的选择测量值对话框中选择要读取的测量值，即"电动后视镜开关"测量值。单击"确定"按钮，就会弹出读取测量值对话框，单击"开始更新"按钮，则该测量值就会随着电动后视镜开关的操作过程而更新。

■ 任务 3.2.3.3 应用诊断仪进行执行元件诊断

一、工作表：应用诊断仪进行执行元件诊断

（1）用诊断仪进行电动后视镜执行元件诊断，并将结果记录下来。

（2）诊断仪执行元件诊断的控制单元是：_____。
（3）记录用诊断仪进行执行元件诊断的过程。

二、参考信息

当在诊断仪上使用"执行元件"功能时，可以触动电动后视镜电动机动作，若未有

动作,则电动后视镜电动机自身可能存在故障。以大众车型为例,电动后视镜执行元件诊断的操作流程如下。

(1)进入诊断仪诊断程序以后,找到驾驶员侧车门电子装置"地址码42驾驶员车门电子系统",单击鼠标右键,选择引导性功能。

(2)在弹出的对话框中选择"执行元件诊断"命令,单击"执行"按钮。

(3)在弹出的对话框中选择执行器——电动后视镜电动机,观察电动后视镜电动机动作,若未响应,则电动后视镜电动机自身可能存在故障。

■ 任务3.2.3.4 电动后视镜不工作的故障诊断与排除

一、工作表：电动后视镜不工作的故障诊断与排除

(1)检修电动后视镜不工作故障,记录检修步骤。

①操作电动后视镜调节开关,确认故障现象,完成下表。

元件名称	元件状态			
右侧电动后视镜	向上调节 □正常 □异常	向下调节 □正常 □异常	向左调节 □正常 □异常	向右调节 □正常 □异常
左侧电动后视镜	向上调节 □正常 □异常	向下调节 □正常 □异常	向左调节 □正常 □异常	向右调节 □正常 □异常

②故障现象描述：连接诊断仪,记录故障码与数据流

项目	诊断信息
故障码	
电动后视镜转换开关数据流	
电动后视镜调节开关数据流	

(2)画出电动后视镜的电路简图。

（3）分析可能故障原因。

在可能的故障原因处打"√"：□熔断器；□电路；□控制单元；□蓄电池；□点火开关；□电动后视镜调节开关；□电动后视镜转换开关；□电动后视镜电动机。

（4）制订故障诊断排除计划。

（5）按照计划排除故障，记录测量值。

元件	项目	引脚电压
电动后视镜调节开关	向上调节	
	向下调节	
	向左调节	
	向右调节	
电动后视镜转换开关	"O"	
	L	
	R	
电动后视镜电动机	向上调节	
	向下调节	
电动后视镜电动机	向左调节	
	向右调节	

（6）诊断结论。

（7）谈谈感想与收获。

二、参考信息

电动后视镜常见故障包括所有电动后视镜均不能调节、某侧电动后视镜不能调节或只能向一个方向运动等几种类型。

(1)所有电动后视镜均不能调节故障的原因及排除。

① 原因。熔断器断路、线束故障、控制单元故障、开关故障等。

② 排除。可以首先检查熔断器是否断路，若熔断器良好，则检查开关和电路是否良好，最后检查控制单元自身、供电与接地是否良好。

(2)某侧电动后视镜不能调节故障的原因及排除。

① 原因。熔断器断路、线束故障、控制单元故障、开关故障、车载网络故障等

② 排除。对于单侧故障来说，首先检查该侧供电熔断器是否断路，检查开关是否良好，检查控制单元供电或接地，检查车载网络，检查控制单元自身故障。

■ 任务3.2.3.5 排除故障

一、工作表：排除故障并检查车辆

(1)排除故障。

(2)重新检查电动后视镜，看是否还有故障。

二、参考信息

在排除故障之后，需要检查车辆状况，并确认状况良好，然后与车主说明车辆维修情况。

【任务拓展】

后视镜对车辆安全行驶具有重要的作用。传统后视镜具有自身的局限性：一是传统后视镜一般只能观察是否有来车，而不能准确判断车距，并且有一定的视觉盲区；二是传统后视镜易受极端天气的影响，在大量降水、降雪、温度骤降时，传统后视镜模糊起雾，行车视线容易被阻隔，影响驾驶安全。

随着空气动力学以及摄像头技术的发展，视觉盲区和风阻方面的问题凸显，传统后视镜开始面临挑战，虚拟后视镜随之诞生。虚拟后视镜由高像素摄像头、图像传感器、

成像处理器、显示屏等零部件组成，如图 3-13 所示。在奥迪 e-tron 与雷克萨斯 ES 等车型中，已经尝试应用虚拟后视镜技术。

图 3-13　虚拟后视镜

虚拟后视镜的主要优势体现在以下方面。

（1）提高驾驶员后方视野，改善视野盲区。虚拟后视镜最重要的优势就是改善视野盲区，使视角变得更加灵活，从车内观察车外时视线遮挡面积变小，带来更广阔的视觉覆盖面积。

（2）减弱外界环境的干扰，增强后视镜的适应性。虚拟后视镜的适应性更强，可以应对多种天气状况，不受雨水滴挂后视镜和车窗的影响。同时在夜间或者光线不足的外部情况下，虚拟后视镜还可以自动调节亮度，视野更加清晰。

【参考书目】

《汽车舒适安全与信息系统检修》（北京理工大学出版社）

学生笔记：

模块三 电动后视镜、电动座椅的检测与维修

任务 3.3 电动座椅不能调节的故障诊断

【任务信息】

任务 3.3　电动座椅不能调节的故障诊断			
任务难度	高级	参考学时	2 学时
案例导入	一位车主来到 4S 店，抱怨该车的电动座椅不能向前移动。维修人员经诊断，发现该问题是由电动座椅的电气故障所致，还需要进一步检查电动座椅调节开关、电动座椅电动机及其相关电路。		
能力目标	知识	1. 能够分析电动座椅不工作的故障原因； 2. 能够识读与分析电动座椅电路原理图； 3. 能够制订故障诊断计划	
	技能	1. 能够用专业诊断设备进行检测； 2. 能够根据计划排除故障	
	素质	1. 具有团队协作精神； 2. 具有严谨的工作态度； 3. 具有较强的服务意识	
任务 3.3 PPT			

【任务流程】

[任务准备]

针对车辆的电动座椅，若出现电动座椅不工作的故障，则需要做哪些工作解决这个问题？若用诊断仪进行测量和故障诊断，需要用到诊断仪的哪些功能辅助诊断？请扫描二维码进行学习。

任务 3.3 任务准备

[任务实施]

任务 3.3.1　确认故障现象

操作实训车辆的电动座椅调节开关,完成下面的工作表。

工作表:确认故障现象

(1)操作电动座椅调节开关,完成下表。

元件名称	电动座椅状态	
电动座椅 前后调节开关	向前调节 □正常　□异常	向后调节 □正常　□异常
电动座椅 上下调节开关	向上调节 □正常　□异常	向下调节 □正常　□异常
电动座椅靠背 倾斜度调节开关	向前调节 □正常　□异常	向后调节 □正常　□异常

(2)结合操作情况,描述故障现象。

任务 3.3.2　分析不同车型的电动座椅电路原理图

一、工作表:不同车型的电动座椅电路识图

(1)下图为电动座椅调节原理图,请在图中画出座椅前部上升电路。

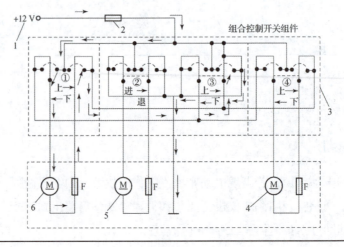

（2）下图为速腾车型电动座椅电路，指出图中所示位置元件名称，并在图中画出驾驶员侧电动座椅靠背调节电路图。

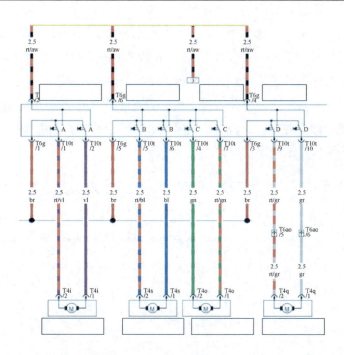

（3）下图为红旗车型电动座椅控制原理图，补充完成下图，解释驾驶员侧电动座椅调节的原理。

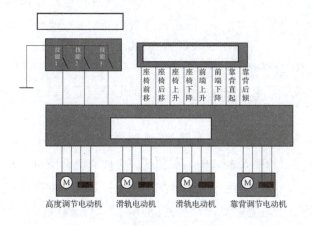

二、参考信息

（一）电动座椅的工作原理及调节

电动座椅的控制电路示意如图3-14所示，它主要由蓄电池、组合控制开关和3个电动机等组成。组合控制开关内部有4套开关触点，驾驶员或乘员通过控制开关上的按键来调节电动座椅的位置。

电动座椅最常用的形式是使用3个电动机实现电动座椅6个不同方向的位置调整：上、下、前、后、前倾、后倾。3个电动机分别称为前高度调节电动机、后高度调节电动机与前后移动电动机。用这3个电动机控制电动座椅的前部高度、后部高度以及前后移动，实现电动座椅位置调节，基本控制电路如图3-14所示。组合控制开关通过控制电动机的搭铁和与电源的连接，使3个电动机按所需的方向旋转。

当组合控制开关置于上或下位置时，前、后高度调节电动机同时旋转；当组合控制开关置于前倾或后倾位置时，只有一个高度调节电动机旋转；当组合控制开关置于前移或后退位置时，前后移动电动机旋转。

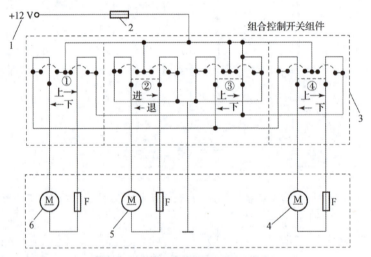

图3-14 电动座椅的控制电路示意

1—蓄电池；2—熔断器；3—组合控制开关；4—后高度调节电动机；5—前后移动电动机；6—前高度调节电动机

座椅前倾的调节实际上就是座椅前部垂直的上下调节。以座椅前倾调节为例，其电路原理如下：

（1）电动座椅前部上升电路。前部上升电路如图3-15所示。如需要电动座椅前部垂直上升，可接通组合控制开关3中的前倾开关，此时电路中电流的流动方向：电流由蓄电池1的正极→熔断器2→组合控制开关中①左侧触点→前高度调节电动机6→熔断器→组合控制开关中①右侧触点→组合控制开关中③右侧触点→搭铁→蓄电池1的负极，构成闭合回路，前高度调节电动机6转动，电动座椅前部垂直上升。

（2）电动座椅前部下降电路。此时电路中电流的方向：电流由蓄电池1的正极→熔断器 2→组合控制开关中①右侧触点→熔断丝→前高度调节电动机 6→组合控制开关中①左侧触点→组合控制开关中③左侧触点→搭铁→蓄电池 1 的负极，构成闭合回路，前高度调节电动机 6 反转，电动座椅前部垂直下降。

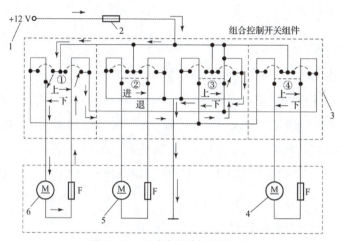

图 3-15　电动座椅前部上升电路
1—蓄电池；2—熔断器；3—组合控制开关；4—后倾电动机；5—前后移动电动机；6—前高度调节电动机

（二）速腾车型的电动座椅电路原理图

图 3-16 所示为速腾车型的电动座椅电路原理图。

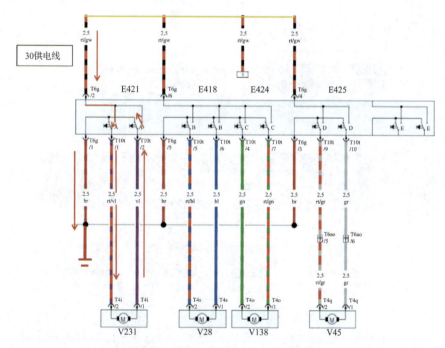

图 3-16　速腾车型的电动座椅电路原理图
E418—电动座椅纵向调节按键；E421—电动座椅靠背倾斜度调节按键；E424—电动座椅高度调节按键；
E425—电动座椅靠背调节按键；V28—驾驶员侧电动座椅纵向调节电动机；V45—驾驶员侧电动座椅靠背调节开关；
V138—驾驶员侧电动座椅高度调节电动机；V231—电动座椅靠背倾斜度调节电动机

以电动座椅前后（纵向）调节为例，电流流向如图 3-16 所示，从 30 供电线→E421 左侧开关→V231 T4i/2 引脚→V231 T4i/1 引脚→E421 右侧开关→电源负极，电动机旋转，电动座椅向前或向后调节。若 E421 反方向波动，则电流反向流动，电动机反方向转动，电动座椅调节方向相反。

（三）红旗车型的电动座椅控制系统原理

红旗车型的电动座椅控制系统原理示意如图 3-17 所示。

驾驶员侧电动座椅控制单元安装在驾驶员侧电动座椅下方，用于实现驾驶员侧电动座椅的八向调节与电动座椅、转向盘、后视镜位置存储及输出（电动座椅记忆）等功能。

（1）电动座椅调节功能。以电动座椅前移调节为例，当操作电动座椅前移调节开关时，前移调节信号由信号线传递给驾驶员侧电动座椅控制单元，驾驶员侧电动座椅控制单元处理信号并形成电动机控制指令，控制指令通过信号线传递给滑轨电动机，滑轨电动机执行控制指令，滑轨电动机转动使座椅向前移动。

（2）电动座椅记忆功能。驾驶员根据个人情况调节电动座椅至合适位置，按下电动座椅记忆功能按键，例如 1 号位置按键，此时驾驶员侧电动座椅控制单元存储电动座椅位置信息。当驾驶员再次按下记忆功能按键"1"时，驾驶员侧电动座椅控制单元接收此信息并查询电动座椅位置信息，控制电动机动作使电动座椅达到驾驶员设定位置。

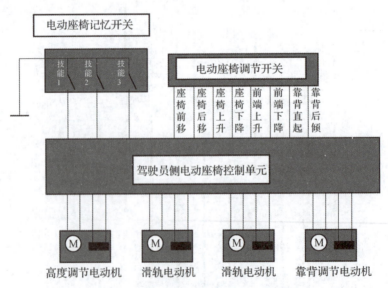

图 3-17　红旗车型电动座椅控制系统原理示意

左、右两侧电动后视镜分别由左前车门控制单元与右前车门控制单元控制，电动后视镜挡位信息通过舒适 CAN 总线网络在两个控制单元之间传递。

任务 3.3.3　电动座椅不能调节的故障诊断与检测

■ 任务 3.3.3.1　电动座椅不能调节的故障诊断与检测

一、工作表：故障诊断与检测

（1）针对实训车辆，操作电动座椅开关，记录故障现象。

（2）对于带有驾驶员侧电动座椅控制单元的车辆，连接诊断仪器，记录故障码与数据流。

项目	诊断信息
故障代码	
电动座椅操作开关数据流	

（3）画出电动座椅电路简图。
（4）分析可能故障原因。
　　在可能的故障原因处打"√"：□电路；□控制单元；□蓄电池；□点火开关；□电动座椅调节开关；□电动机。
（5）制订故障诊断排除计划。

（6）按照计划排除故障，记录测量值。

（7）诊断结论。

（8）谈谈感想与收获。

二、参考信息

（一）电动座椅常见故障

电动座椅常见故障有如下几种。

（1）电动座椅完全不能调节。

① 原因。熔断器断路、电路断路、电动座椅开关有故障等。

② 排除。可以首先检查熔断器是否断路，若熔断器良好，则应检查电路连接是否正常，最后检查开关。对于有存储功能的电动座椅系统，还应检查控制单元的电源电路和搭铁线是否正常，若开关、电路等都正常，应检查控制单元。

（2）电动座椅在某个方向不能调节。

① 原因。该方向对应的电动机损坏，开关、连接导线断路。

② 排除。先检查电路是否正常，再检查开关和电动机。

（二）电动座椅读取故障码与数据流的操作流程

（1）读取故障码。以大众车型为例，读取电动座椅的故障码的操作流程如下。

① 进入诊断仪诊断程序以后，找到驾驶员侧电动座椅控制单元 J810。

② 单击鼠标右键，选择引导型功能，在驾驶员侧电动座椅控制单元的对话框中选择"读取/清除故障存储器"命令。

③ 在弹出的对话框中检测描述为：可以显示并删除故障存储器，关于驾驶员侧电动座椅控制单元；检测前提条件：点火开关已打开。

④ 单击"完成/继续"按钮。在弹出的对话框中显示内容为：1-读取故障存储器和显示；2-清除故障存储器，读取和显示；3-退出检测程序。

⑤ 单击右侧的"1"按钮，就会显示驾驶员侧电动座椅控制单元的故障码，若没有故障码，则会显示故障存储器不存在任何记录。

在读取故障码的操作中，上述流程选择的是引导性功能，也可以选择自诊断功能读取故障码。

（2）读取数据流。通过读取电动座椅开关的数据流，可以判断电动座椅开关状态是否正常。以大众车型为例，读取电动座椅开关数据流的操作流程如下。

① 进入诊断仪诊断程序以后，找到驾驶员侧电动座椅控制单元，单击鼠标右键，选择引导型功能。

② 在弹出的对话框中选择"读取测量值"命令，单击"执行"按钮。在弹出的对话框中显示"读取以下控制单元的所有测量值"。

③ 在弹出的对话框中单击"完成/继续"按钮，在弹出的对话框中提示"-将诊断插头连接在汽车上；-打开点火开关"。

④ 单击"完成/继续"按钮后,在弹出的选择测量值对话框中选择要读取的测量值,即"电动座椅开关"测量值。单击"确定"按钮,就会弹出读取测量值对话框,单击"开始更新"按钮,则该测量值会随着电动座椅开关的操作过程而更新。

■ 任务 3.3.3.2　排除故障

一、工作表：排除故障并检查车辆

(1)排除故障。

(2)重新检查电动座椅,看是否还有故障。

二、参考信息

在排除故障之后,需要检查车辆状况,确认状况良好,然后与车主说明车辆维修情况。

【任务拓展】

一、座椅迎宾功能

座椅迎宾功能是指在打开车门或闭锁车门时,座椅自动向后挪动到最后端或起动车辆时座椅回到之前设置的驾驶位置。此功能的激活与关闭可在音响系统的车辆设置界面中设置。

座椅迎宾功能包括自动退让和自动回位。

(1)自动退让:关闭电源(点火)开关,打开左前门,座椅和转向盘自动向后移动至最大行程处,以方便驾驶员下车。

(2)自动回位:打开电源(点火)开关,座椅和转向盘自动回复至离车前的位置。

二、座椅环境控制功能

某些红旗车型具有座椅环境控制功能,用于实现驾驶员和副驾驶员侧座椅通风、加热功能的管理,后排座椅的加热功能的管理等。座椅环境控制系统原理示意如图 3-18 所示。

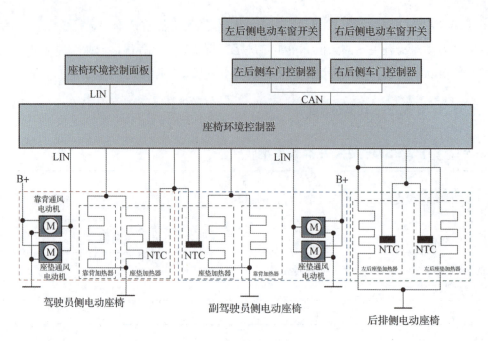

图 3-18 座椅环境控制系统原理示意

【参考书目】

《汽车舒适与安全系统检修》(高等教育出版社)

学生笔记:

模块三测试题及答案请扫描以下二维码。

模块三测试题

模块三测试题答案

模块四　被动安全系统的检测与维修

任务 4.1　认识被动安全系统

【任务信息】

任务 4.1　认识被动安全系统				
任务难度	初级	参考学时		2 学时
案例导入	\multicolumn{4}{l|}{任务 4.1：一位客户选购车辆，咨询销售顾问如何区分不同车辆的安全性能，销售顾问需要向客户介绍车辆被动安全系统的专业知识。 任务 4.2：一位客户家里有 3 岁的儿童，咨询销售顾问儿童座椅的相关事项，销售顾问需要向客户介绍儿童座椅的分类、安全使用等知识。 任务 4.3：一位客户抱怨当车速超过 10km/h 以后，突然有被勒紧的感觉，维修技术人员需要用安全带的专业知识来解释此现象产生的原因}
能力目标	知识	\multicolumn{3}{l|}{1. 了解被动安全系统碰撞标准； 2. 掌握被动安全系统的组成与功能}
	技能	\multicolumn{3}{l|}{能够查找与区别不同的被动安全部件}
	素质	\multicolumn{3}{l|}{1. 能够展示操作成果； 2. 能够与团队成员协作完成任务； 3. 具有较强的服务意识}
任务 4.1 PPT	\multicolumn{4}{c|}{}

【任务流程】

[任务准备]

关于被动安全系统，请扫描二维码进行学习。

任务 4.1 任务准备
（安全系统）

[任务实施]

任务 4.1.1　认识安全气囊

一、工作表：认识安全气囊

（1）按照不同的分类方式，安全气囊可以分成不同的类型，请将以下信息补充完整。
① 按安全气囊大小分类：

② 按保护对象分类：

③ 按安全气囊数量分类：

（2）结合实训车辆，指出图中所示各部分的名称。

1——_____；2——_____；3——_____；
4——_____；5——_____。

（3）说明常见碰撞标准的特点。
① NHTSA：

② Euro NCAP：

③ C-NCAP：

二、参考信息

（一）乘员保护系统

汽车的安全性主要分为两大类，一类叫作"主动性安全"，另一类叫作"被动性安全"。因此，从汽车安全性的角度来说，乘员保护系统可以分为主动安全系统与被动安全系统。

被动安全系统的组成

凡是能尽量阻止事故发生的安全装置都属于主动安全系统。主动安全系统可防患于未然，主要包括良好性能的悬架系统、转向系统、制动系统以及牵引力强劲的发动机。例如，防抱死系统 ABS、驱动防侧滑调节系统 ASR、电子稳定性调节系统 ESP、电子制动力分配系统 EPB、自适应巡航系统 ACC、电子差速器锁止系统 EDS 等。另外清晰的视野、舒适的座椅、良好的空调装置以及简洁明了的操作和显示元件能够帮助驾驶员保持良好的状态，也属于主动安全系统的组成部分。

被动安全系统是指在发生事故时所有用于防止乘员受伤或者降低受伤危害程度的安全装置。尤其在发生碰撞时，被动安全系统除了进行乘员保护之外，还能在发生事故时兼顾对其他车辆和行人的保护。目前车辆被动安全系统部件主要包括安全气囊、安全带、安全带预紧器、安全带限力器、主动式头枕、儿童座椅、蓄电池断开元件等。

（二）安全气囊系统

安全气囊系统（Supplemental Restraint System，SRS）也称作辅助乘员保护系统。它是一种在汽车遭到冲撞而急剧减速时能很快膨胀的缓冲垫。它通常与座椅安全带配合使用，可以为乘员提供十分有效的防撞保护。当汽车发生碰撞时，迅速在乘员和汽车内部结构之间打开一个充满气体的袋子，使乘员撞在气袋上，避免或减缓碰撞，从而达到保护乘员的目的，如图 4-1 所示。由于乘员在和安全气囊相碰时容易因震荡受到伤害，所以在安全气囊的背

图 4-1 安全气囊对乘员的保护作用

面开两个直径为25 mm左右的圆孔。这样，当乘员和安全气囊相碰时，借助圆孔的放气可减轻震荡，放气过程同时也是一个释放能量的过程，因此可以很快地吸收乘员的动能，有助于保护乘员。

安全气囊的类型

安全气囊（系统）依据不同的分类方式可分为不同的类型。

（1）按照安全气囊的数量来分。按照安全气囊的数量可分为单气囊系统（只装在驾驶员侧）、双气囊系统（驾驶员侧和副驾驶员侧各有一个安全气囊）和多气囊系统（前排安全气囊、后排安全气囊、侧面安全气囊）。

（2）按照气囊的大小来分。按照气囊的大小可分为保护全身的安全气囊、保护整个上身的大型气囊和主要保护面部的小型护面气囊。

（3）按照保护对象的不同来分。按照保护对象的不同可分为如下五种类型。

① 驾驶员防撞安全气囊。驾驶员防撞安全气囊装在转向盘上，分美式和欧式两种。其中，美式驾驶员防撞安全气囊是在驾驶员没有佩戴座椅安全带的情况下，在汽车相撞时起保护作用。其体积较大，约60 L。欧式驾驶员防撞安全气囊是假定驾驶员佩戴了座椅安全带而设计的，其体积较小，约40 L。日本的驾驶员防撞安全气囊也属于此类。近年来，由于安全气囊的生产成本有所下降，日本的驾驶员防撞安全气囊的规格有所增加，如本田轿车的驾驶员防撞安全气囊的体积为60 L。

② 前排乘员防撞安全气囊。由于副驾驶员侧座椅在车内位置不固定且前方空间较大，因此为了保护副驾驶员在撞车时免受伤害，为其设计的防撞安全气囊也较大。美式的约为160 L，欧式的约为75 L（后者考虑了乘员受座椅安全带约束的因素）。

③ 后排乘员防撞安全气囊。装在前排座椅上，防止后排乘员在撞车时受到伤害。

④ 侧面防撞安全气囊。装在车门上，防止驾驶员及乘员受侧面撞击。

⑤ 头部安全气囊。头部安全气囊也称为帘式安全气囊，安装于汽车顶部，用于防止从侧面撞击车内乘员的头部。通常情况下，其安装空间极小。

（三）碰撞标准

新车碰撞测试（New Car Assessment Program，NCAP）最早始于美国，在1978年USNCAP提出5星评价方法用于在正面碰撞中评价汽车保护车内乘员的性能。目前，全球NCAP评价程序包括NHTSA（美国）、Euro NCAP（欧洲）、C-NCAP（中国）和J-NCAP（日本）等。

（1）NHTSA。1972年，美国高速交通安全管理局出台了《汽车信息公开与使用成本节约法案》，其中第二章明确规定要求厂家公布车辆的安全性能。为了实现对车辆安全性能的评价，NHTSA在1979年创立了NCAP。NHTSA碰撞测试项目主要包括56 km/h 100%正面碰撞测试，62 km/h侧面可移动壁障27°碰撞试验，SUV的翻滚试验、柱碰试验等项目。与Euro NCAP不同的是，NHTSA的柱碰试验不是试验车辆垂直撞击柱壁障，而是以 75°的角度撞击，NHTSA 认为，这种试验形式能更好地模拟实际路面上的交通事故。另外还增加了 ESP（车辆稳定系统）、FCW（前碰预警系统）、LDW（变道警告系统）等新的考核项目。

（2）Euro NCAP。Euro NCAP 创建于 1997 年，旨在检验欧洲市场销售的车型在安全性能方面的表现，为汽车消费者在汽车安全性能方面提供真实、独立的评价。Euro NCAP 碰撞测试项目主要包括正面碰撞测试、侧面碰撞试验、柱碰试验、挥鞭测试、行人保护、儿童碰撞保护等项目。

目前 Euro NCAP 已经取消了 100% 重叠的正面碰撞项目，因为这种碰撞在大部分情况下不会发生，只保留了 40% 重叠的可变性壁障碰撞，速度为 64 km/h。Euro NCAP 侧面移动障碍的速度为 50 km/h，相对美国标准来说，这个速度稍小一些。与此同时，Euro NCAP 新增了追尾测试（挥鞭效应）项目，如图 4-2 所示，模拟车辆的追尾情况，并通过对驾驶员颈椎的保护来判断车辆的安全标准，主动式头枕和座椅的设计在此碰撞中似乎能体现出价值。

图 4-2　追尾（挥鞭效应）测试

（3）C-NCAP。C-NCAP 是为了促进中国汽车产业的健康发展，加速国内汽车市场的全球化进程，中国汽车技术研究中心于 2006 年 3 月 2 日正式发布的首版中国新车评价规程。C-NCAP 的碰撞测试项目主要包括正面碰撞测试、侧面碰撞测试、柱碰测试、挥鞭测试、行人保护、儿童碰撞保护等项目。

C-NCAP 正面碰撞测试有正面 100% 重叠、正面 40% 重叠刚性障碍壁碰撞试验，执行速度分别要求不小于 50 km/h 和 56 km/h。另外，C-NCAP 也关注侧面撞击的安全性，侧面可变性移动障碍壁会以 40 km/h 的速度撞向车身，该速度与国际主流标准基本吻合。安全带提醒和侧面、头部安全气囊被列为额外的加分项目，因此送测车辆的配置起到很关键的作用。

车辆依据上述碰撞标准进行新车碰撞测试，其测试成绩是车辆被动安全性能的一项重要参考。新车碰撞测试成绩则由星级（★）表示，共有 5 个星级，星级越高表示该车的碰撞安全性能越好。

任务 4.1.2　儿童座椅的使用

一、工作表：儿童座椅的使用

（1）说明在车辆上安装儿童座椅的原因。

（2）结合实训车辆，指出儿童座椅固定方式的类型，并说明安装儿童座椅的流程。

二、参考信息

汽车儿童安全座椅也称为儿童约束系统（Child Restraint System，CRS），是一种专为不同年龄（或体重）的儿童设计、安装在汽车内、能有效提高儿童乘车安全性的座椅。在汽车发生碰撞或突然减速的情况下，儿童座椅用于减缓对儿童的冲击力和限制儿童的身体移动来减少对他们的伤害，确保儿童的乘车安全。

（一）儿童座椅的类型

随着儿童安全不断受到重视，在过去的 40 多年里，人们已经开发出多种不同的汽车儿童座椅来保护不同身高和年龄的儿童乘员。根据 ECE-R 44 标准，按照儿童的体重儿童安全座椅分为 5 个等级，见表 4-1。选择儿童安全座椅时，既要考虑到儿童年龄，也要结合儿童的实际身体状况。

表 4-1　儿童安全座椅等级

等级	体重	年龄
0 级	10 kg 以下的婴儿	不足 9 个月
0+ 级	13 kg 以下的婴儿	不足 18 个月
1 级	9~18 kg 的幼儿	8 个月~3 岁半
2 级	15~25 kg 的儿童	3~7 岁
3 级	22~36 kg 的儿童	6~12 岁

按照摆放方向，儿童安全座椅可分为如下 4 种类型。

（1）卧式。手提式婴儿床（婴儿提篮）属于此类，使用时婴儿平躺，适用于 1 岁以内的婴儿。

（2）后向式。儿童乘坐方向朝向车辆后方，使用时儿童往往斜躺，配备有多点式安全带，多数产品适用于 1~3 岁的儿童，如图 4-3 所示。

（3）前向式。儿童乘坐方向朝向车辆前方，使用时儿童正常坐，一般与成人安全带组合使用，多数产品适用于 3 岁以上的儿童。

（4）可转换式。此种儿童安全座椅既可后向式使用，也可前向式使用，一般适用于较大年龄区间的儿童，刚开始采用后向式，随着儿童年龄的增长，而后改用前向式。

一些车型可根据配置给后排的两个外侧座椅装备一体式儿童安全座椅。这些座椅适合年龄为 3~12 岁的儿童。一体式儿童安全座椅带有升高机构，升高后为儿童安全座椅，降下后为普通座椅，节约了儿童安全座椅占有的车辆空间。

图 4-3　后向式儿童安全座椅

（二）儿童安全座椅的安装方式

目前儿童安全座椅的主要安装方式主要有 ISOFIX 系统与 LATCH 系统。

（1）ISOFIX 系统。ISOFIX 是一个关于在汽车中安置儿童安全座椅的国际化标准，儿童安全座椅和车辆之间的刚性连接保证在所有情况下儿童安全座椅能被正确地安装，与汽车安全带无关，如图 4-4 所示。其主要包括位于汽车座椅靠背与坐垫之间的两个刚性固定点。带有 ISOFIX 系统的座椅安装起来十分简单，只要将儿童安全座椅的 ISOFEX 接口插入座椅上的预留接口即可。注意：座椅侧面指示系统若为绿色，则代表安装牢固，若为红色，则需要重新安装。

（2）LATCH 系统。LATCH 是儿童使用的下扣件和拴带的接口，于 2002 年 9 月 1 日开始使用，起源于美国。与 ISOFIX 系统不同，LATCH 系统具有 3 个固定点：儿童安全座椅底部的 2 个固定点，可以是刚性的或可变形的，用来连接汽车座椅较低位置的固定点；儿童座椅上部的 1 个固定点，连接儿童安全座椅的上拉带，如图 4-5 所示。LATCH 系统下部接口安装方法与 ISOFIX 接口的安装方法一致，连接第 3 个固定时，需要紧固带穿过头枕支柱，并将紧固带钩勾住上部固定点。

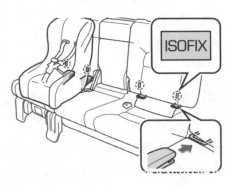

图 4-4　ISOFIX 系统

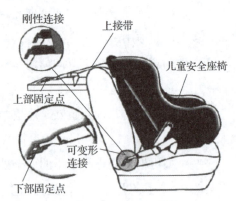

图 4-5　LATCH 系统

任务 4.1.3　安全带的使用

一、工作表：安全带的使用

（1）检查车辆安全带，将以下信息补充完整。

①检查安全带带身，在存在的情况前画"√"确认。

□脏污；□有断裂、扯破、擦伤；□有香烟烫过的痕迹；□安全带边缘成波浪状

②检查自动卷收器，在存在的情况前画"√"确认。

□匀速正常抽出安全带；□迅速抽出安全带无锁止

③检查安全带锁，在存在的情况前画"√"确认。

□锁扣有裂缝或裂开；□锁舌推入锁扣，可听见二者啮合的声音（5 次以上）；□用力拉动安全带，闭合机构正常卡滞（5 次以上）；□按压安全带锁上的按钮，锁舌自动从安全带锁舌中弹出来（5 次以上）。

（2）查看组合仪表，找到安全带报警灯，说明其作用以及亮起的条件。

（3）安全带具有预紧的功能，结合下图说明安全带预紧器的工作过程。

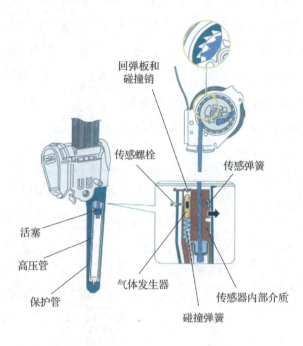

二、参考信息

汽车安全带就是在汽车上用于防止乘员以及驾驶员在车身受到猛烈撞击时被安全气囊弹出伤害的装置。安全带是由安全带织带、卷收器、预紧器、限力器等部件组成的一套安全系统。

（1）安全带预紧器。在实际中，即使正确安装，安全带也会存在松动。当发生碰撞事故时，若安全带过松，后果很可能是乘员从安全带下面滑出去或者碰到安全气囊，而安全带由于张紧余量过大未能及时绷紧。这两种情况都有可能导致乘员严重受伤。安全带预紧器在发生碰撞时沿安全带拉伸的反方向卷起，由此拉紧安全带，缩小安全带和身体之间的空隙。安全带预紧器能够在大约 13 ms 内卷起安全带 130 mm。若作用在安全带上的反作用力大于安全带预紧力，则安全带预紧结束。

安全带预紧器按照结构和原理可分为拉索式安全带预紧器、转子式安全带预紧器、齿条式安全带预紧器和滚珠式安全带预紧器。这些类型的安全预紧器既可以机械触发，也可以电动触发。

① 拉索式安全带预紧器如图 4-6 所示。其工作原理：如果发生碰撞且车辆减速度超

过特定数值,那么传感质量块开始相对于传感弹簧的弹簧力反向运动。传感质量块由传感器内部介质、装有烟火气体发生剂的气体发生器、碰撞弹簧、活塞以及高压管组成。如果传感器内部介质在压缩传感弹簧时超过某一行程,被传感螺栓固定在静止位置上的气体发生器就被垂直释放。通过预紧的碰撞弹簧,气体发生器朝回弹板中的碰撞销加速。在气体发生器击中碰撞销时,气体发生器的气体发生剂被点燃。气体冲入高压管并推动带有钢索的活塞向下运动。在耦合盘上收卷的钢索刚有动作时,齿扇因耦合盘的加速力径向外移动,并卡入安全带自动收卷装置辊轴的齿圈中。

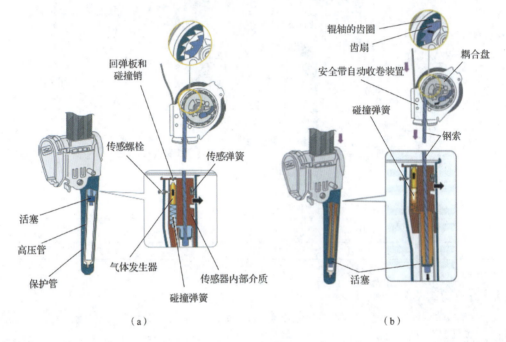

图 4-6 拉索式安全带预紧器
(a)点火;(b)预紧

② 滚珠式安全带预紧器如图 4-7 所示。其工作原理:在电动触发的安全带预紧器上,触发单元由安全气囊控制单元激活。当车辆发生碰撞时,触发单元点燃气体发生剂。如果气体发生剂被点燃,那么膨胀气体推动滚珠,并通过齿轮将其击入滚珠收集器中。因为安全带卷筒与齿轮固定相连,所以安全带卷筒被滚珠带动而拉紧安全带。

(2)安全带限力器。为了在发生事故时作用在乘员身上的负荷不至于太大,安全带自动收卷装置装有安全带限力器。自某一负荷值起,安全带限力器稍微增加安全带长度,使乘员能够被裹在已展开的安全气囊中。安全带限力器有搭环状缝合式与扭力限制式两种类型。搭环状缝合式安全带限力器如图 4-8 所示。

当车辆发生碰撞时,安全带拉力增大到使乘员承受负荷达到限值时,安全带缝合处就会撕开,安全带变长,达到减小拉力并减轻乘员负荷的目的。

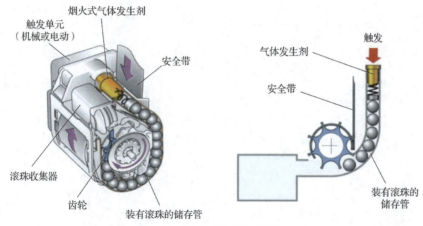

图 4-7 滚珠式安全带预紧器

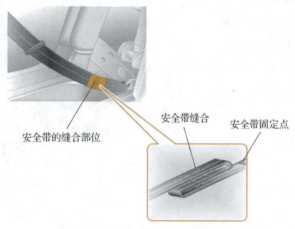

图 4-8 搭环状缝合式安全带限力器

（3）安全带指示灯。安全带指示灯用于显示安全带是否处于锁止状态，当该灯点亮时，说明安全带没有及时扣紧，而有些车型会有相应的提示音。当安全带被及时扣紧后，该指示灯自动熄灭。

【任务拓展】

一、主动式头枕

主动式头枕是在车辆追尾时保护乘员颈部的纯机械式工作的系统。在车辆碰撞时，主动式头枕向前移向头部，减少头部与主动式头枕之间的空隙，这就降低了肩部和头部在碰撞时的相对加速度，从而减轻颈部所受负荷，如图 4-9 所示。

被用力压入座椅中的乘员使座椅靠背中的脊柱护板压力升高。通过杠杆作用，脊柱护板的运动被传递给主动式头枕，然后主动式头枕向前移向头部。一旦身体对座椅造成的压力降低，系统便通过张紧弹簧重新回到起始位置。

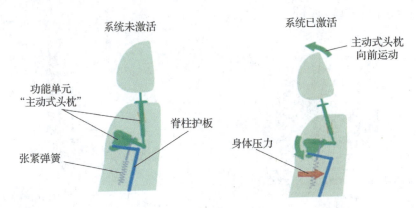

图 4-9　主动式头枕

二、蓄电池断开元件

有些车辆的起动机蓄电池装在车内或者行李舱内，如果发生事故，尤其是追尾事故，连接至起动机和发电机的导线短路，就可能引起车辆起火。蓄电池断开元件用于在车辆碰撞时断开从起动机蓄电池到起动机和发电机的导线。如果在事故发生时安全气囊被触发，那么蓄电池断开元件也自动激活。车辆在追尾时，触发安全带预紧器也会激活蓄电池断开元件，如图 4-10 所示。

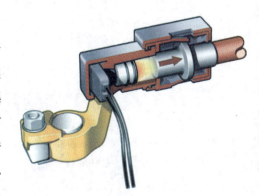

图 4-10　蓄电池断开元件

【参考书目】

1.《汽车舒适安全与信息系统检修》（北京理工大学出版社）；

2. 大众车系维修手册、用户手册。

学生笔记：

模块四 被动安全系统的检测与维修

任务 4.2 事故车安全系统部件的更换

【任务信息】

任务 4.2　事故车安全系统部件更换				
任务难度	中级	参考学时		2 学时
案例导入	一辆汽车发生碰撞，驾驶员侧安全气囊引爆，需要更换驾驶员侧安全气囊			
能力目标	知识	1. 了解安全气囊维修的安全注意事项； 2. 掌握安全气囊的组成与工作原理		
	技能	1. 能够熟练地完成安全气囊的拆卸与安装； 2. 能够查阅车辆维修手册制定安全气囊拆卸与安装工作的流程		
	素质	1. 具有团队协作精神； 2. 具有严谨的工作态度； 3. 具有安全意识		
任务 4.2 PPT				

【任务流程】

[任务准备]

拆卸和安装驾驶员侧安全气囊，需要做哪些准备工作？需要准备哪些工具？具体的拆装步骤有哪些？请扫描二维码进行学习。

任务 4.2 任务准备
（拆卸和安装驾驶员侧安全气囊系统）

[任务实施]

任务 4.2.1　拆卸驾驶员侧安全气囊

请查阅车辆维修手册，完成下面的工作表。

一、工作表：拆卸驾驶员侧安全气囊

（1）查阅车辆维修手册，说明在安全气囊上进行作业时有哪些安全注意事项。

（2）查阅车辆维修手册，说明拆卸安全气囊需要哪些工具。

（3）查阅车辆维修手册，制订拆卸安全气囊工作计划。

二、参考信息

（一）操作注意事项

进行安全气囊的拆装时，安全注意事项如下。

（1）只允许由受过培训的人员进行检测、装配和维修工作。

（2）在操作安全气囊系统时必须断开蓄电池的接地线。注意：在将安全气囊系统连接到电源上时，车内不能有人逗留。

（3）在取出（接触）安全气囊单元之前，操作人员必须进行静电放电。这可以通过触摸诸如水管、暖气管或金属支架之类的接地金属零件来实现。

（4）从运输容器中取出安全气囊单元后，必须立即进行安装。

（5）若安装工作中断，则必须将安全气囊单元重新装入运输容器中。

（6）不允许随意放置安全气囊单元。

（7）在已拆卸的情况下存放安全气囊时，应该将带软垫的一侧指向上方。

（8）如果安全气囊单元摔落到硬底板上或受损，则不允许再安装，应更换新的。

（二）拆卸流程

以大众车型为例，在拆卸安全气囊时，主要流程有以下 5 步，详细拆卸流程请查阅车辆维修手册。

（1）断开蓄电池。

（2）把转向盘调到最低位置。

（3）调节转向盘深度，把转向盘拉出极限位置。

（4）把转向盘旋至合适位置，把螺丝刀放入转向盘背面的孔中，旋动螺丝刀，松开转向盘内部锁止件。

（5）从转向盘上脱开安全气囊组件。

任务 4.2.2　安全气囊的结构与原理

一、工作表：安全气囊的结构与原理

（1）指出下图中安全气囊组件元件的名称，并在实训车辆上找到其位置。

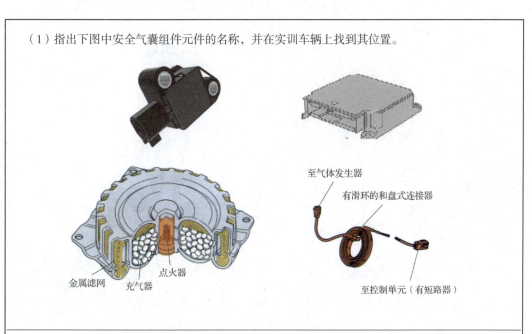

（2）结合驾驶员侧安全气囊实物，将下图补充完整，并说明各部分部件的作用。

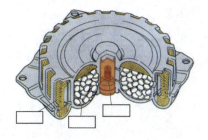

（3）指出下图中各部件的名称，并说明安全气囊系统的工作原理。

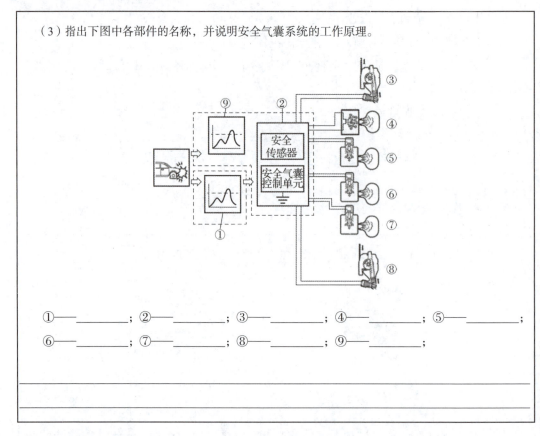

① _____ ；② _____ ；③ _____ ；④ _____ ；⑤ _____ ；
⑥ _____ ；⑦ _____ ；⑧ _____ ；⑨ _____ ；

二、参考信息

（一）安全气囊系统的主要组件

电子式安全气囊系统主要由传感器、安全气囊组件、安全气囊控制单元、安全气囊报警灯和安全气囊系统保险机构与线束等组成。

1. 安全气囊组件

安全气囊组件主要由气体发生器、点火器、气囊、饰盖和底板组成。驾驶员侧安全气囊组件位于转向盘中心处，副驾驶员侧安全气囊组件位于仪表板右侧手套盒的上方。

安全气囊系统的组成

安全气囊组件

（1）气体发生器。气体发生器又称为充气器，用于在点火器引爆点火剂时，产生气体向安全气囊充气，使安全气囊膨开。气体发生器由上盖、下盖、充气剂（片状叠氮化钠）和金属滤网等组成，如图4-11所示。上盖上有若干个充气孔，充气孔有长方孔和圆孔两种。下盖上有安装孔，以便将气体发生器安装到安全气囊支架上。上盖与下盖用冷压工艺压装成一体，壳体内装充气剂、金属滤网和点火器。金属滤网安放在气体发生器的内表面，用以过滤充气剂和点火剂燃烧后的渣粒。

目前，大多数气体发生器都是利用热效反应产生氮气而充入安全气囊。在点火器引爆点火剂的瞬间，点火剂会产生大量热量，叠氮化钠受热立即分解释放氮气，并从充气孔充入安全气囊。由于片状叠氮化钠燃烧后温度较高，可以达到 2 200 ℃，经过金属滤网降温后仍高达 160 ℃，所以在一些新型安全气囊中使用不含叠氮化钠的燃料，燃烧温度降至 1 600 ℃，冷却后为 80 ℃，安全性能更高。

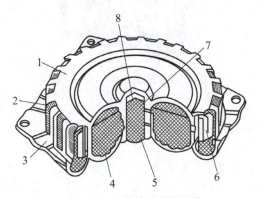

图 4-11　气体发生器的组成

1—上盖；2—充气孔；3—下盖；4—充气剂；5—点火器药筒；6—金属滤网；7—电热丝；8—引爆炸药

下面主要介绍驾驶员侧和副驾驶员侧安全气囊气体发生器。

① 驾驶员侧安全气囊气体发生器（盆装气体发生器）。驾驶员侧安全气囊气体发生器因其盆状的外形而被称为盆状气体发生器。点火器位于盆状外壳的中央位置，充气剂环绕在点火器周围，如图 4-12 所示。

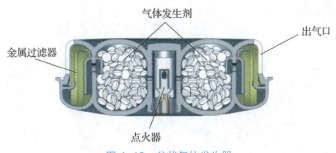

图 4-12　盆状气体发生器

有些车型驾驶员侧安全气囊气体发生器采用二级触发盆式气体发生器。二级触发盆式气体发生器可根据事故的严重程度和类型，由安全气囊控制单元决定两次点火之间的时间差，来调节安全气囊膨胀时的压力，以降低乘员接触安全气囊时的压力。根据车型不同，点火时间差可在 5~50 ms 范围内变动。原则上每次均会进行二次点火，以避免在安全气囊触发后仍有气体充气剂保持有效状态，如图 4-13 与图 4-14 所示。

② 副驾驶员侧安全气囊气体发生器。副驾驶员侧安全气囊使用管状的气体发生器，又被称为管式气体发生器，如图 4-15 所示。在有些车型中，副驾驶员侧安全气囊的防护罩与撕裂缝完全置于仪表板中，在使用含有溶剂的清洁剂清洁仪表板时，可能会导致仪表板与安全气囊模块多孔。在触发安全气囊时，松动的塑料部件可能导致乘员受伤。

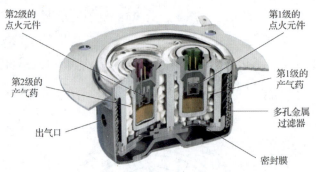

图 4-13 二级触发盆式气体发生器

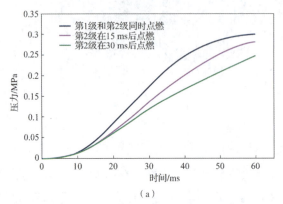

(a)

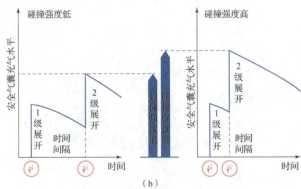

(b)

图 4-14 二级触发盆式气体发生器触发时的压力变化

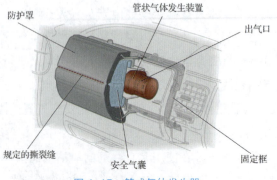

图 4-15 管式气体发生器

（2）点火器。点火器的外层包裹有铝箔，安装在气体发生器内部中央位置。其结构如图4-16所示。

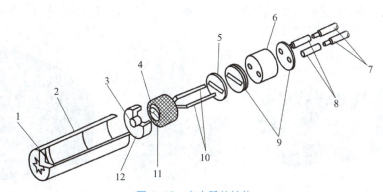

图4-16 点火器的结构

1—引爆炸药；2—药筒；3—引药；4—电热丝；5—陶瓷片；6—永久磁铁；7—引出导线；8—绝缘套管；
9—绝缘垫片；10—电极；11—电热头；12—药托

（3）安全气囊。安全气囊多由尼龙布涂氯丁橡胶或有机硅制造。橡胶涂层起密封和阻燃作用，安全气囊背面有两个泄气孔。乘员侧安全气囊没有涂层，其靠尼龙布本身的间隙泄气。

（4）饰盖和盖板。饰盖是安全气囊组件的盖板，上面模制有裂缝，以便安全气囊能冲破饰盖膨开。安全气囊和充气器装在底板上，底板装在转向盘或车身上，安全气囊膨开时，底板承受安全气囊的反力。

2. 安全气囊控制单元

安全气囊控制单元是安全气囊系统的控制中心，其功能是接收碰撞传感器及其他各传感器输入的信号，判断是否满足点火引爆使安全气囊充气的条件，并对安全气囊系统故障进行自诊断。它一般由安全气囊逻辑模块、信号处理电路、备用电源电路、保护电路和稳压电路等组成，安全气囊传感器一般内置于安全气囊控制单元中。

安全气囊控制单元

3. 传感器

（1）安全气囊传感器。安全气囊传感器用于检测、判断汽车发生事故后的撞击信号，告知安全气囊控制单元以便及时启动安全气囊。

安全气囊传感器按照其功能可分为碰撞传感器和安全传感器。其中，碰撞传感器根据安装位置分为正面碰撞传感器、侧面碰撞传感器与中央传感器；安全传感器也称为触发传感器，其闭合的减速度与碰撞传感器相比稍小一些，起保险作用，防止碰撞传感器短路造成误爆开，如图4-17和图4-18所示。

碰撞传感器

正面碰撞传感器用于纵向测量车辆减速和加速，以便及早识别正面碰撞。有的车型在正中间安装碰撞传感器，也有的在左、右两侧各安装一个碰撞传感器。

侧面碰撞传感器既可以是加速传感器，也可以是压力传感器，一般安装在车辆B

柱、C柱或前车门中，用于测量车辆横向加速或车门变形时的气压变化。

中央传感器与安全传感器位于安全气囊控制单元内部。在新一代的安全气囊控制单元中，机械式安全传感器被微机械加速度传感器取代，该传感器同时用作中央传感器。

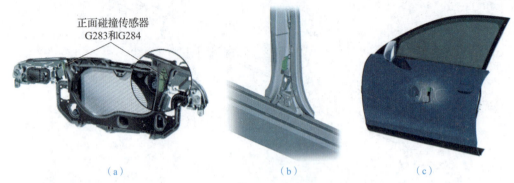

图4-17　正面与侧面碰撞传感器
（a）正面碰撞传感器；（b）侧面加速型碰撞传感器；（c）压力型碰撞传感器

（2）副驾驶员侧座椅占用传感器。副驾驶员侧座椅占用传感器安装在副驾驶员侧座椅的座椅套和坐垫之间，通过检测重量的变化来判断有无乘员乘坐，如图4-19所示。

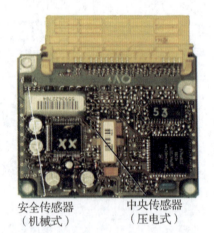

图4-18　安全气囊控制单元内置传感器　　　图4-19　副驾驶侧座椅占用传感器

（3）副驾驶员侧安全气囊关闭钥匙开关。副驾驶员侧安全气囊关闭钥匙开关一般位于副驾驶员侧仪表板下方，并不是所有车型都具有此元件。它用于关闭副驾驶员侧安全气囊，若在副驾驶员座椅上安装背向行驶方向的儿童座椅，则必须关闭副驾驶员侧安全气囊。当关闭副驾驶员侧安全气囊后，副驾驶员侧安全气囊关闭指示灯点亮，以提示驾驶员。

副驾驶员侧座椅占用传感器

4. 安全气囊警报灯

安全气囊警报灯位于仪表板上，如图4-20所示。接通点火开关时，诊断单元对安全气囊系统进行自检，若安全气囊警报灯点亮6s后熄灭，表示安全气囊系统正常；若点亮6s后依然闪烁或长亮不熄，表示安全气囊系统出现故障，应进行检修。

若安全气囊控制单元出现异常，不能控制安全气囊警报灯，安全气囊警报灯便在其他电路的直接控制下作出异常显示。如安全气囊控制单元无点火电压，安全气囊警报灯常亮；安全气囊控制单元无内部工作电压，安全气囊警报灯常亮；安全气囊控制单元不工作，安全气囊警报灯在看门狗电路的控制下，以3次/s的频率闪烁；安全气囊控制单元未接通，安全气囊警报灯经线束插接器的短接条接通。

5. 安全气囊系统保险机构与线束

为了便于区别电气系统线束插接器，目前安全气囊系统的插接器绝大多数采用黄色插接器。安全气囊系统的插接器采用导电性能和耐久性能良好的镀金端子，并设计有防止安全气囊误爆机构、端子双重锁定机构、插接器双重锁定机构和电路连接诊断机构等，用以保证安全气囊系统可靠工作。

安全气囊的所有线束都套装在黄色波纹管内，以便于区别。为了保证转向盘具有足够的转动角度而又不致损伤驾驶员侧安全气囊组件的连接线束，在转向盘与转向柱管之间采用螺旋线束。先将线束安装在螺旋弹簧内，再将螺旋弹簧安放到螺旋弹簧壳体内，如图4-21所示。通常，电扬声器线束也安装在螺旋弹簧内。在安装螺旋弹簧时，应注意其安装位置和方向，否则会导致转向盘转动角度不足或转向沉重。

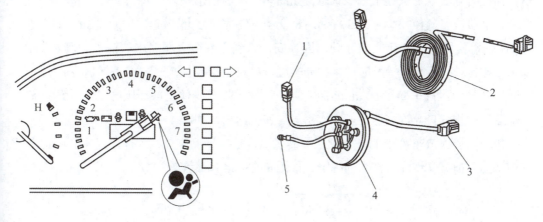

图4-20 安全气囊警报灯

图4-21 螺旋弹簧与螺旋线束
1、3—线束插头或插接器；2—螺旋弹簧；4—螺旋弹簧壳体；5—搭铁插头

（二）安全气囊系统的工作原理与过程

车辆的正面碰撞传感器可保证在正面30°范围内有效地工作。当汽车发生碰撞时，由相应的碰撞传感器对碰撞程度进行识别，对于中等程度以上的碰撞，传感器发出信号给安全气囊控制单元，经安全气囊控制单元判别后发出点火信号使点火器工作，气体发生装置在极短的时间内产生大量气体，并通过滤清器充入卷收在一起的安全气囊，使其膨胀，如图4-22所示。

安全气囊系统的工作原理

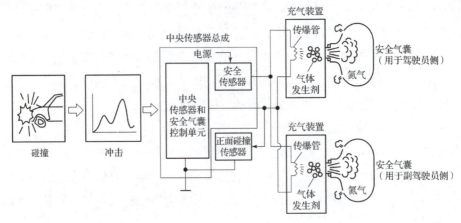

图 4-22 安全气囊系统的工作原理

安全气囊系统的整个工作过程大约需要 100 ms，可分为 4 个阶段，如图 4-23 所示。

第 1 阶段：汽车撞车，达到安全气囊系统引爆极限，传感器从测出碰撞到接通电流需 10 ms，引爆器点燃安全气囊的气体发生器，而此时驾驶员仍然处于直坐状态，如图 4-23（a）所示。

安全气囊起爆过程

第 2 阶段：气体发生器在 30 ms 内将安全气囊完全胀起，撞车（以 50 km/h 的速度）40 ms 后驾驶员身体开始向前移动，因为安全带斜系在驾驶员身上，随着驾驶员前移，安全带被拉长，一部分撞车时产生的冲击能量由安全带吸收，如图 4-23（b）所示。

第 3 阶段：汽车撞车 60 ms 之后，驾驶员的头部及身体上部都压向安全气囊，安全气囊后面的排气口允许气压在压力作用下匀速地逸出，如图 4-23（c）所示。

第 4 阶段：汽车撞车 110 ms 之后，驾驶员向后移回到座椅，大部分气体已从安全气囊中逸出，前方又恢复了清晰的视野，如图 4-23（d）所示。

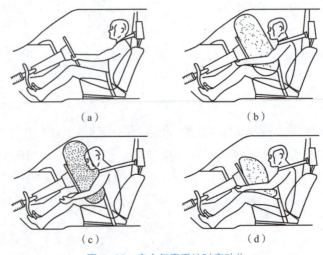

图 4-23 安全气囊系统时序动作

任务 4.2.3　驾驶员侧安全气囊的安装与调试

一、工作表：驾驶员侧安全气囊的安装与调试

（1）查阅车辆维修手册，说明安装驾驶员侧安全气囊的流程。

（2）使用诊断仪进行匹配操作，检查驾驶员侧安全气囊的状态。

二、参考信息

安装驾驶员侧安全气囊的流程为拆卸安全气囊的流程的倒序。在安装驾驶员侧安全气囊完毕后，应先打开点火开关，再连接蓄电池负极，且保证整个操作过程中驾驶室内无人。

【任务拓展】

一、安全气囊检修的注意事项

（1）安装与维修工作只能由专业人员来完成。

（2）为了防止安全气囊意外引爆，在对安全气囊系统进行任何操作时，均应断开蓄电池负极连线，等待 30 s 以后方可进行操作。

（3）不要使安全气囊组件接触或靠近 85 ℃以上的高温物体。

（4）安全气囊组件及控制单元应避免受到磕碰和震动。

（5）检测时不可使用检测灯、电压表和欧姆表，以免造成安全气囊误爆。特别是在检修安全气囊的过程中，切勿测量点火器的电阻。该操作可能造成安全气囊膨开，非常危险。

（6）不得擅自改动安全气囊的电路和元件。

（7）在拆卸转向盘衬垫或处理新的转向盘衬垫时，应将转向盘衬垫正面朝上放置，如图 4-24 所示。另外，不要将转向盘衬垫存放在另一个转向盘衬垫上面。将转向盘衬垫的金属面朝上放置时，如果转向盘衬垫因为某种原因充气，可能导致严重事故。

（8）若在事故中安全气囊被引爆，为了安全起见，所有元件都需要更新。

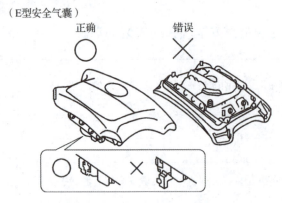

图 4-24　转向盘衬垫放置方法

二、驾驶员侧安全带的拆装流程

以大众车型为例，如图 4-25 所示，驾驶员侧安全带的拆装流程如下：

（1）断开蓄电池负极连线；

（2）拆卸 B 柱下方饰板；

（3）从车身上松开安全带端部结合件 1；

（4）取下安全带卷收装置 2；

（5）取下安全带导向件 3；

（6）从安全带高度调整装置取下安全带导向扣；

（7）安装以倒序形式进行。

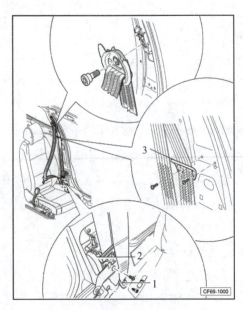

图 4-25　驾驶员侧安全带拆卸示意

三、参考书目

1. 《汽车舒适安全与信息系统检修》（北京理工大学出版社）；
2. 大众车系车辆维修手册、用户手册。

学生笔记：

模块四 被动安全系统的检测与维修

任务 4.3 安全气囊警报灯常亮的故障检修

【任务信息】

任务 4.3 安全气囊警报灯常亮的故障检修			
任务难度	高级	参考学时	2 学时
案例导入	一位车主抱怨自家车的安全气囊警报灯常亮。维修人员经过询问,了解到此车辆无碰撞,但在打开点火开关以后,发现安全气囊警报灯常亮,需要通过诊断仪进行具体检查		
能力目标	知识	1. 了解安全气囊维修的安全注意事项; 2. 掌握安全气囊系统控制原理; 3. 掌握安全气囊故障的检测方法	
	技能	1. 能够用专业诊断设备进行检测; 2. 能够根据故障诊断计划实施故障诊断与排除	
	素质	1. 具有团队协作精神; 2. 具有严谨的工作态度; 3. 具有安全意识	
任务 4.3 PPT			

【任务流程】

[任务准备]

针对车辆的安全气囊系统,若出现安全气囊报警灯常亮故障,需要做哪些工作解决这个问题?若用诊断仪进行测量和故障诊断,需要用到诊断仪的哪些功能辅助诊断?请扫描二维码进行学习。

任务 4.3 任务准备
(安全报警灯常亮故障诊断)

[任务实施]

任务 4.3.1　确认故障现象

一、工作表：确认故障现象

（1）查看实训车辆，将下面的信息补充完整。检查实训车辆安全气囊报警灯点亮状况。
① 实训车辆安全气囊报警灯点亮状况，请在符合的状况前打"√"。
□ 安全气囊报警灯点亮后，6 s 后熄灭；　□ 安全报警灯依然闪烁；　□ 安全报警灯常亮不熄灭
② 根据安全气囊报警灯判断安全气囊系统是否存在故障：□ 是；　□ 否。
（2）说明安全气囊报警灯的含义及其在什么情况下点亮。

二、参考信息

安全气囊报警灯点亮的情况如下所述。

（1）车辆自检。打开点火开关后，安全气囊报警灯点亮约 6 s，然后自动熄灭。

（2）偶发故障。当蓄电池亏电严重或者断开蓄电池负极连线时，安全气囊报警灯点亮，安全气囊系统产生故障码。在此种情况下，只需清除故障码即可。

（3）常态故障。常态故障即真实故障，在此种情况下需要对安全气囊系统进行检查维修。此种情况涉及的原因较多，例如安全气囊故障、螺旋弹簧故障、碰撞传感器故障、安全气囊插头松动和线路故障等。

任务 4.3.2　分析安全气囊系统的控制原理

一、工作表：安全气囊系统控制原理分析

（1）使用诊断仪对安全气囊系统执行元件进行诊断，模拟安全气囊引爆，将下面的信息补充完整。

项目	项目状态	
发动机着火状态	□ 正常运转	□ 发动机熄火
中央门锁状态	□ 闭锁	□ 解锁
安全气囊报警灯状态	□ 点亮	□ 熄灭
原因：		

（2）将下图补充完整，说明车辆正面碰撞时安全气囊系统控制原理。

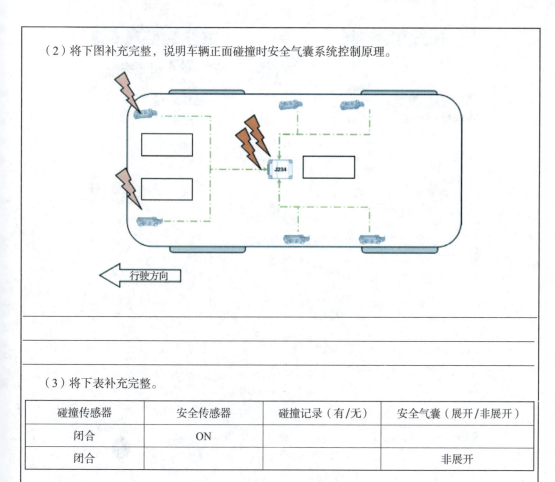

（3）将下表补充完整。

碰撞传感器	安全传感器	碰撞记录（有/无）	安全气囊（展开/非展开）
闭合	ON		
闭合			非展开

二、参考信息

（一）安全气囊系统控制原理

安全气囊系统主要由安全气囊控制单元、传感器和触发装置3个部分组成。以大众车型为例，安全气囊系统的工作原理示意如图4-26所示。其中，传感器主要指碰撞传感器，用于监测汽车发生碰撞事故的严重程度，它将感应的信号传输给安全气囊控制单元，安全气囊控制单元对信号进行计算分析以决定是否引爆安全气囊。根据碰撞条件和强度的不同，安全气囊控制单元选择激活相应的安全带张紧器和安全气囊。

当车辆碰撞事故发生后，安全气囊控制单元会经过车载网络通知其他电子控制单元，相应电子控制单元收到碰撞信息后控制有关执行器动作，以保护碰撞后的车辆乘员。以大众车型为例，当车辆碰撞后，安全气囊控制单元把碰撞信息分别传递至发动机控制单元、门锁控制单元和车载电源控制单元等电子控制单元，这些电子控制单元控制相应执行器促动发动机熄火、车辆门锁解锁、安全气囊报警灯点亮等动作，如图4-27所示。

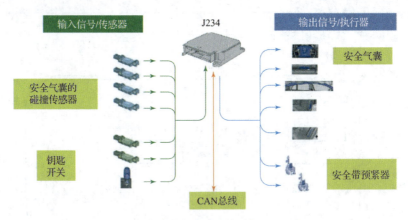

图 4-26 安全气囊系统的工作原理示意

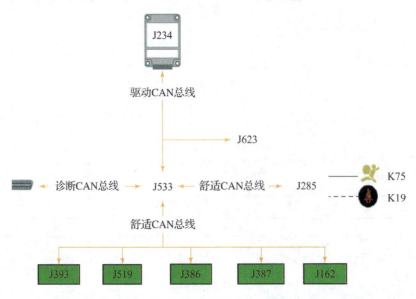

图 4-27 安全气囊系统的工作过程
J263—发动机控制单元；J234—安全气囊控制单元；J533—网关；J393—舒适中央控制单元；J519—车载电源控制单元；J386—驾驶员侧控制单元；J387—副驾驶员侧控制单元；J285—组合仪表；J162—辅助加热器

（二）安全气囊引爆条件

为了保证安全气囊在适当的时候打开，防止安全气囊被误引爆，汽车生产厂家都规定了安全气囊的引爆条件，只有满足合适的速度和碰撞角度，安全气囊控制单元才能引爆安全气囊。在理想情况下，当车速大于 30 km/h，车辆的正前方大约 60°之间位置撞击在刚性固定的物体上时，安全气囊才可能打开。当发生侧面碰撞时，碰撞在 B 柱中心线左右 30°范围内时，侧安全气囊将会作出响应，如图 4-28 所示。

安全气囊执行元件诊断

（三）安全气囊点火条件

当车辆发生上面的碰撞情形后，只有碰撞强度达到汽车生产厂家规定的要求，点火器才会引爆安全气囊。为了防止安全气囊被误引爆，点火器引爆安全气囊的条件是安全传感器和正面碰撞传感器同时闭合，或者安全传感器与中央传感器同时闭合，或3种传感器同时闭合，如图4-29所示。

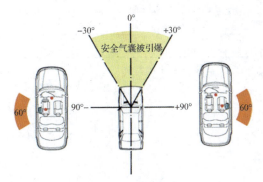

图4-28　碰撞角度

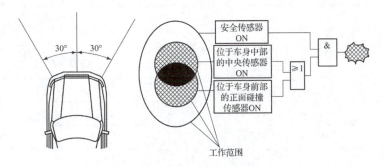

图4-29　安全气囊点火及点火的判断条件

任务4.3.3　安全气囊报警灯常亮的故障诊断与检测

一、工作表：安全气囊报警灯常亮的故障诊断与检测

（1）查看车辆组合仪表，描述故障现象。	
（2）读取安全气囊控制单元的基本信息。	
安全气囊控制单元地址码	
安全气囊控制单元编码	
安全气囊控制单元零件号	
（3）读取安全气囊系统故障码，并进行记录。	
安全气囊系统故障码	
可能故障原因分析	

(4) 读取安全气囊系统数据流,并进行记录。

项目	数据流状态	判断
		□ 正常　□ 异常
		□ 正常　□ 异常
		□ 正常　□ 异常

(5) 画出安全气囊系统控制原理图。

(6) 制订故障诊断计划。

(7) 按照计划排除故障,并将测量诊断记录下来。

(8) 诊断结论。

(9) 排除故障
① 清除故障码。

② 查看安全气囊系统状态。

(10) 关闭副驾驶员侧安全气囊与取消安全带报警,记录操作步骤(拓展实训)。

项目	操作步骤
关闭副驾驶员侧安全气囊	
取消安全带报警	
解释在何种情况下需要关闭副驾驶员侧安全气囊或取消安全带报警。	

二、参考信息

安全气囊的传感器、充气装置等元件均不能分解修理，所以，安全气囊的故障诊断主要是电气方面的故障诊断。由于安全气囊平时不使用，一旦使用之后便报废，所以安全气囊系统不像汽车上的其他系统那样，在使用过程中出现故障会表现出来。因为没有异常现象出现，安全气囊系统的故障就难以发现。为此，安全气囊系统本身设置了自诊断系统，若出现故障，即可通过安全气囊报警灯反映出来。这样，安全气囊报警灯和故障码就成了最重要的故障信息来源和故障诊断依据。若安全气囊系统中存在故障，只需按照故障码所指示的内容进行诊断，找出故障是出在元件还是出在导线或插接器上。因为各充气装置的点火器不允许测量其电阻，点火器的开路或短路的判断必须利用自诊断系统进行，这是安全气囊系统故障诊断的特殊性。安全气囊系统故障诊断流程如图 4-30 所示。

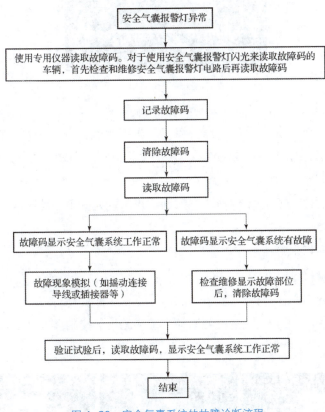

图 4-30　安全气囊系统的故障诊断流程

【任务拓展】

红旗车型主动安全系统主要包括车道偏离预警（Lane Departure Warning，LDW）系统、自适应巡航（Adaptive Cruise Control，ACC）系统、前撞警示（Forward Collision

Warning，FCW）系统、主动紧急制动（Active Emergency Braking，AEB）系统、智能远光控制（Intelligent High Beam Control，IHBC）系统、并线辅助系统等。下面主要介绍 LDW 系统和 FCW 系统。

一、LDW 系统

LDW 系统通过前视摄像头识别前方道路上的车道线，并实时探测本车在当前车道中的横向位置。LDW 系统能够区分无意识地偏出车道行为与主动变道行为。当检测到本车在当前车道中发生无意识车道偏离时，LDW 系统向驾驶员提供视觉及声觉的警示，从而提高驾驶安全性，如图 4-31 所示。

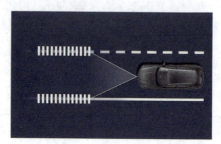

图 4-31　LDW 系统原理示意

（1）LDW 系统的组成。LDW 系统主要由多功能摄像头、组合仪表、LDW 开关、音响单元等部分组成。多功能摄像头安装在前风挡顶部内侧正中部，内后视镜底座附近，是 LDW 系统的主控模块。LDW 开关位于驾驶员侧灯光高度调节开关处。点火开关打开，操纵 LDW 开关，则 LDW 系统开启，LDW 系统处于激活状态。

（2）LDW 系统工作限制条件与状态识别。当车辆处于下列状态时，LDW 系统功能受限，处于失效状态。

① 开启了转向指示灯；

② 开启了危险报警灯；

③ 执行了急转向操作，横向速度过大；

④ 电子稳定程序（ESP）或防抱死制动系统（ABS）控制介入。

LDW 系统的不同工作状态可通过组合仪表显示状态进行辨识，如图 4-32 所示。

图 4-32　LDW 系统工作状态
(a) 车辆两侧的车道线未被填充，LDW 系统待机或 LDW 系统激活未检测到车道线；
(b) 车辆两侧的车道线已经被填充，LDW 系统激活无警示触发；(c) 左侧车道线被红色填充，LDW 系统进行警示

（3）LDW 系统的工作原理。

红旗 H5 轿车 LDW 系统的工作原理示意如图 4-33 所示。

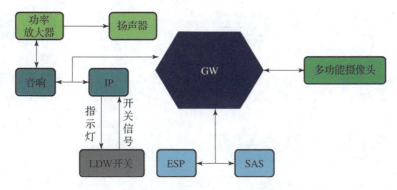

图 4-33　红旗 H5 轿车 LDW 系统的工作原理示意
IP　组合仪表控制单元；GW　网关；SAS　转向角传感器

二、FCW 系统

FCW 系统能够通过摄像头时刻监测前方车辆，判断本车与前车之间的距离、方位及相对速度，当存在潜在碰撞危险时，对驾驶员进行警告。AEB 系统根据 FCW 系统和其他系统的信息进行分析判断，当存在碰撞可能时，AEB 系统将通过 ABS/ESP 进行制动，以减少或避免碰撞的风险。

（1）FCW 系统的组成。FCW 系统主要由多功能摄像头、组合仪表、ABS/ESP、音响单元、车身电气控制单元（BCM）组成。其多功能摄像头与 LDW 系统的多功能摄像头为同一摄像头，用于监测车辆前方状况。

（2）FCW 系统的开启及关闭。FCW 系统与 AEB 系统捆绑在一起，同时关闭或开启。点火开关位于点火挡时，通过组合仪表功能配置菜单"前防撞预警/主动制动"开启或关闭，如图 4-34 所示。当 FCW 系统或 AEB 系统出现故障时，系统功能被限制，处于失效状态。

图 4-34　FCW 系统和 AEB 系统的开启及关闭

（3）FCW 系统的工作原理。红旗 HS7 轿车 FCW 系统与 AEB 系统的工作原理示意如图 4-35 所示。

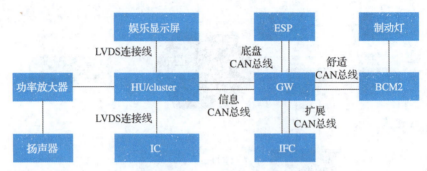

图 4-35　红旗 HS7 轿车 FCW 系统与 AEB 系统的工作原理示意
IC—组合仪表；HU—娱乐系统主显示单元；GW—网关；IFC—智能前世摄像头（多功能摄像头）

【参考书目】

1.《汽车舒适安全与信息系统检修》(北京理工大学出版社）；
2.《大众汽车维修手册》；
3. 大众汽车电路图；
4.《红旗汽车用户手册》。

学生笔记：

___

___

___

模块四测试题及答案请扫描以下二维码。

模块四测试题

模块四测试题答案

模块五 驾驶员辅助系统的应用

任务 5.1 自适应巡航系统的使用和校准

【任务信息】

任务 5.1 自适应巡航系统的使用和校准			
任务难度	中级	参考学时	2 学时
案例导入	一位车主反映,在使用自适应巡航系统时,前方车辆若停车超过 3 s 后再起动前行,该车不能跟着走。据此维修人员需要向客户介绍使用自适应巡航系统的限定条件,且若车辆发生过前部碰撞事故,则应在更换雷达后再进行校准		
能力目标	知识	1. 能够掌握自适应巡航系统的组成及功能; 2. 能够掌握自适应巡航系统的限定条件及使用方法	
	技能	能够对自适应巡航系统进行校准	
	素质	1. 能够展示操作成果; 2. 能够与团队成员协作完成任务; 3. 能够树立对自主汽车品牌的自信心	
任务 5.1 PPT			

【任务流程】

[任务准备]

若具有自适应巡航功能的车辆前部发生碰撞后更换雷达,如何做好相应的准备工作?在更换雷达后应如何进行自适应巡航系统的校准?请扫描二维码进行学习。

任务 5.1 任务准备

[任务实施]

任务 5.1.1　自适应巡航系统的使用

请查看相关车型维修手册，完成以下工作表。

一、工作表：自适应巡航系统的使用

（1）说明下图中定速巡航控制开关中各个按键的功能。

（2）说明定速巡航系统所需的传感器及其作用。

（3）说明下图中自适应巡航系统控制开关各个按键的功能。

（4）说明自适应巡航系统的功能。

（5）说明自适应巡航系统的组成及作用。

_____

_____

（6）说明自适应巡航系统使用的注意事项。

_____

_____

二、参考信息

（一）汽车定速巡航功能

1. 认识定速巡航功能

定速巡航控制系统（Cruise Control System，CCS）是一种利用电子控制技术保持汽车自动等速行驶的系统。当汽车在高速公路上长时间行驶时，接通定速巡航控制开关，设定希望的车速，定速巡航控制系统将根据汽车行驶阻力的变化，自动增大或减小节气门开度，使汽车按设定的车速等速行驶，驾驶员不必操纵加速踏板。因此，定速巡航控制系统可以减轻驾驶员的疲劳感。

2. 定速巡航功能的优点

由于定速巡航控制系统能够使汽车自动以等速行驶，避免了驾驶员操纵加速踏板使汽车行驶车速反复变化，使发动机的运行工况变化平稳，改善了汽车的燃料经济性和发动机的排放性能。另外，由于定速巡航控制系统工作时汽车等速行驶，可以改善汽车的行驶平顺性，提高汽车的舒适性。

3. 定速巡航系统的组成

定速巡航系统由定速巡航控制开关、定速巡航传感器、定速巡航控制器、执行器等组成。

（1）定速巡航系统控制开关如图 5-1 所示，其包括定速巡航系统开关按键、车速调整及设定按键、增加巡航车速按键和降低巡航车速按键。图 5-2 所示为定速巡航系统开关按键，短按此按键可以开启或关闭/退出定速巡航控制系统。

图 5-1 定速巡航系统控制开关

图 5-2 定速巡航系统开关按键

图 5-3 所示为增加巡航车速按键。短按此按键可以增加巡航车速。如果巡航控制系统已经启用，按压增加巡航车速按键并保持，巡航车速先调整为 10 的倍数，然后再以 10 km/h 为步长递增，在达到想要的目标车速时松开此按键即可。

图 5-4 所示为降低巡航车速按键。短按此按键可以降低巡航车速。如果巡航控制系统已经启用，按压降低巡航车速按键并保持，巡航车速先调整为 10 的倍数，然后再以 10 km/h 为步长递减，在达到想要的目标车速时松开此按键即可。

图 5-3　增加巡航车速按键

图 5-4　降低巡航车速按键

（2）定速巡航传感器。定速巡航传感器主要包括车速传感器、节气门位置传感器、制动踏板传感器和挡位传感器等。

① 车速传感器。车速传感器信号的作用是使定速巡航控制单元进行巡航车速的设定及将实际车速与设定车速进行比较，以便实现等速控制。

② 节气门位置传感器。节气门位置传感器信号的作用是使定速巡航控制单元计算输出量与节气门开度的关系，以确定输出量的大小。

③ 制动踏板传感器。制动踏板传感器的作用是使定速巡航控制单元判断驾驶员对纵向控制的接管意愿。

④ 挡位传感器。挡位传感器的作用是使定速巡航控制单元判断驾驶员对纵向控制的接管意愿。

（3）定速巡航控制器。定速巡航控制器的功能通常是由发动机管理系统（EMS）完成的，即 EMS 也是定速巡航控制器。它通过接收定速巡航控制开关以及定速巡航传感器的输入，对定速巡航控制系统进行控制。定速巡航控制器的功能如下。

① 记忆设定车速功能。当定速巡航控制开关接通，车辆在定速巡航控制车速范围内（一般为 40~200 km/h）行驶时，操作增加/降低巡航车速按键可以设定巡航车速。定速巡航控制单元将设定的车速存储在存储器内，并将按设定车速控制汽车等速行驶。

② 等速控制功能。定速巡航控制单元将实际车速与设定车速进行比较，确定节气门是否应该开大或关小，并根据实际车速与设定车速的差值计算出节气门开大或关小的量，进而对执行器进行控制，保证汽车按设定车速等速行驶。

③ 设定车速调整功能。当汽车以定速巡航控制模式行驶时，如果将设定车速提高或

降低，只要操作恢复/增加巡航车速或设定/降低巡航车速按键，就可以使设定车速改变，定速巡航控制单元将记忆改变后的设定车速，并按新设定的车速进行定速巡航行驶。

④ 取消和恢复功能。当汽车以定速巡航控制模式行驶时，如果接通取消开关或接通任何一个退出定速巡航控制的开关，定速巡航控制单元将控制执行器取消定速巡航控制。取消定速巡航控制以后，要想重新按定速巡航控制模式行驶，只要操作恢复/增加巡航车速按键，定速巡航控制单元将恢复原来的定速巡航控制行驶。

⑤ 车速下限控制功能。车速下限是定速巡航控制所能设定的最低车速，不同的车型稍有不同，一般为 40 km/h。当车速低于 40 km/h 时，巡航车速不能被设定，定速巡航控制系统不能工作。当定速巡航行驶时，如果车速降至 40 km/h 以下，定速巡航控制将自动取消，且定速巡航控制单元存储器内存储的设定车速将被清除。

⑥ 车速上限控制功能。车速上限是定速巡航控制所能设定的最高车速，一般为 200 km/h，车速超过该数值，巡航车速不能被设定。汽车在定速巡航控制模式行驶时，如果操作增加巡航车速按键，车速也不能增加至 200 km/h 以上。

（4）执行器。

执行器在定速巡航控制系统中起重要作用，它按照来自定速巡航控制单元的指令调节节气门的开度。

4. 定速巡航控制系统的工作原理

定速巡航控制系统的基本控制原理方框图如图 5-5 所示。

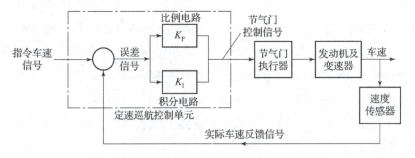

图 5-5 定速巡航控制系统的基本控制原理方框图

当定速巡航控制系统开始工作时，定速巡航控制单元接收到两个输入信号：一个是驾驶员设定的指令车速信号，另一个是实际车速反馈信号。定速巡航控制单元检测这两个输入信号自检的误差后，经放大处理后产生一个送至节气门执行器的节气门控制信号，节气门执行器根据所接收的节气门控制信号调节节气门开度，以修正定速巡航控制单元所检测到的误差，从而使车速保持恒定。

定速巡航控制单元作为定速巡航控制系统的核心部件，一般采用"比例－积分"控制系统，线性放大部件 K_p 成比例地反映系统的偏差信号，偏差一旦产生，线性放大部件 K_p 即产生控制作用，以减小偏差，而积分放大器 K_I 则设置为一条斜率可调整的输出控制线，用以在短时间内将车速误差降至趋近零的很小范围。节气门控制信号则是比例电路和积分电路两部分输出信号的叠加。另一种办法是将车速信号输入计算机处理，采用这种控制方法可以使用更先进的程序。车速与节气门开度的关系如图5-6所示。

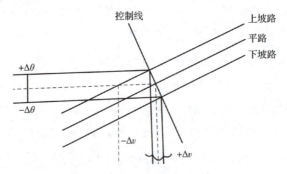

图5-6　车速与节气门开度的关系

汽车在平坦路面上行驶时的车速与节气门开度的关系曲线存储在计算机中。因此，当车速达到v_0时，按下拟定按键，节气门开度先被定为θ_0，计算机还拟定了控制线，当汽车在平坦路面上以速度v_0行驶时，按下拟定按键，便进入自动行驶状态。当爬坡时，行驶阻力增加，因此，车速与节气门开度的关系就变成上坡路行驶曲线，此时，若没有车速自动控制装置进行节气门开度调节，车速会下降。但由于装有车速自动控制装置，当行驶阻力增加、车速下降时，传感器就把该信号反馈给计算机，经过处理后发出指令，沿着控制线调节节气门开度，节气门开度便从θ_0变为$+\Delta\theta$，使车速保持稳定，重新取得平衡，汽车便以这一速度行驶。汽车下坡时，行驶阻力减小，车速与节气门开度的关系就变成下坡路行驶曲线。此时，车速自动控制装置也沿着控制线调节节气门开度，使节气门开度从θ_0变为$-\Delta\theta$，车速重新取得平衡。由此可见，即使行驶阻力发生变化，车速也只能在特定的范围内变化，使车速基本保持稳定。

5.定速巡航系统注意事项

（1）为了保证行车安全，在交通繁忙的道路上或遇到雨、雾、雪天气时，不要使用定速巡航控制系统。

（2）为了避免定速巡航控制系统误工作而影响驾驶安全，在不使用定速巡航控制系统时，应将定速巡航控制开关关闭。

（3）在较陡的坡道上行驶时，不宜使用定速巡航控制系统。

（4）使用定速巡航控制系统时要注意观察仪表板上的巡航（CRUISE）指示灯是否闪亮。

（5）定速巡航控制系统是辅助系统，驾驶员需要时刻观察路面情况。

（二）认识自适应巡航系统

自适应巡航系统是在定速巡航系统的基础上发展而来的全新巡航系统，能够自动保持车辆的巡航速度和本车与前方车辆的设定安全距离。自适应巡航功能可在 0~130 km/h 的车速范围内综合控制车速及与目标车辆的距离,从而减轻驾驶员的负担,增加驾驶舒适感。另外,根据前方是否存在行驶的车辆,自适应巡航系统还可以在定速巡航和跟车巡航之间自动切换。由于实际驾驶环境复杂,在某些情况下,驾驶员也可以根据需要随时干预车辆,主动操控车辆与目标车辆的距离,必要时自适应巡航系统会通过声光报警提示驾驶员。

如果自适应巡航系统检测到车距小于设定的随车距离时,车辆自动减速;如果前面车辆加速或驶离车道,则车辆可以加速至设定的巡航车速。

1. 自适应巡航系统的组成

自适应巡航系统由自适应巡航控制开关(图 5-7)、毫米波雷达、自适应巡航控制器和执行单元等组成。

(1)自适应巡航控制开关。图 5-7 所示为自适应巡航控制开关。

① 自适应巡航系统开关按键。按下此键可以开启/关闭/退出 ACC 系统。

② 车速调整及设定按键。"RES/+"(恢复/加速):向该方向推动按键,可按上一次设定的巡航车速恢复激活,或增加设定加速;"SET/-"(设定/减速):向该方向推动按键,可按当前车速设定为巡航车速激活,或减小设定车速。

③ 增加车间时距按键。按下该按键,增加自适应巡航的车辆与前方车辆之间的时距。

④ 减少车间时距按键。按下该按键,减少自适应巡航的车辆与前方车辆之间的时距。

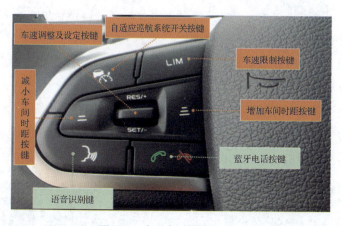

图 5-7 自适应巡航控制开关

(2)毫米波雷达。自适应巡航系统比定速巡航系统增加了毫米波雷达,主要用于探测车辆周围物体的相对距离、相对速度和方向角信息。

毫米波雷达是指工作频段在毫米波频段的雷达,毫米波是波长为 1~10 mm 的电磁波,如图 5-8 所示。毫米波雷达主要用于自适应巡航系统、AEB 系统和并线辅助系统。

图 5-8 毫米波雷达

毫米波测距原理一般分为脉冲方式和调频连续波方式两种。其中，脉冲方式测距原理简单，但由于受技术、元器件等方面的影响，实际应用很难实现。大多数车载毫米波雷达都采用调频连续波方式，其结构简单，体积小，可同时得到目标相对距离和相对速度。

（3）自适应巡航控制器。自适应巡航控制器根据驾驶员所设定的安全车距及巡航车速，结合毫米波雷达传送来的信息确定当前车辆的行驶状态，决策出车辆的控制作用，并输出给执行单元。例如当两车间的距离小于设定的安全距离时，自适应巡航控制器计算实际车距和安全车距之比及相对速度的大小，选择减速方式，同时通过报警器向驾驶员报警，提醒驾驶员采取相应的措施。

（4）执行单元。执行单元主要执行自适应巡航控制器发出的指令，它包括发动机控制器、制动控制器、挡位控制器等，发动机控制器用于调整节气门的开度，使车辆进行加速、减速及定速行驶；制动控制器用于紧急情况下的制动；挡位控制器用于控制车辆变速器的挡位。

2. 自适应巡航系统的工作原理

在车辆行驶过程中，安装在车辆前部的毫米波雷达持续扫描车辆前方道路，同时车速传感器采集车速信号。当车辆前方无障碍物时，车辆按设定的速度巡航行驶；当行驶车道的前方有其他前行车辆时，自适应巡航系统控制单元将根据本车和前方车辆之间的相对距离及相对速度等信息，通过与ABS、发动机控制系统、自动变速器控制系统协调动作，对车辆纵向速度进行控制，使本车与前方车辆始终保持安全距离。

3. 自适应巡航系统的限制

（1）在驶入弯道和驶出较长的弯道时，毫米波雷达可能对相邻车道上的汽车作出反应，如图5-9所示。

（2）若车辆不在同一条直线上行驶，则只有在毫米波雷达的识别范围之内才能被识别出来。特别对于狭窄型的机动车（例如摩托车）更是如此，毫米波雷达无法识别不在识别范围之内的狭窄型机动车，如图5-10所示。

图5-9 车辆驶入弯道和驶出较长的弯道

图5-10 毫米波雷达检测不到狭窄型机动车

（3）自适应巡航系统是驾驶辅助系统，而不是自动驾驶系统，因此驾驶员要注意路面情况，必要时还要施加制动。

（4）雨水和污物对毫米波雷达的影响。如果毫米波雷达的功能因大雨、水花、雪和泥受影响，自动车距控制会暂时自动关闭，组合仪表显示屏上出现"Clean ACC!"。在这种情况下，自动车距控制的工作方式就像"普通"定速巡航系统一样，保持设置的车速，但是不控制与前车的距离。

自适应巡航系统的功能及使用

（三）红旗车型自适应巡航系统的使用

1. 自适应巡航系统的设定

以红旗 E-HS3 轿车为例，说明自适应巡航系统的设定步骤。

步骤 1：向后拉自适应巡航控制手柄，如图 5-11 所示。

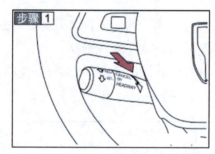

图 5-11 红旗 E-HS3 轿车的自适应巡航功能开启

步骤 2：当自适应巡航白色指示灯点亮时，加速或减速至所需车速，然后向下拨自适应巡航控制手柄至"SET-"位置。自适应巡航绿色指示灯点亮，可以将当前车速设定为巡航车速，如图 5-12 所示。

当前车速低于 30 km/h 时，设定车速为 30 km/h。

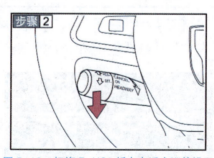

图 5-12 红旗 E-HS3 轿车自适应巡航设置

步骤 3：拨动开关进行车速调节，如图 5-13 所示。

（1）提高车速。

短拨：拨动 1 次提高车速 5 km/h；

长拨：自适应巡航系统确认长拨有效后，将以 1 km/h 的步长连续增加车速。

（2）降低车速。

短拨：拨动 1 次降低车速 5 km/h；

长拨：自适应巡航系统确认长拨有效后，将以 1 km/h 的步长连续减小车速。

注：短拨时，若当前设定的车速不是 5 的倍数，则调节时首先自动变为 5 的倍数。

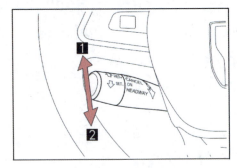

图 5-13　红旗 E-HS3 轿车自适应巡航车速调节

步骤 4：设定与前车的随车距离。向后短拉自适应巡航控制手柄至"HEADWAY"位置，即可设定与前车的随车距离，如图 5-14 所示。

自适应巡航系统提供 4 种间距离，每拨动一次自适应巡航控制手柄，实现一种模式的切换，4 种间距以 4—3—2—1—4—……的顺序进行循环。

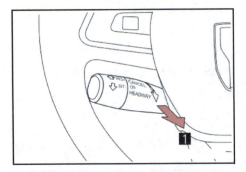

图 5-14　红旗 E-HS3 轿车自适应巡航随车距离设定

设定巡航车速时，组合仪表显示如图 5-15 所示。

图 5-15　红旗 E-HS3 轿车自适应巡航系统设定车速时组合仪表显示
1—设定的巡航车速；2—自适应巡航指示灯（灰色：系统待机，不满足设定条件；白色：系统开启，满足设定条件，可进行自适应巡航设定；绿色：系统工作，进入自适应巡航状态）；3—设定的随车距离（默认的随车距离为"间距 4"）

2. 自适应巡航控制的取消和恢复

（1）取消。踩下制动踏板或向前推自适应巡航控制手柄至"CANCEL"位置然后松开，可以取消自适应巡航控制。

（2）恢复。要恢复自适应巡航控制并返回设定车速，向上拨动自适应巡航控制手柄至"RES+"位置然后松开，可以恢复自适应巡航控制。

任务 5.1.2　自适应巡航系统的校准

一、工作表：自适应巡航系统的校准

查看相关车型维修手册，并完成以下工作表。

（1）列出自适应巡航系统校准所需工具和设备。

（2）列出自适应巡航系统校准的前提条件。

（3）记录自适应巡航系统校准的过程。

二、参考信息

（一）自适应巡航系统校准工具

自适应巡航系统校准工具包括四轮定位仪 VAG 1995K（图 5-16）、基础校准架 VAS 6430/1（图 5-17）、激光发射器和校准目标盘 VAS 6430/2（图 5-18）、诊断仪 VAS5051B/5052/5052A（版本 16.01 以上）（图 5-19）。

图 5-16　四轮定位仪 VAG 1995K

图 5-17　基础校准架 VAS 6430/1

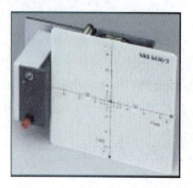

图 5-18 激光发射器和校准目标盘 VAS 6430/2

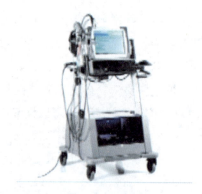

图 5-19 诊断仪 VAS5051B/5052/5052A（版本 16.01 以上）

（二）自适应巡航系统校准的前提条件

（1）自适应巡航系统校准必须在车辆四轮定位参数调整正确的情况下才能进行。

（2）在以下情况发生后必须进行自适应巡航传感器的机械调整：

① 调整四轮定位仪后；

② 拆装或更换自适应巡航传感器后；

③ 拆装或更换自适应巡航传感器固定支架后；

④ 拆装或损坏车辆前部后。

（三）自适应巡航系统校准的注意事项

自适应巡航传感器机械调整前必须注意以下事项。

（1）车辆悬挂及转向情况状态正常，无损坏。

（2）同一车轴上轮胎花纹深度相差不超过 2 mm。

（3）车辆处于整备质量状态：

① 轮胎气压符合规定；

② 车辆空载；

③ 油箱必须加满；

④ 风窗清洗液、冷却液、制动液必须加满；

⑤ 备胎及随车工具安装到位。

（4）松开转角盘和后滑板锁销，使其处于自由状态。

（四）自适应巡航系统校准过程

（1）车辆停放在举升机上，确保车辆后轮落在后滑板上，前轮位于转角盘中心，确保车辆前部与 VAS 6430/2 的间距大于 1.2 m。

（2）安装好 4 个卡具。

（3）安装好 4 个传感器，确保传感器处于水平位置。

（4）连接通信电缆。

（5）在定位程序的"快速上升"菜单中选择"校准 ACC/ADR"选项，输入维修单信息，选择车型，系统中出现被选定车型的标准车轮定位数据。

（6）进行车辆状况界面确认、校准必要性界面确认、检测前提界面确认、测量系统的结构界面确认。

（7）对两个后轮进行偏位补偿。

偏位补偿可以消除如下测量误差：

① 钢圈存在失圆带来的误差；

② 卡具安装不到位带来的误差；

自适应巡航系统校准

③ 卡具的卡爪存在磨损带来的误差；

④ 特殊钢圈（例如边缘呈弧形凸起或无沿钢圈）需要配合使用卡爪套管装卡的情况下带来的误差。

（8）后轮补偿完成后，上下晃动车身后部，使后轴悬挂复位，挂好卡具安全钩。

（9）进入"校准 ACC/ADR 准备"界面，选择校准装置 VAS 6430/2，进入准备工作界面。

（10）打开前机舱盖，拆下徽标，测量自适应巡航传感器的校准镜与校准目标盘的准确距离，调整 VAS 6430/2 的位置，确保自适应巡航传感器与 VAS 6430/2 校准目标盘前端面的距离为 1 145 mm。

（11）分别调整 VAS 6430/2 基座上的 1、2、3 号调整旋钮，使横、纵两个水平仪处于水平状态。

（12）将四轮定位仪的两个前端传感器分别安装到 VAS 6430/2 标定杆的两端，将四个传感器上的水平气泡都调整为水平状态。

（13）打开 VAS 6430/2 开关，按下红色激光发射按键，启动目标盘中央的激光发射器，使激光点位于自适应巡航传感器校准镜的正中央。

（14）进入"ACC/ADR 检验和校准"界面，确认并查看状态，VAS 6430/2 的定位工作已经完成，切勿再次移动 VAS 6430/2。

（15）将 VAS 5052A 的无线数据传输器安装在车上，打开点火开关，启动 VAS 5052A，选择引导型功能进行调整。参照系统中显示的垂直和水平正确坐标值对自适应巡航传感器进行调整：调整水平方向，旋转左下角螺栓；调整垂直方向，旋转右上角螺栓，如图 5-20 所示。最终使激光点到达规定的坐标位置。

（16）安装徽标。

图 5-20 自适应巡航传感器调整螺栓

【任务拓展】

红旗车型 SACC（高级巡航功能）是在自适应巡航功能的基础上开发出来的，不仅可进行巡航和跟车，还可以通过先进驾驶辅助系统摄像头识别车道线，控制车辆沿本车道中心线行驶，提高驾驶的舒适性和安全性。

go&stop 功能可根据与前方车辆的距离主动进行制动或自动加速至设定巡航车速。跟车距离调整 1.0 s、1.4 s、1.8 s、2.1 s 可选，如图 5-21 所示。

在 SACC 系统工作过程中，转向辅助功能可使车辆保持在车道线内行驶。

如果 SACC 系统检测到车距小于设定的随车距离，车辆就自动减速；若前车加速或驶离车道，则车辆可以加速至设定的巡航车速。

图 5-21 红旗车型 SACC（高级巡航功能）设定界面

【参考书目】

1.《汽车舒适与安全系统检修》（高等教育出版社）；
2.《红旗 E-HS3 轿车用户手册》。

任务 5.2 车道保持系统的使用

【任务信息】

任务 5.2　车道保持系统的使用			
任务难度	中级	参考学时	2 学时
案例导入	某 4S 店内，客户想选购一辆带有车道保持系统的汽车，但客户不了解此系统的功能，想了解如何使用。销售顾问应向客户介绍车道保持系统的功能及具体使用方法		
能力目标	知识	1. 能够正确描述车道保持系统的功能； 2. 能够正确描述车道保持系统的组成及原理	
	技能	能够正确使用车道保持系统	
	素质	1. 能够展示操作成果； 2. 能够与团队成员协作完成任务； 3. 能够树立对自主汽车品牌的自信心	
任务 5.2 PPT			

【任务流程】

［任务准备］

若客户的车辆带有车道保持系统，应如何指导用户正确使用车道保持系统？请扫描二维码进行学习。

任务 5.2 任务准备

［任务实施］

学习车道保持系统功能及其使用方法，完成下面的工作表。

一、工作表：车道保持系统的使用

（1）说明车道保持系统的功能。
_____
_____

（2）说明车道保持系统使用的注意事项。
_____
_____

（3）说明车道保持系统的组成。
_____
_____

（4）说明车道保持系统所需的传感器及其作用。
_____
_____

（5）简述车道保持系统控制器的作用。
_____
_____

二、参考信息

（一）认识车道保持系统的功能

如果道路上有车道线，或者车道与车道线之间存在足够明显的对比，就可识别道路走向。车道保持系统为驾驶员提供关于车道的信息，实施修正性或者辅助性的转向干预。如果车道保持系统的转向干预不足以修正转向，就会通过振动方向盘警告驾驶员。如果驾驶员松开转向盘超过设定的时间，车道保持系统就会向驾驶员发出一个视觉和声音警告（转向盘离手识别）。当驾驶员有意变道，例如超车时，车道保持系统功能将受限。

（二）车道保持系统的组成

车道保持系统主要由信息采集单元、电子控制单元和执行单元等组成，如图 5-22 所示。

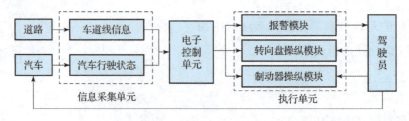

图 5-22　车道保持系统的组成

（1）信息采集单元。信息采集单元主要包括用于车道识别的传感器，如图 5-23 所示的摄像头；监测车辆状态的传感器，如轮速传感器、惯性测量组件等；驾驶操作信息模块，比如驾驶转向的力矩和转向盘角度、转向灯信号、制动踏板信号等。

图 5-23 摄像头

摄像头主要由镜头、图像传感器、数模转换器、图像处理器、图像存储器等组成，如图 5-24 所示。摄像头安装在一个专用的摄像头支座上，该支座粘贴固定于挡风玻璃上。摄像头的镜头经过了适当的安置和校准，使其位于雨刮器的雨刮范围内。由此，车道保持系统的功能不会由于挡风玻璃脏污而受到影响。

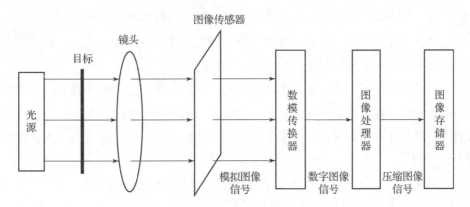

图 5-24 摄像头的组成

（2）电子控制单元。电子控制单元主要通过特定的算法对信息进行处理，并判断是否做出车道偏离修正的相应操作。电子控制单元的性能直接影响车道偏离修正的及时性，因此在选择中央处理器和设计控制算法时，要着重考虑运算能力和运算速度。

（3）执行单元。执行单元主要分为报警模块、转向盘操纵模块和制动器操纵模块。图 5-25 所示为仪表报警。报警模块通过转向盘或座椅振动、仪表盘显示、声音警报中的一种或多种形式实现。图 5-26 所示为转向盘操纵模块，主要实现横向运动，并保证汽车在车道保持系统工作期间具有一定的行驶稳定性。

图 5-25 仪表报警

图 5-26 转向盘操纵模块

（三）车道保持系统工作原理

（1）工作状态。

① 打开和关闭。车道保持系统通过转向灯操纵杆端部的驾驶员辅助系统按键打开或关闭。短按该按键，在组合仪表控制单元的显示屏上就会显示一个列表。可通过多功能转向盘上的向上/向下键移动光标，从该列表中选择车道保持系统对应的条目"Lane Assist"。按下"OK"键，即可打开或关闭车道保持系统。

② 激活模式。在激活模式下，车道保持系统获取道路上的车道线信息，当车辆将要偏离车道线时，车道保持系统会借助电控转向助力系统施加一个转向修正力矩。组合仪表中的车道保持系统指示灯以绿色点亮时，表明车道保持系统处于激活模式。

③ 待机模式。在待机模式下，摄像头仍会继续获取道路信息，并由车道保持系统进行分析。如果识别到清晰的车道线，或当所需的运行条件都满足，车道保持系统就会重新切换到激活模式。驾驶员可通过车道保持系统指示灯获悉此时车道保持系统处于待机模式，此时不对车辆施加转向修正干预并且不发出警告。

（2）车道保持功能。借助识别出的车道线，如果车辆将要偏离车道线，那么车道保持系统便会借助电控机械式转向助力系统施加一个转向修正力矩（最大 3 N·m），以修正车辆的偏移。在这种情况下，转向力矩的大小取决于车辆与识别出的车道线所形成的夹角。

（3）转向盘离手识别。车道保持系统除了监控车辆是否保持在车道线内行驶之外，还识别驾驶员松开转向盘的时间。如果车道保持系统识别到驾驶员的手离开转向盘的持续时间超过 8 s，那么便会发出电子警告音，以此提醒驾驶员松开转向盘可能带来危险。同时，在组合仪表的显示屏上还会出现一条文字信息，提醒驾驶员接管转向操作。

（四）车道保持系统使用的注意事项

车道保持系统只是辅助驾驶员将车辆维持在本车道内，不能完全代替驾驶员的操作，并且只能在一定弯道半径之内起作用，若脱手时长超过一定阈值，车道保持系统将提醒驾驶员双手紧握转向盘。驾驶员必须一直保持对车辆的控制并且对车辆负有全部责任。

车道保持系统的功能及使用

【任务拓展】

大众车型车道保持系统道由道路偏离预警控制单元、电动助力转向控制单元、转向助力电动机、多功能转向盘、转向柱控制单元和组合仪表等组成，如图 5-27 所示。

（1）道路偏离预警控制单元与摄像头传感器为一体，安装在内后视镜底座支架的罩盖内。摄像头用来扫描车辆行驶方向的道路情况，并将此信息送入道路偏离预警控制单元内,摄像头的分辨率为 640×480(VGA),景深为 12 m,相当于 4 096 级灰度,刷新速率为每秒 25 帧图像,扫描范围为 20~60 m。

(2)多功能转向盘与转向柱控制单元。可以通过开启多功能转向盘上的开关,也可以通过开启按键开关,将车道保持系统产生的信号通过转向柱控制单元转向控制单元的总线与其他系统进行数据信号的共享。

(3)组合仪表。车道保持系统的工作反馈显示在组合仪表内,显示的状态有系统关闭、主动模式开启和被动模式开启 3 种。

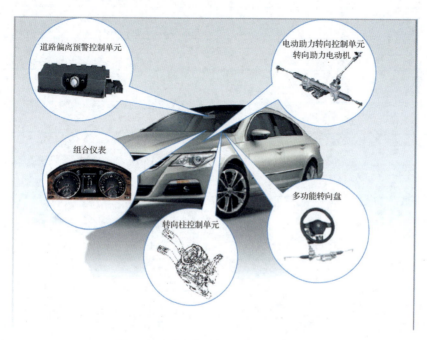

图 5-27 大众车型车道保持系统的组成

【参考书目】

1.《汽车舒适与安全系统检修》(高等教育出版社);
2.《红旗 E-HS3 轿车用户手册》。

学生笔记:

任务 5.3 红旗车型自动泊车系统的使用

【任务信息】

任务 5.3 红旗车型自动泊车系统的使用			
任务难度	中级	参考学时	2 学时
案例导入	某客户在某 4S 店刚选购的红旗轿车带有自动泊车系统，但客户不了解此系统的功能，想了解如何使用。销售顾问应向客户介绍自动泊车系统的功能及具体使用方法。		
能力目标	知识	1. 能正确描述自动泊车系统的功能及类别； 2. 能正确描述自动泊车系统的组成及工作原理	
	技能	能正确使用自动泊车系统	
	素质	1. 能展示操作成果； 2. 能与团队成员协作完成任务； 3. 能树立对自主汽车品牌的自信心	
任务 5.3 PPT			

【任务流程】

[任务准备]

若客户的车辆是带有自动泊车功能的，如何指导客户正确使用自动泊车系统？如何正确指导客户使用手机 App 对自动泊车系统进行操作？请扫描二维码进行学习。

任务 5.3 任务准备

[任务实施]

学习自动泊车系统的使用方法，完成下面的工作表。

一、工作表：自动泊车系统的使用

（1）说明自动泊车系统的功能。
_____
_____

（2）说明自动泊车系统的分类。
_____
_____

（3）说明自动泊车系统的局限性。
_____
_____

（4）说明自动泊车系统的组成。
_____
_____

（5）说明自动泊车系统所需的传感器及其作用。
_____
_____

（6）简述自动泊车系统执行器的作用。
_____
_____

二、参考信息

（一）自动泊车系统的功能

1. 认识自动泊车系统的功能

自动泊车系统是利用车载传感器探测有效泊车空间并辅助控制车辆完成泊车操作的一种先进驾驶辅助系统。自动泊车系统通过超声波传感器及摄像头测量道路两侧的车位长度，选定适合的车位后自动控制车辆进行泊车，并将车辆停靠在选定的车位中。自动泊车系统包括自动泊入和自动泊出功能，可以通过多媒体显示屏进行选择操作。

2. 自动泊车系统的分类

（1）辅助泊车：辅助驾驶员寻库，在泊车阶段，转动方向盘、换挡和控制速度由驾驶员完成。

（2）半自动泊车：辅助驾驶员寻库，在泊车阶段代替驾驶员转动方向盘、换挡和控制速度，有紧急刹停功能。

（3）全自动泊车：寻库、泊车、出库全过程代替驾驶员完成，驾驶员必须将车驾驶到泊车区域内。

（4）自主泊车：在设定的泊车区域完全自主行驶和泊车，驾驶员在泊车区域外下车，可通过手机远程控制。

3. 自动泊车系统的组成

自动泊车系统由传感器、自动泊车控制器、执行器及其他关联系统等组成。

（1）传感器。传感器为超声波传感器及摄像头。超声波传感器为自动泊车系统的必要组成部分，可以无摄像头，因为超声波雷达除了检测车位，另一个更重要的作用是检测障碍物，进行避障。摄像头为非必要组成部分，缺少摄像头仍可实现自动泊车，但是泊车应用场景会减少。

图 5-28 所示为超声波传感器。频率高于人类听觉上限频率（约 20 000 Hz）的声波称为超声波。超声波传感器是利用超声波的特性研制而成的传感器，是在超声波频率范围内将交变的电信号转换成声信号或者将外界声场中的声信号转换成电信号的能量转换器件。

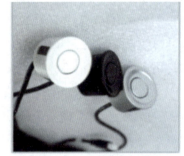

图 5-28　超声波传感器

超声波传感器的测距原理：声波发射头发出的超声波脉冲，经介质（空气）传到障碍物表面，反射后通过介质（空气）传到接收头，测出超声脉冲波从发射到接收所需要的时间，根据介质中的声速，求得从探头到障碍物表面的距离。

（2）执行器。

① 整车控制器（VCU）：在自动泊车功能中，VCU 的主要功能有两个：响应挡位切换和响应扭矩输出实现车辆运动。传统汽车中由 EMS 完成驱动部分，由 TCU 完成挡位切换。

② 电子稳定程序（ESP）：其主要作用为接收减速度信息实现车辆制动。目前 Bosch 提供的 ESP 支持两种制动接口：CDDS 与 CDDAP。其中，CDDAP 为泊车专用接口，通过发送剩余制动距离、紧急制动等信息可以实现更高精度的制动，其精度一般可以控制在 10 cm 内。另外 CDDAP 也提供了例如二段泄压的接口，用于在坡道上起步。

③ 电子刹车（EPB）：其主要作用是在泊车结束后使车辆驻车。另外，EPB 也可以作为制动冗余备份，EPB 一般支持在 3 km 以下直接响应，可以使车辆刹停。对于钥匙泊车和手机泊车，制动冗余备份是必要的。有部分车型，因成本考虑会把 EPB 控制器集成在 ESP 中，此时 ESP 出现异常，EPB 无法起到制动备份的作用。

④ 电子转向助力（EPS）：其主要作用是转动方向盘，实现车辆的横向控制。EPS 的接口有两个：扭矩控制与角度控制。其中，扭矩控制的方式一般用于车道保持系统。

自动泊车系统主要使用角度控制，其控制精度更高，响应一致性更好，方便轨迹跟踪算法的实现。

（3）自动泊车控制器。自动泊车控制器根据传感器传送来的信息确定当前车辆的行驶状态，决策出车辆的控制作用，并输出给执行器。

（4）其他关联系统

① 仪表（IP）：其主要作用是显示车位信息，并且提示泊车进程。

② 导航主机（HU）：其主要作用是显示泊车动画，提供泊车按钮。

③ 车身控制器（BCM）：其主要作用是提供车辆车门状态。当车门开启时，自动泊车系统应被禁用。车门开启会影响摄像头车位识别精度，另外车门开启时车辆边界改变，存在一定的碰撞风险。

④ 无钥匙进入系统（PEPS）：其主要作用是转发钥匙信号，实现钥匙遥控泊车。

⑤ 蓝牙模块（BLE）：可以集成在大屏幕中，但是要满足一定范围的连接距离，主要用于手机操控泊车。为了保证系统安全，防止蓝牙通道恶意攻击劫持，可以使用报文加密及时间戳来保证。手机泊车不使用 4G 或 5G 网络作为连接通道，这是因为网络信号容易受到环境干扰及存在网络延迟。例如，部分地下车库无网络信号，自动泊车功能将无法使用。另外若存在网络延迟，手机操控泊车过程中出现异常，需要保证车辆立即退出自动泊车功能。

4. 自动泊车系统的使用方法

1）车辆泊入

（1）点击泊车启动按键。在弹出的 HMI 界面中提示处于泊车搜索过程中，并且随着车辆的继续前行，车位与车辆位置动态变化。在车位搜索的过程中，当前行车速大于 27 km/h 或后行车速大于 12 km/h 时，HU 提示"车速过高，请减速"（3 s），待车速满足要求再继续搜索。如果车速继续升高，即前行车速超过 30 km/h 或后行车速超过 15 km/h，就立即退出车位搜索过程。

（2）车位搜索完成，并显示待泊入车位，驾驶员可对泊入车位进行选择。

（3）驾驶员选择泊入的车位，则判断车辆静止、车门关闭、驾驶员安全带系上、换挡杆自动模式，HMI 提示驾驶员长按 APA 开关（超过 2 s）并踩住制动踏板进行泊车，泊车完成后，车辆自动挂 P 挡，电子手动制动拉起，提示泊车完成。

（4）在泊车的过程中若出现发动机熄火，泊车的路面坡度过大，人为踩下制动踏板、加速踏板，拨动换挡器，拉起电子手动制动，按下 APA 开关，开启车门，松开安全带等中的任一种情况，自动泊车系统就会自动退出泊车模式。

2）车辆泊出

（1）发动机处于启动状态，挡位为 P 挡，车辆静止，按下 APA 开关或者在泊入控制 HMI 界面选择泊出，进入搜索车位状态，自动泊车系统自动检测车位模式（平行、垂直、鱼骨），输出车位信息，进入泊出车位 HMI 界面，提示驾驶员选择泊出方向。在车位搜索过程中，若检测到垂直车位前方有障碍物，则无法泊出；若检测出平行车位两边有障碍物，则无法泊出；若检测出车位长度不满足条件，则退出车位搜索状态，等待人为接管。

（2）自动泊车系统找到合适的车位，此时需满足挡位为 P 挡、四门关闭、驾驶员安全带系上、驾驶员选择泊车方向。

（3）自动泊车系统自动泊出车位，泊出操作完成后，车辆自动进入 P 挡，电子手动制动被拉起，提示泊出车位完成。若驾驶员超出 60 s 未选择，则退出泊出车位状态。

5. 自动泊车系统的局限性

（1）当有废弃物或冰雪盖住路沿时，自动泊车系统可能很难识别到路沿。

（2）如果在空位旁边有较小的阻碍物，尽管不妨碍停车，但自动泊车系统也有可能识别不出该空位是有效停车位。

（3）自动泊车过程中并不是完全没有碰撞的风险，驾驶员仍要时刻注意观察。

（二）红旗车型自动泊车系统的使用

1. 自动泊入

自动泊入有垂直泊车、斜位泊车和侧方泊车 3 种泊车模式。

（1）选择泊车模式。进入泊车模式选择界面，如图 5-29 所示。如未进行选择，自动泊车系统默认选择垂直泊车模式。

图 5-29　泊车模式选择界面

（2）选择车位。

① 自动选择。选择泊车模式后，车辆在行驶过程中，自动泊车系统可识别行驶方向两侧的车位。触按想要停靠的车位，即可将其设置为目标车位，如图 5-30 所示。在自动选择车位界面，红色表示不可用车位，黄色表示可用车位，绿色表示优选车位。

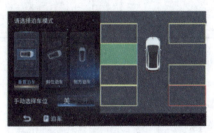

图 5-30　自动选择车位界面

② 手动选择。选择泊车模式后，开启手动选择车位开关，可在显示屏上拖曳和旋转车位框选择车位，如图 5-31 所示。在手动选择车位界面，红色表示不可用车位，白色表示可用车位。

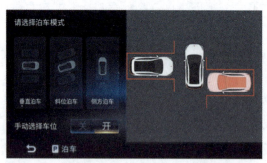

图 5-31　手动选择车位界面

选择车位后，触按"泊车"按键，系统进入泊车界面，车辆进入泊车控制状态。

 触按"泊车"按键进行泊车前，必须确认（通过全景影像）车辆周围环境是否存在碰撞风险。

（3）泊车控制。在泊车过程中，在显示屏上显示有泊车步数、当前车辆运行状态及车辆周边影像。可通过以下 3 种方法控制车辆走停。

① 使用换挡手柄解锁按键泊车过程中，持续按下换挡手柄解锁按键，直至车辆泊车完成，如图 5-32 所示。

② 使用遥控钥匙泊车按键泊车过程中，持续按下遥控钥匙泊车按键，直至车辆泊车完成，如图 5-33 所示。

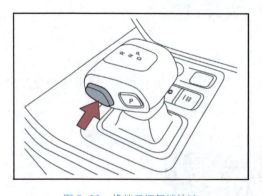

图 5-32　换挡手柄解锁按键

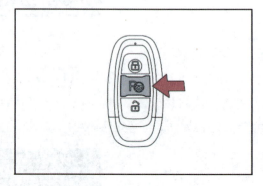

图 5-33　遥控钥匙泊车按键

③ 使用手机 App。在泊车过程中，持续按下手机 App 泊车按键，直至车辆泊车完成，如图 5-34 所示。

在泊车过程中，松开泊车按键，泊车过程停止，再次按下泊车按键，继续泊车。

3种泊车控制方法可交互使用。

（4）泊车下电控制。

① 使用换挡手柄解锁按键泊车后。泊车成功后，车辆所有转向灯闪烁一次，电子驻车制动自动开启，同时显示屏提示泊车结束。此时再次按下换挡手柄解锁按键，整车下电；如果在一段时间后未按下换挡手柄解锁按键，整车将自动下电。

② 使用遥控钥匙泊车按键泊车后。泊车成功后，车辆所有转向灯闪烁一次，电子驻车制动自动开启。

图 5-34　手机 App 泊车控制

此时再次按下遥控钥匙泊车按键，整车下电；如果在一段时间后未按下遥控钥匙泊车按键，整车将自动下电。

③ 使用手机 App 泊车按键泊车后。泊车成功后，车辆所有转向灯闪烁一次，电子驻车制动自动开启。此时按下手机页面的确认按键，整车下电；如果在一段时间后未按下手机页面的确认按键，整车将自动下电。

注：因车辆装备不同，若部分车型使用换挡手柄解锁按键泊车后无法通过其他方法操作下电，则请按下电源（点火）开关主动下电。

2. 自动泊出

1）选择出车模式

（1）自动出车有垂直出车、右侧出车和侧方出车 3 种模式。

选择出车模式后，触按"出车"按键，系统进入出车界面，车辆进入泊出控制状态，如图 5-35 所示。

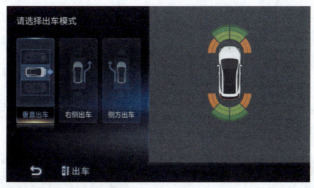

图 5-35　选择出车模式界面

（2）手机 App 选择。远程起动车辆后，可通过手机 App 选择垂直出车、水平向左、水平向右和遥控出车 4 种出车模式。

选择相应出车模式后，手机 App 进入相应的出车界面，车辆进入泊出控制状态，如图 5-36 所示。

图 5-36　手机 App 出车模式选择界面

2）出车控制

（1）在使用换挡手柄解锁按键出车过程中，持续按下换挡手柄解锁按键，直至车辆泊出完成，如图 5-37 所示。

（2）使用遥控钥匙泊车按键远程起动车辆后，持续按下遥控钥匙泊车按键，直至车辆泊出完成。

使用遥控钥匙泊车按键泊出车辆时，不可选择泊出模式，只能垂直出车，如图 5-38 所示。

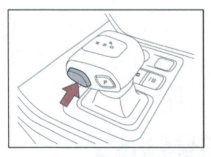

图 5-37　使用手柄解锁按键泊出车辆

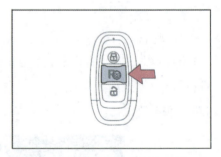

图 5-38　使用遥控钥匙泊车按键泊出车辆

（3）使用手机 App 出车按键（垂直出车、水平向左、水平向右）。在出车过程中，持续按下手机 App 出车按键，直至车辆泊出完成，如图 5-39 所示。

（4）使用手机 App（遥控出车）出车过程中，可转动"转向盘"、触按"前进""后退"按键控制车辆出车，如图 5-40 所示。

图 5-39　使用手机 App 出车按键泊出车辆

图 5-40　手机 App 遥控出车界面

3. 自动泊车系统的使用条件及注意事项

1）泊车工作条件

（1）车速低于 30 km/h。

（2）泊车过程中未人为操纵转向盘。

（3）ESC OFF 开关未激活。

（4）ESC/ABS/TCS 功能未工作。

（5）APA/ ESC/ABS/TCS/EPS 等功能无故障。

2）泊车退出条件

（1）驾驶员操控转向盘。

（2）打开车门。

（3）触按泊车取消按键。

（4）自动泊车功能开启后，在 4 min 内仍未完成驻车。

（5）自动泊车功能开启后，在超过最大移动次数后仍未完成驻车。

（6）SACC 功能激活。

（7）ESC OFF 开关激活。

（8）ESC/ABS/TCS 功能干预。

（9）PSC/ESC/ABS/TCS/EPS 等功能故障。

3）自动泊车系统的使用注意事项。

（1）使用手机 App 泊车时，需将手机连至车辆热点，才可对车辆进行泊车操作。

（2）在自动泊车过程中，当有障碍物影响泊车时，车辆自动停止，障碍物消失后继续泊车。如果障碍物在超过一段时间后仍然存在，自动泊车功能将终止。

（3）车辆在每开始一步泊车操作前，驾驶员都需根据目标车位确认是否存在碰撞风险。

（4）在自动泊车过程中，需全程观察车辆周围情况。在发现紧急情况需要紧急制动时，驾驶员应迅速释放泊车按键或踩下制动踏板或激活 EPB，以控制车辆停车。

【任务拓展】

前后泊车雷达系统由控制器和超声波雷达组成，超声波雷达布置如图 5-41 所示，超声波雷达可测量车辆与障碍物之间的距离，根据进入探测区域障碍物的距离变化，音响扬声器以不同频率鸣响，同时音响多媒体显示屏会显示障碍物的距离和方位信息。在使用该系统时，务必留意周围区域。

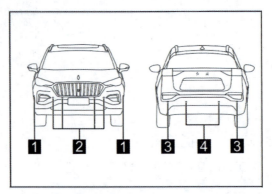

图 5-41　超声波车雷达布置

1—前部侧超声波雷达；2—前部中央超声波雷达；3—后部侧超声波雷达；4—后部中央超声波雷达

开启和关闭前后泊车雷达系统的方法如下。

方法一：换挡杆置于 R 挡，前后泊车雷达系统开启；将换挡杆移至其他挡位时，前后泊车雷达系统关闭。

方法二：车辆静止时，电源（点火）开关置于"ON"模式时，触按多媒体显示屏主菜单界面的"全景影像"按键，前后泊车雷达系统开启；退出全景影像界面，前后泊车雷达系统关闭。

前后泊车雷达系统开启后，当车速高于 15 km/h 时，该系统退出工作。

【参考书目】

1.《汽车舒适安全与信息系统检修》（北京理工大学出版社）；
2.《红旗 E-HS3 用户手册》。

学生笔记：

模块五测试题及答案请扫描以下二维码。

模块五测试题

模块五测试题答案

模块六　防盗系统故障诊断

任务 6.1　点火开关的 15 和 50 端子控制

【任务信息】

任务 6.1　点火开关的 15 和 50 端子控制			
任务难度	初级	参考学时	1 学时
案例导入	一位客户抱怨起动车辆时车辆无反应，不能起动。在进行检修前，维修人员要根据该客户的车型，清楚点火开关端子控制的路径，并根据端子标识、电路图和诊断仪的数据流进行故障判断		
能力目标	知识	1. 了解点火开关的结构； 2. 理解电路图中各个端子的定义	
	技能	1. 通过电路图能画出对应车型的点火开关端子的控制路径； 2. 根据客户的车型特点制订不同的维修计划	
	素质	1. 能展示操作成果； 2. 能与团队成员协作完成任务； 3. 增强客户服务理念	
任务 6.1 PPT			

【任务流程】

[任务准备]

课前预习内容请扫描二维码进行线上学习。

任务 6.1 任务准备

[任务实施]

任务 6.1.1　传统不带控制单元的点火开关的认识

一、工作表：汽车点火开关的认识与操作

（1）冬季，一辆宝来 A4 汽车因点火开关损坏需要救援，到达现场后如何应急连接？（写出过程和安全操作注意事项）

（2）若在插头上无法看清楚端子定义应如何操作？如何进行救援？

（3）车辆在行进的过程中，发现风窗玻璃的雾气特别大，这时需要怎样进一步处理？

（4）S 触点损坏会对车辆造成什么影响？在没有钥匙的情况下，收音机可以打开吗？

（5）收音机的改装作业很多，如果改装人员错误地把 S 触点当作是 30 电，会对车辆造成什么影响？

（6）如何在收音机处判断哪根线是 S 触点？

_____

_____

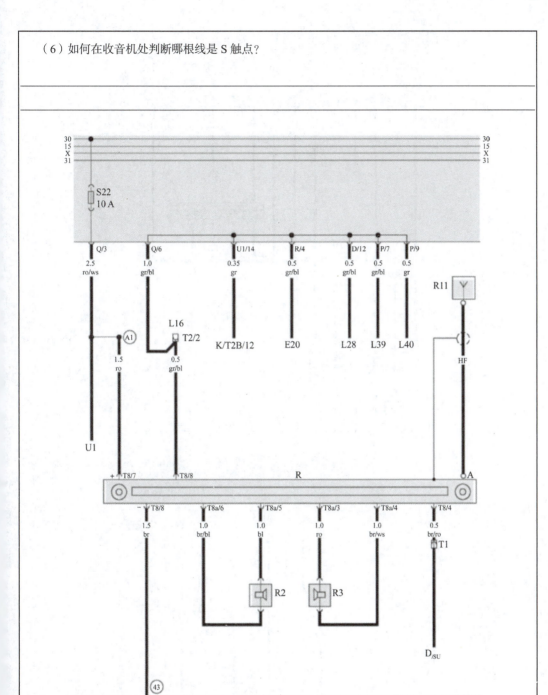

二、参考信息

（一）传统无控制单元的点火开关的端子定义

图 6-1 所示的是大众车型（PQ34 平台之前的车型）点火开关的电路示意。

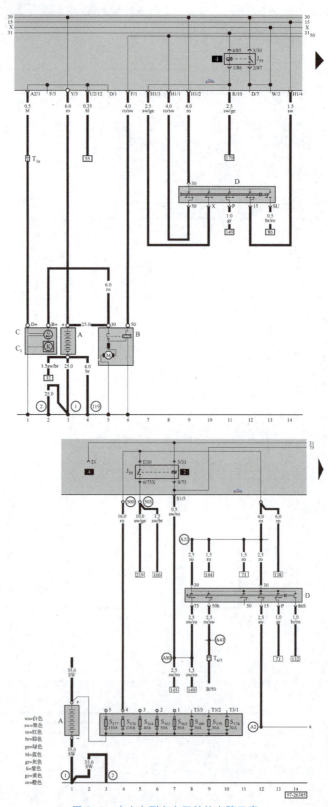

图 6-1 大众车型点火开关的电路示意

（1）30端子。点火开关上的30端子的电路走向：蓄电池A→配电盒的Y/3→配电盒的H1/2→点火开关的30端子。

（2）15端子。点火开关上的15端子的形成：当点火开关旋转到点火挡时→30端子和15端子接合→配电盒的H1/4→通过该15线对下游的15线供电的用电器供电。

（3）50端子。点火开关上50端子的形成：当点火开关旋转到点火挡时→30端子和50端子接合→配电盒H1/1→配电盒F/1→起动机B的50端子→通过起动机励磁线圈接地，控制起动机电枢触点给起动机供电，带动发动机运转。

通过以上分析，得出结论：关于端子定义，每个端子都是按照一定的路径形成的，并在一定控制条件下工作。电路图为了方便工作人员快速了解某根线的功能而标注了端子定义，了解常见端子的定义将会提高识图效率。下面列举了一些常见的端子定义，见表6-1。

表6-1 常见端子定义

端子	定义
1	点火线圈的初级线圈的负极连接端。注意：高压危险
4	点火线圈、点火分配器导线的高压输出端。注意：高压电可能致命
15	点火时接通电压并为启动相关的用电器/行程开关的用电器供电
15a	在起动过程中接到电压，例如提高点火系统的电压，以便起动
16	点火线圈开关输出的末端，功能与端子15a相同
30	恒正极
30a	恒正极，通常有时间限制（车内照明）
31	负极或接地
49	为指示灯继电器正极供电
49a	由指示灯继电器发出，用于指示灯供电的脉冲电压输出
L	左转向信号（在交流发电机上还常设有连接/充电检测控制功能）
R	右转向信号
50	起动机的电磁阀开关/点火开关的输出端的连接端
50b	与端子50的功能相同，但另设置偏移功能
53	风窗玻璃刮水器1级位置
53a	为风窗玻璃刮水器系统正极供电
53b	风窗玻璃刮水器2级位置
58	常规侧灯用电器
58d	侧灯打开时的辅助切换或灯光输出端
58L	左侧灯/尾灯

续表

端子	定义
58R	右侧灯/尾灯
61	充电控制装置的连接端（通常也称为 L 端子）
D+	交流发电机励磁线圈的供电输出端
DF+	交流发电机励磁线圈的连接端（励磁场）
DFM	交流发电机容量的信号输出端（励磁场监视器）
75	为与行程相关、与启动无关的用电器正极供电（发动机起动时关闭）
X	和端子 75 的功能相同（大众车型使用的是内部代号）
S	收音机功能的开关输出端（拔出点火钥匙时关闭）
85	继电器线圈的负极连接器
86	继电器线圈的正极连接器
87	锁止继电器的开关输出端
87a	常闭触点/断路装置继电器的开关输出端
87b	锁止继电器的第二开关输出端，继电器关闭时不与端子 87 连接
NS	霓灯
NSL	后雾灯
RFL	倒车灯

（二）点火开关上的端子定义

30 端子：恒正极（蓄电池正极供电），见表 6-1。

15 端子：点火时接通电压并为启动相关的用电器/行程开关的用电器供电（点火线圈接通时正极电或端子 15 继电器供电）。

50 端子：起动机的电磁阀开关/点火开关的输出端的连接端（起动机控制或到 50 继电器）。

X 端子：卸荷继电器 J59 控制端。X 端子也叫 75 端子，在发动机起动的过程中，为了保证起动机所需要的电量充足，会通过 X 端子断开一些非起动必需的大功率用电器。一般通过点火开关控制一个继电器来实现。

P 端子：驻车灯供电线。驻车灯的操作方法一般是在断开点火开关拔出钥匙后，打开转向灯开关，这样与所打方向相对应的小灯点亮，提醒来往车辆和人员注意安全。

SU 端子：收音机功能的开关输出端（断开点火开头拔出点火钥匙时关闭）。

（三）点火开关联动开关的控制

图 6-2 所示的 4 种状态是点火开关在不同位置时的端子控制状态。图中 S 端子和

其他端子相对独立，其他端子是一个通过钥匙旋转控制的两挡联动开关。电路图的一般初始位置都是静态不被操作的位置，也就是说电路图的初始位置是钥匙拔出状态时的位置。当钥匙插入点火开关并旋转一定角度时，S 触点开始闭合，直至拔出钥匙前都保持接通位置；当点火开关打到 1 挡（即点火挡）时，15 端子和 X 端子接合；当点火开关打到 2 挡（即起动挡）时，15 端子和 50 端子接合，此时 X 触点断开，这也就实现了起动时切断不必要的大负荷用电器（卸荷）的目的。当起动结束并正常着车后，点火开关维持在 1 挡的位置。

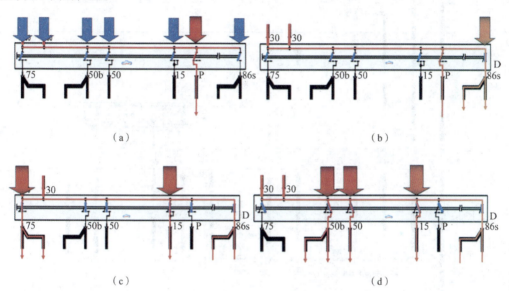

图 6-2　点火开关在不同位置时的端子控制状态
（a）钥匙拔出；（b）钥匙在锁芯内；（c）钥匙在锁芯内转动到点火挡；（d）钥匙在锁芯内转动到起动挡

（四）电路图和实物的对应关系

可以通过车辆维修手册找到点火开关的安装位置，并查看点火开关上的端子标识，如图 6-3 所示。

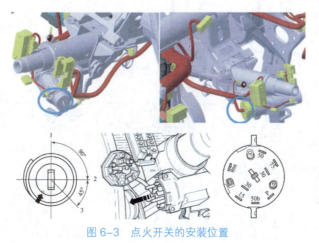

图 6-3　点火开关的安装位置

任务 6.1.2　带有控制单元和旋转式钥匙的点火开关

一、工作表：带有控制单元的点火开关的控制

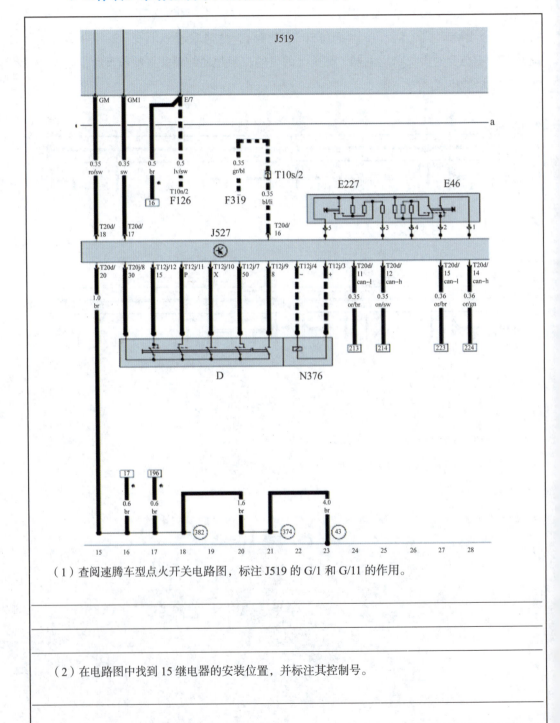

（1）查阅速腾车型点火开关电路图，标注 J519 的 G/1 和 G/11 的作用。

（2）在电路图中找到 15 继电器的安装位置，并标注其控制号。

（3）在电路图中找到 50 继电器的安装位置，并标注其控制号。

（4）用诊断仪读取点火开关状态。

测量的地址码：								
测量条件	数据流含义（理论值）				数据流含义（实测值）			
	接线柱 S	接线柱 15	接线柱 50	接线柱 X	接线柱 S	接线柱 15	接线柱 50	接线柱 X
钥匙拔出								
钥匙在锁芯内								
钥匙在锁芯内转动到点火挡								
钥匙在锁芯内转动到起动挡								

二、参考信息

随着车辆上用电器的增多，以及自动控制的需求增多，经过点火开关的负荷也逐渐增大，过大的负荷可能造成触点烧蚀，甚至烧蚀温度过高可能引起线路着火。现在更多的点火开关采用信号转换的方式把驾驶员的需求通过电位变化送给控制单元，由电源供电控制单元（例如大众车型的 J519）来控制电源端子的分配，这在大大降低故障率的同时还能更好地实现自动控制。信息传输路径表 6-2。

表 6-2 信息传输路径

各端子信息传输路径	传统点火开关	带有控制单元的点火开关
P 正电的形成（停车正电）：J527 与 J519 通过 CAN 总线传递 P 端子信号到其他控制单元	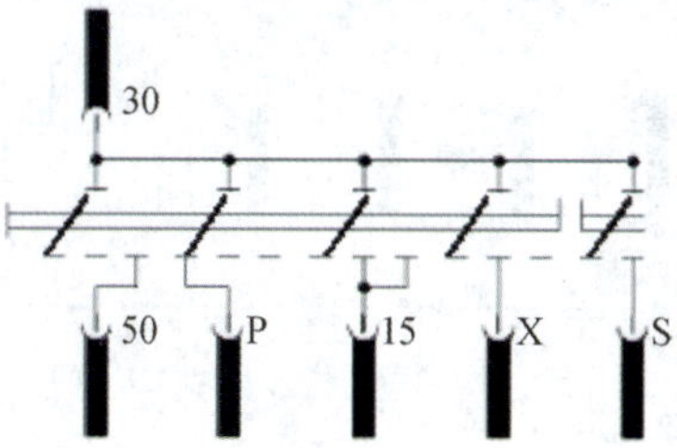	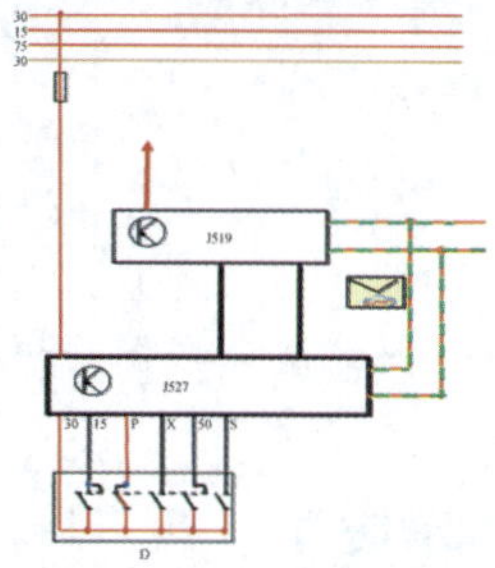
15 正电的形成：J527 与 J519 通过 CAN 总线和 15 单线同时传递 15 端子信号，由 J519 控制 15 继电器工作，形成 15 正电	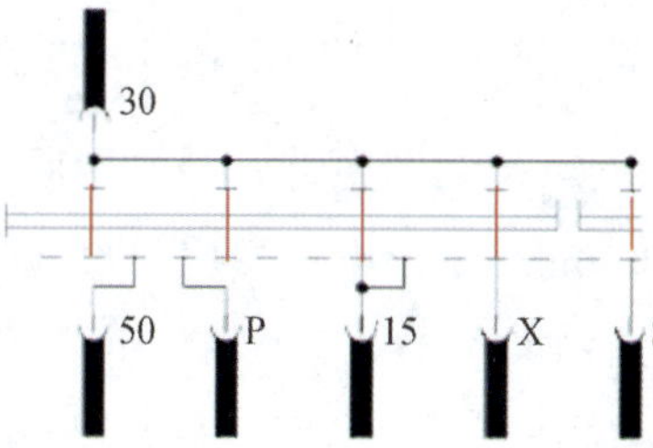	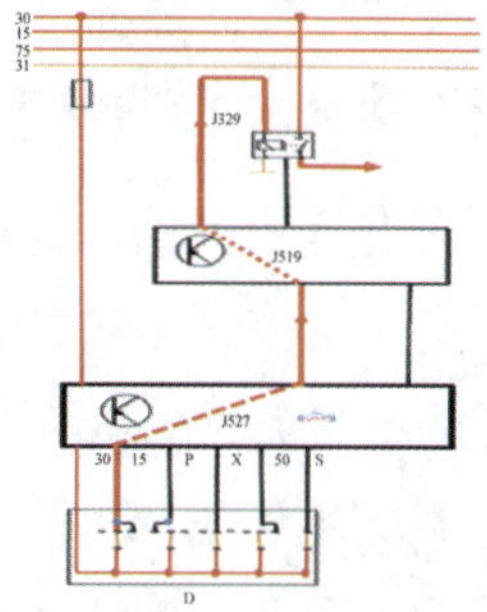

续表

各端子信息传输路径	传统点火开关	带有控制单元的点火开关
50 正电的形成：J527 与 J519 通过 CAN 总线和 50 单线同时传递 50 端子信号，由 J519 控制 50 继电器工作，形成 50 电	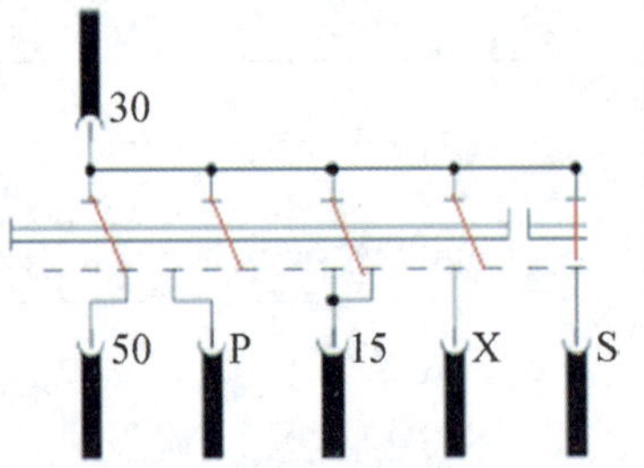	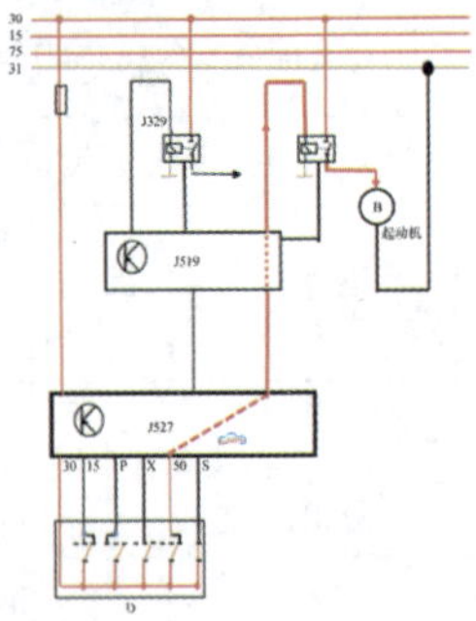
75 正电的形成（X 卸荷正电）：J527 与 J519 通过 CAN 总线传递端子信号，由 J519 控制卸荷继电器线圈通电，而最终使通过继电器触点输出 X 电	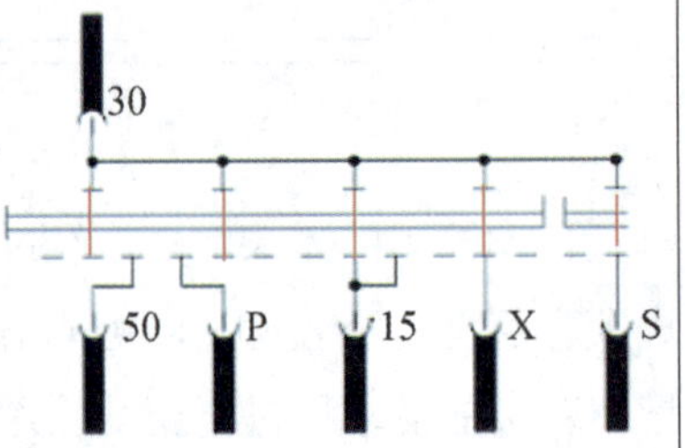	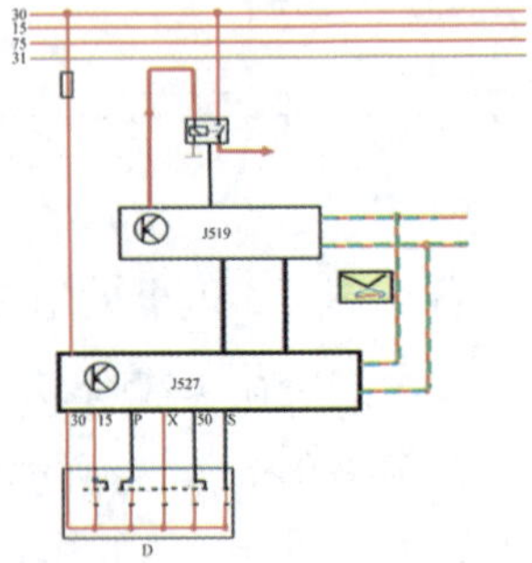
S 触点正电的形成（86S）：J527 与 J519 通过 CAN 总线传递 S 端子信号到其他控制单元	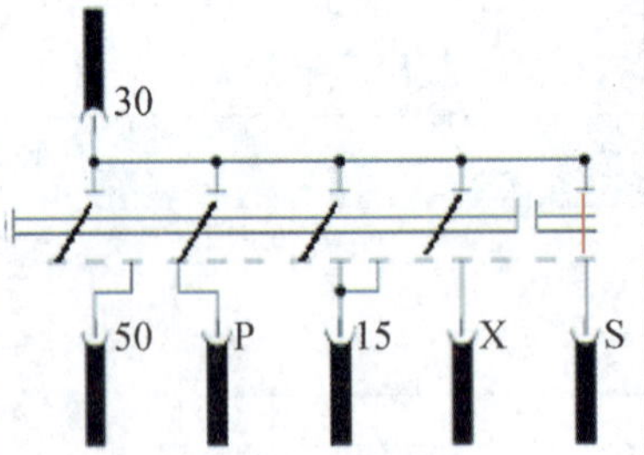	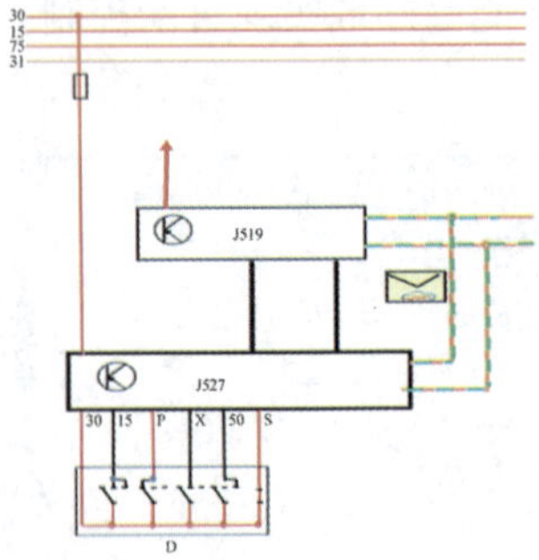

【任务拓展】

一、推入式钥匙或一键起动的点火开关的 15 和 50 端子控制

下面讲解 15 和 50 端子控制示例。起动继电器的控制由原来的 J519 主控变为发动机控制单元主控。起动继电器由原来的一个继电器变成两个继电器串联交替控制断开，降低了触点的烧蚀概率，如图 6-4 所示。

（1）15 电的生成方式。驾驶员旋转点火开关到 1 挡，15 端子将信号直接送给端子的主控单元 J527，J527 通过一条单线把接线柱 15 请求送给供电控制单元 J519，与此同

时，J527 与 J519 之间的 CAN 总线也传递 15 请求信号进行校验，如果正常，J519 接通 15 继电器 J329 的继电器线圈，J329 的继电器触点吸合，把接线柱 30 的常供电线转换到接线柱 15 给需要的控制单元和元件供电。

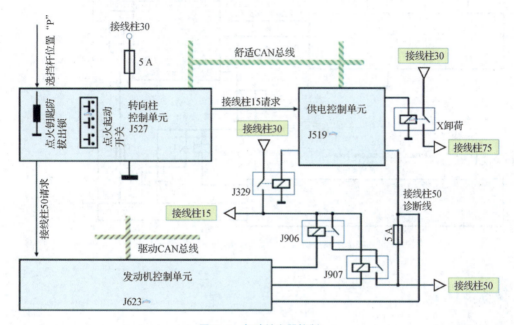

图 6-4　起动继电器控制

（2）50 电的生成方式。驾驶员旋转点火开关到 2 挡，50 端子将信号直接送给发动机控制单元 J623，J623 根据变速杆的选挡杆位置信号以及制动开关信号等满足起动条件的必要信号，由发动机控制单元控制起动继电器 J906 和 J907 的线圈同时搭铁，使 50 继电器触点吸合，此时通过 15 继电器的触点→起动继电器 J906 的触点→起动继电器 J907 的触点给起动机接线柱 50 供电，实现起动控制。当起动转速达到额定值时，J623 控制 J906 和 J907 交替断开，延长了继电器触点的使用寿命，避免了起动机触点粘连造成的起动机长转。

二、带有一键起动功能车辆的 15 和 50 端子控制

带有一键起动功能的车辆没有旋转点火开关的动作，这也就意味着，在传统车辆中，机械释放转向柱锁的装置需要另外一个电控元件作为防盗系统的一部分。只有当转向柱解锁时，J519 才能得到接线柱 15 的请求信号控制 15 继电器吸合。

如图 6-5 所示，E408 为一键起动按键，当驾驶员的按键请求送到 J764 后，J764 必须与防盗主控单元进行防盗确认后，才会给 J519 提供接线柱 15 请求。这里把 J764 称为起动许可控制单元，同时 J764 在本例中又兼顾了转向柱锁止控制单元的任务。在不同的车型中，起动许可控制单元和转向柱控制单元可能是同一个，也可能是不同的控制模块，具体要根据电路图进行分析。

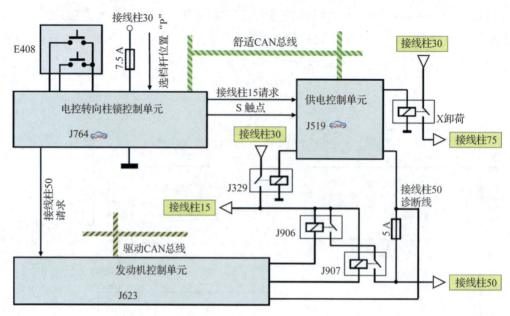

图 6-5　带有一键启动功能车辆的 15 和 50 端子控制

【参考书目】

1. 大众车型维修手册（捷达 1984 第六分册 – 整车电路图及故障诊断）；
2. 大众车型维修手册（宝来 A4-2001 电气设备分册）；
3. 迈腾 B8 轿车维修手册；
4. ELSA 奥迪电路图和自学手册。

学生笔记：

任务 6.2 认识防盗系统

【任务信息】

任务 6.2　认识防盗系统			
任务难度	中级	参考学时	2 学时
案例导入	在进行端子学习的时候，发现可以通过短接端子的方法应急着车，但前提是钥匙在点火开关处，一旦钥匙离开该位置，车辆将不能着车，且仪表板上出现防盗警报灯。那么防盗系统到底是如何工作的呢？		
能力目标	知识	1. 了解车辆的防盗措施； 2. 掌握芯片式防盗系统的组成与工作原理； 3. 理解德系车辆不同防盗器的区别	
	技能	1. 能够向用户解释和处理防盗系统的常见故障； 2. 能够理解防盗系统的信息传递路径，并能根据现象进行简单的故障判断	
	素质	1. 能够展示操作成果； 2. 能够与团队成员协作完成任务	
任务 6.2 PPT			

【任务流程】

[任务准备]

课前预习内容请扫描二维码进行线上学习。

任务 6.2 任务准备

[任务实施]

任务 6.2.1　认识防盗警报系统

一、工作表：认识防盗警报系统

（1）小A买了一辆新车，但是由于没有车库，对车辆的安全性有些担心，咨询有哪些加装措施来保证车辆的安全。

（2）客户抱怨自己的车停在停车场，半夜偶尔出现报警声，请问你有什么维修思路？

二、参考信息

防盗装置有机械锁止装置、防盗警报装置和芯片防盗锁止装置3种基本形式，它们可以作为选装装置由汽车制造商提供，有些则是汽车售后服务商加装的。

（一）机械锁止装置

（1）转向柱锁止。机械锁一般用于限制打开汽车的发动机舱、乘员舱和行李舱，还能防止汽车被非法开走。车辆设计时汽车制造商已经提供了机械防盗措施，例如转向柱锁止。当拔下钥匙时，会使锁支架中的锁舌在弹簧力的作用下弹出，当转动转向盘时，锁舌就会嵌入转向柱的凹槽中，使转向盘锁死，失去转向能力。这也就是当转向柱和锁舌之间锁止时，有时转不动钥匙的原因。此时需要稍动一下转向盘，使锁舌与转向柱凹槽之间有一定间隙，方便通过旋转钥匙打开转向柱锁止机构，如图6-6所示。

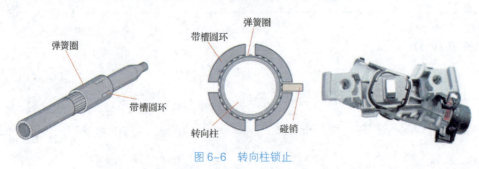

图6-6　转向柱锁止

（2）点火锁。为了防止车辆被盗，汽车制造商采用了特殊加工而很难复制的钥匙，与钥匙相配的锁止机构也很难撬开。钥匙机械齿结构的弊端是其有一定的重复性，《汽车防盗装置性能要求（GB15740）》标准中 3.8 条例要求："锁止系统使用的钥匙应包括不少于 1 000 种的不同组合，如果一年中制造的车辆少于 1 000 辆，则其组合数应与车辆数相等。在一种车型的汽车中，同一组合的出现率应不超过 1/1 000。"按照国家标准，当汽车保有量达到一定程度时，钥匙机械齿结构不可避免会有一定的重复，所以采用更多的防盗措施成为当前的迫切需求。点火锁如图 6-7 所示。

图 6-7　点火锁

（3）加装的机械防盗装置。转向盘钩锁、轮胎锁和变速挡锁等是早期比较常见的机械防盗器，它们主要是通过锁定离合、制动、加速踏板或转向盘、变速挡来达到防盗的目的，只防盗不报警。其优点是价格低，只需几十元至几百元，且安装简便，可以在一定程度上吓阻盗贼或增加盗贼被发现的可能性。其缺点是防盗不彻底，每次拆装比较麻烦。加装的机械防盗如图 6-8 所示。

图 6-8　加装的机械防盗装置

(二)防盗警报系统

(1)加装的防盗警报系统。为了克服机械锁只防盗不报警的缺点,电子报警防盗器应运而生。汽车电子防盗系统是在原有中央门锁的基础上加设了防盗警报系统的控制电路,用于在控制汽车移动的同时报警。如果有行窃者盗窃汽车或汽车上的物品,防盗警报系统不仅具有切断起动电路、点火电路、喷油电路、供油电路和变速电路,将制动锁死等功能,还会发出不同的求救声光信号进行报警,给行窃者精神上的打击,阻止其盗窃行为,如图 6-9 所示。

图 6-9 加装的防盗警报系统

(2)原厂的防盗警报系统。在一些高端车型中,原车自身就带有比较高端的防盗警报系统。当汽车被强行进入或受到破坏时,防盗警报系统将发出警报声或警报闪光。在一个典型的防盗警报系统中,当车辆被强行进入时,安装在车门柱、行李舱和发动机舱盖内的多个开关都会向控制单元发出信号。还有一些防盗警报系统更加复杂,如果起动电流发生变化、车辆受到振动或者车窗玻璃被打碎时,防盗警报系统的电子传感器都会发出警报,如图 6-10 所示。

图 6-10 原厂的防盗警报系统

防盗警报系统在拔掉点火钥匙或者锁上车门后会自动启用，进入预警状态。当车门、发动机罩或者行李舱打开时，防盗警报系统开关就会闭合，警报器发生鸣响。对于大多数防盗警报系统，驾驶员侧的车门锁是防盗警报系统的主开关，如果防盗警报系统已经启用，可以转动插入门锁或点火开关的钥匙来关闭。驾驶员侧的车门锁可能配有微动开关，微动开关随车门锁移动，使防盗警报系统进入预警状态或者退出预警状态，如图6-11所示。

图6-11 防盗警报系统

用超声波传感器探测物体运动，如果车内有物体移动，它就触发警报器。用电流传感器在电气系统的电流发生变化时触发警报器，例如在门控灯点亮或者点火起动时。用运动探测器监测汽车的倾斜变化，例如当有人偷盗轮胎时，汽车发生倾斜将触发警报器。

很多防盗报警系统以发出警报声响、点亮警告灯或使前照灯远光与警告灯一同闪烁进行报警。车内指示灯提醒他人该车警报器已经启动。为了避免发生误报警，有些防盗警报系统允许使车内超声波传感器等特定传感器不工作。例如，当车内留有宠物时，可以将车内的超声波传感器关闭，如图6-12所示。

图6-12 防盗报警系统关闭按钮

如果车辆由于某种故障出现误报警，可以通过控制单元中的数据流追踪报警源数据流，这样方便对车辆故障进行维修，如图6-13所示。对于某些车型，还可以通过降低报警源的灵敏度来适应驾驶者的用车习惯。在维修时也要特别注意一些加装的装置和环境引起的干扰源对防盗警报系统的误判。

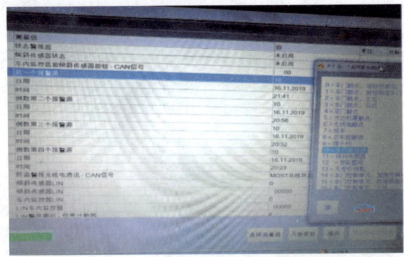

图 6-13 防盗报警系统数据流

任务 6.2.2　大众车型第二代和第三代防盗系统的区别

一、工作表：大众车型第二代和第三代防盗系统的区别

（1）有一款 2004 年捷达轿车，其驾驶员拿着一把中间镂空状的钥匙来到维修车间，提出需要加配钥匙，在进行防盗匹配的过程中，发现按照正常流程无法完成匹配，分析可能的原因。

（2）带有第二代防盗系统的 2004 年款捷达轿车的钥匙普通钥匙改为带有遥控器的钥匙后，客户抱怨有时可以起动着车，有时不能起动着车，分析可能原因。

（3）如果你是服务顾问，当客户丢失一把钥匙，却不想更换全车锁时，你对客户有什么建议？

（4）现有一款捷达轿车，在用诊断仪读取发动机控制单元的数据时读到以下内容。

该车使用第（　　）代防盗系统。如何区分第二代防盗系统和第三代防盗系统？

_____

_____

（5）如果该车发动机控制单元和仪表由于进水全部损坏，是否需要更换全车钥匙？为什么？

_____

_____

二、参考信息

芯片式防盗系统是防盗报警功能的延伸，它利用 W 线或 CAN 总线打开/锁止发动机控制单元，切断发动机控制单元/喷射阀的供电（例如在汽油发动机中使基准标记传感器/霍尔传感器在控制单元内部控制短路），可以有效防止汽车在未被授权的情况下靠自己本身的动力被开走。为了实现这种芯片级的防盗控制，必须有独立的防盗控制系统。下面以德系汽车为例介绍防盗系统的组成和发展历程。

（一）第二代防盗系统

（1）第二代防盗系统的组成如图 6-14 所示。

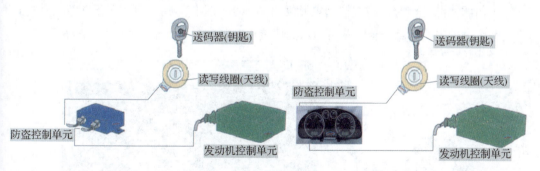

图 6-14　第二代防盗系统的组成（一）

第二代防盗系统由送码器（钥匙）、读写线圈（天线）、防盗控制单元和发动机控制单元等组成。防盗控制单元为主控，早期的防盗控制单元是一个单独的元件，后期被集成到仪表板或其他控制单元内部，如图 6-15 所示。

图 6-15　第二代防盗系统的组成（二）

① 送码器（钥匙）是第二代防盗系统的重要组成部分。送码器（钥匙）不再是普通的机械钥匙，其内部有一个防盗芯片，随着防盗技术的发展，芯片的结构形式也有所变化。更换钥匙时必须与防盗控制单元进行防盗匹配。

送码器（钥匙）与读写线圈（天线）之间采用了射频识别技术（RFID）通信。送码器（钥匙）是一种无电池驱动的发送和接收元件。当把点火开关闭合时，读写线圈（天线）产生的电磁场就把能量发送给送码器（钥匙）。这时，送码器（钥匙）开始工作，并且通过读写线圈（天线）把已编程的代码发送给防盗器控制单元。每个送码器（钥匙）都有其单独的代码，如图 6-16 所示。

图 6-16　送码器（钥匙）

② 读写线圈（天线）位于机械式点火锁支架内部。其既能把能量发送给送码器（钥匙），又能把存储在送码器（钥匙）中的代码发送给防盗器控制单元。其相当于一个有一定阻值的线圈，在感应防盗控制单元发出的高频脉冲信号后，生成磁场能量。在打开点火开关进行瞬时信息验证时，可用示波器读出高频的数据波形，如图 6-17 所示。

 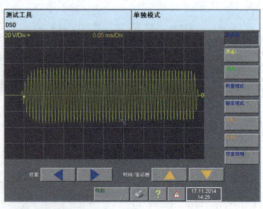

图 6-17　读写线圈（天线）数据波形

③ 防盗控制单元是整个防盗信息的主控单元，在第二代防盗系统中，更换防盗控制单元相当于更换所有的固定码和密码术公式，也就是相当于车辆更换了密码。

④ 发动机控制单元最终接收防盗控制单元的授权指令，它是第二代防盗系统的重要组成部分。在第二代防盗系统中，发动机控制单元与防盗控制单元之间的指令采用 W 线传输，避免了通过简单的跨接手段破解防盗，增加了第二代防盗系统的安全性。在更换发动机控制单元后必须进行匹配，但是由于在第二代防盗系统中发动机控制单元内没有密码术公式，所以它不需要通过输入密码（PIN）进行匹配，只需要与防盗控制单元进行自适应即可。

⑤ 防盗警报灯：通过防盗警报灯的闪烁频率来判断第二代防盗系统的工作状态。

（2）第二代防盗系统的信息传输过程。第二代防盗系统的认证过程从车辆钥匙和读写线圈开始。当车辆钥匙插入点火锁芯并拨到点火挡时，防盗控制单元被激活，发出一个高频信号给读写线圈，调制整个高频信号防盗信息在防盗控制单元和钥匙之间进行信息验证。当确认车辆钥匙信息合法后，防盗控制单元与发动机控制单元的信息通过 W 线（一种专用的数据总线）进行传输。

（3）第二代防盗系统的工作原理。第二代防盗系统采用了密码原则。密码原则是在防盗器控制单元的随机数据中选择一个数并将它传送到送码器（钥匙）中，如图 6-18 所示。

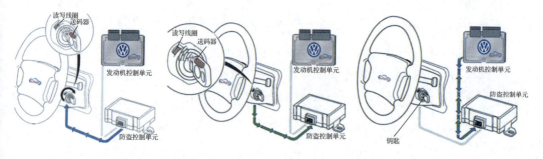

图 6-18　第二代防盗系统的工作原理

每一个送码器（钥匙）均有自己的固定码，在钥匙被匹配到车辆上后，送码器（钥匙）利用传送来的数字与其固定码计算出一个新的数字。

这个新的数字（即密码）被传回防盗控制单元并利用相同的预置程序进行反向运算。若反向运算的结果与在随机区域选择的初始数据吻合，则这把钥匙就被确认为已授权的钥匙。

当钥匙被确认为已被授权后，一个"变码"被传送到发动机控制单元。每一次发动机起动后，这个变码由发动机控制单元随机选择并被储存于这两个控制单元中。如果防盗控制单元送来的变码与发动机控制单元吻合，车辆便处于可运转工况，如图 6-19 所示。

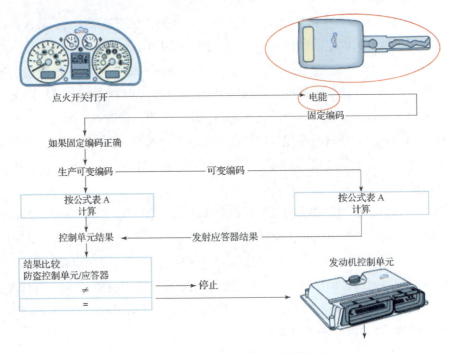

图 6-19　第二代防盗系统的信息传输过程

(二) 第三代防盗系统

第三代防盗系统是在第二代防盗的基础上增加了发动机控制单元的信息认证，其工作原理示意如图 6-20 所示。当防盗控制单元确认车辆钥匙合法后，就会向车辆钥匙和发动机控制单元发送一个随机数字，然后由车辆钥匙、发动机控制单元和防盗控制单元对该数字执行算法计算。防盗控制单元将其计算的数字与车辆钥匙和发动机控制单元计算的数字进行比较。只有当 3 个数字都匹配时，防盗控制单元才会将发动机起动信号发送给发动机控制单元，发动机才被允许起动。

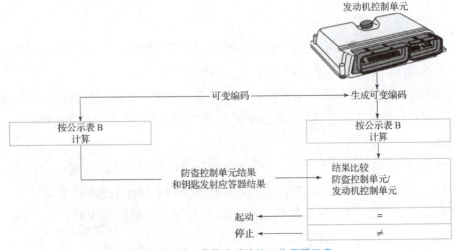

图 6-20　第三代防盗系统的工作原理示意

特别提醒：

（1）在匹配过程中，车辆钥匙以电子方式被锁止，因此不能再用来和任何其他车辆匹配。

（2）更换发动机控制单元的匹配方式与第二代防盗系统有所不同，必须进行 PIN 密码的自适应匹配。在发动机控制单元中读取车辆的底盘号 VIN 信息和防盗序列号信息，4S 店的维修人员用此信息可以通过人工或在线的方式申请合法的密码信息。

（3）在维修层面，可以把防盗匹配理解为防盗信息复制和粘贴的过程。例如，在更换发动机控制单元后，发动机控制单元匹配相当于把防盗控制单元内的防盗信息复制到发动机控制单元。同理，更换防盗控制单元就相当于进入防盗控制单元内部并授权后，把发动机控制单元内的信息复制到防盗控制单元。

（4）增加点火钥匙，必须重新对所有钥匙进行匹配。如果车辆钥匙丢失，剩下的钥匙重新匹配一次，这样丢失的钥匙就不能再起动车辆了。

关于防盗止动器的工作原理，请扫描以下二维码学习。

防盗止动器的工作原理

任务 6.2.3　大众车型第四代防盗系统（以迈腾 B6 轿车为例）故障诊断

工作表：迈腾 B6 轿车防盗系统的信息传递

（1）下面为迈腾 B6 轿车防盗系统的相关元件，将实物图例与名称进行连线。

实物图例	连线区	名称
		防盗控制单元 J393
		转向柱控制单元 J527
		带读写线圈的点火开关 E415
		钥匙

实物图例	连线区	名称
		网关 J533
		中央电器控制单元 J519
		发动机控制单元 J623
		转向柱锁止控制单元 J764

（2）查阅迈腾 B6 轿车的电路原理图，把下面的电路简图补充完整。

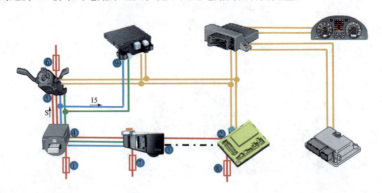

（3）把下表补充完整

图示标号	熔断器名称	熔断器颜色	熔断器电流大小	熔断器安装位置
1				
6				
7				
8				

（4）在下面的横线上填写电路图符号或完整的插脚号。

当推入点火钥匙后，P 触点断开，S 触点吸合，经过____（标注电路图符号）控制单元的____插脚唤醒 J527 的舒适 CAN 总线，舒适 CAN 总线将 S 触点的信息送到_____（标注电路图符号）控制单元，在防盗控制单元 J393 的____插脚通过串行数据总线送到_____（标注电路图符号）控制单元的____插脚，然后，通过 T10k/4、T10k/5 分别给读写线圈的____插脚和____插脚提供高频信号，感生出电磁能量，读取点火钥匙信息后返回给_____（标注电路图符号）控制单元。再次通过串行数据总线送给_____（标注电路图符号），防盗控制单元验证通过后，通过____插脚给_____（标注电路图符号）提供短暂的供电，使转向柱解锁，这样通过____插脚提供正电，经过 E415 的位置变化转换成相应的 15 信号送给_____（标注电路图符号）控制单元的_____插脚，最终控制 15 继电器吸合，生成 15 电。

二、参考信息

不应将第四代防盗系统理解成一个控制单元，而应将它看成一项功能。和以前的版本一样，第四代防盗系统也是首先验证钥匙信息，然后生成一个随机数字，该随机数字通过 CAN 总线播送并由多个部件读取。这些部件对该数字执行预定的计算，然后由防盗控制单元进行比较。如果结果相同，那么防盗控制单元通过 CAN 总线发送信息，允许发动机起动。

第四代防盗系统与第二代、第三代防盗系统的区别在于，如果相关的控制模块不与中央数据库 FAZIT 进行网络连接，就不可能执行匹配，所有与第四代防盗系统有关的元件均需在线进行匹配，如图 6-21 所示。

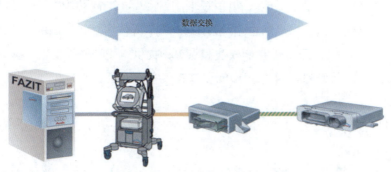

图 6-21　第四代防盗系统的数据交换

第四代防盗系统最重要的组成部分是中央数据库 FAZIT。在这个数据库内存有控制单元所有与防盗有关的数据，如果不是处于在线连网状态，那么相关的控制单元就无法与中央数据库 FAZIT 进行自适应。

对于某一车辆来说，所有钥匙（包括补订的）在出厂前都已预先进行了编码设置。这就是说，对钥匙的内齿进行特殊加工，并设置基础编码，使该钥匙只能用在被指定的车辆，如图 6-22 所示。

图 6-22　对钥匙进行编码设置

（1）迈腾 B6 轿车防盗系统的组成。

① 点火钥匙（送码器）与进入和起动授权开关 E415。E415 中集成了钥匙读写线圈，该件更换后无须调整匹配，如图 6-23 所示。

② 舒适系统控制单元J393。防盗控制单元集成在舒适系统控制单元中，更换后需要在线匹配调整。

图6-23 钥匙读写线圈

③ 转向柱锁止控制单元J764。转向柱锁止控制单元J764接收来自舒适系统控制单元J393的电。解锁、锁止和诊断也是经过J393的串行数据总线控制的。为了提高所需的安全系数，必须由3个独立的控制模块和点火锁提供电子转向柱锁止系统的认证。

④ 网关控制单元J533。网关控制单元J533仅在发动机转速为0时为J764的内部继电器供电。

⑤ 转向柱控制单元J527。转向柱控制单元J527仅在端子15断开且车速为0时为J764内部继电器供电。

⑥ J393防盗控制单元。防盗控制单元J393（也叫舒适系统控制单元）仅在端子15断开，来自J533和J527的CAN总线信息正常时锁止J764；在防盗控制单元识别出有效的钥匙时解锁转向柱。只有J764解锁后端子15和50才会被激活。

⑦ 发动机控制单元J623。发动机控制单元J623是防盗器的一部分，更换后需要在线匹配调整。

迈腾B6轿车的一个重要的结构特点是，它的点火开关由传统的旋转钥匙转变成推入式钥匙，这使转向柱的机械防盗被电子防盗取代，从而增加了一个转向柱锁止控制单元J764，只有防盗信息验证通过，转向柱才能被解锁，如图6-24所示。

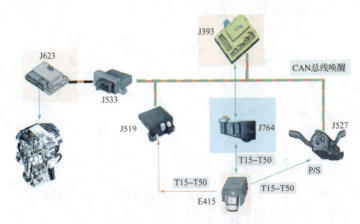

图6-24 第四代防盗系统的信息传递过程

（2）迈腾 B6 轿车防盗信息传输路径。驾驶员插入钥匙→激活防盗控制单元 J393→通过 J764 给读写线圈发送高频信号读取钥匙信息→通过串行数据总线双向信息传回防盗控制单元 J393 确认信息。当钥匙信息合法后，电子转向柱解锁，形成 15 电，然后发动机控制单元 J623 向防盗控制单元 J393 发出询问信号，在发动机控制单元 J623 和防盗控制单元 J393 中分别进行计算，并传回给发动机控制单元 J623，如果信息合法，就会释放发动机控制单元 J623 的锁止，使车辆正常起动，对于部分车辆可能增加自动变速器控制单元的防盗验证过程，如图 6-25 所示。

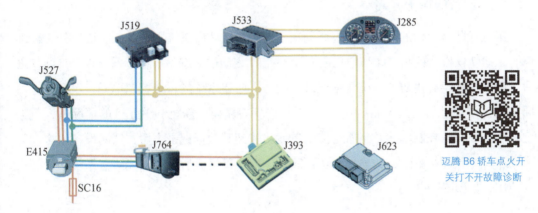

迈腾 B6 轿车点火开关打不开故障诊断

图 6-25　迈腾 B6 轿车防盗信息传输路径

关于第四代防盗系统的工作原理，请扫描以下二维码学习。

第四代防盗系统的工作原理

【任务拓展】

作为第四代防盗系统的升级版，第五代防盗系统在使用诊断仪进行有关防盗器方面工作的程序极大简化，许多操作步骤更倾向于自动化，如更换防盗器元件以后的匹配。第五代防盗系统具有"一键恢复"的强大功能，由中央数据库 FAZIT 决定所有必要工作（一键自动装置）。

第五代防盗系统与第四代防盗系统的区别如下所述。

一、一键自动装置

在更换防盗组件后进行第四代防盗系统匹配时，匹配选项很多。在匹配的过程中必须选择正确的方法，例如，当更换发动机控制单元后，必须得选择"01匹配发动机控制单元"选项。但是第五代防盗匹配程序却只有1个选项（暂定"一键自动装置"），它取代了之前所有的选项。诊断仪通过读取防盗组件的数据（识别数据和状态数据），并将其作为整体文件包以加密的形式发送给中央数据库FAZIT。中央数据库FAZIT会对这些防盗组件进行分析，决定对哪些防盗组件进行匹配或更换。如果涉及多个防盗组件，中央数据库FAZIT将确定工作顺序。

二、创新的加密方式

第五代防盗系统的加密方式有所创新。对第五代防盗系统中的单个防盗组件进行维修时，诊断仪作为控制单元和中央数据库FAZIT之间的中继站，将数据传输至诊断仪之后，诊断仪将第五代防盗系统数据记录依次写入防盗系统的每个控制单元。仅在已有不同密码（使用过的控制单元/更换）或者从未保存密码（新控制单元）的情况下，数据记录才能被写入控制单元。当所有控制单元接收到其数据记录之后，从属设备依次询问主设备，并验证接收到的数据是真实可靠的。此步骤完成后，第五代防盗系统准备好投入使用，如图6-26所示。

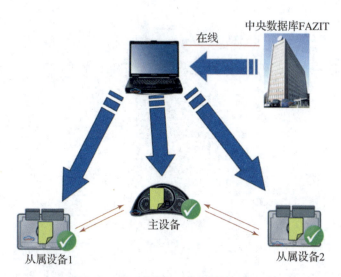

图6-26 第五代防盗系统的创新加密方式

三、增加了元件保护功能

元件保护的目的是防止窃取或者不合法地使用控制单元、终身完整记录控制单元的信息。只有在中央数据库FAZIT上学习完毕之后，才能初始化以及获得完整的功能（必须连网和获得进入权限）。控制单元离开车辆后就无法使用，这样的方法减少了偷车或偷控制单元的行为。

【参考书目】

1. 迈腾汽车维修手册（迈腾汽车电路原理图）；
2. 奥迪汽车自学手册；
3. 防盗锁止系统技术培训教材。

学生笔记：

任务 6.3 一键起动和无钥匙进入功能的故障诊断

【任务信息】

任务 6.3 一键起动和无钥匙进入功能的故障诊断			
任务难度	高级	参考学时	2 学时
案例导入	一位迈腾 B8 轿车车主按起动按键，仪表板没反应。该车没有传统的点火开关，只有一键起动按键，如果维护人员不了解信息传输路径，将很难判断故障原因		
能力目标	知识	1. 了解一键起动与传统旋转钥匙起动的区别； 2. 了解迈腾 B8 轿车的一键起动钥匙识别的路径； 3. 掌握迈腾 B8 轿车的一键起动控制的电路分析方法； 4. 理解迈腾 B8 轿车的无钥匙进入的识别信号传输路径	
	技能	1. 能够使用专业诊断设备进行检测； 2. 能够独立地识读与绘制电路简图； 3. 了解信息传递路径，最终查找信息中断的部位	
	素质	1. 能够展示操作成果； 2. 能够与团队成员协作完成任务	
任务 6.3 PPT			

【任务流程】

[任务准备]

课前预习内容请扫描二维码进行线上学习。

任务 6.3 任务准备

［任务实施］

任务 6.3.1　带有一键起动和无钥匙进入功能车辆的故障诊断

一、工作表：一键起动功能

（1）带有一键起动功能的车辆，当钥匙没电时，是否能够起动？如何操作？

（2）根据下图的提示，当按压迈腾 B8 轿车的一键起动按键时，发现钥匙上的指示灯闪烁，这说明哪些传输路径无异常？在图中画出该信号的传输路径。

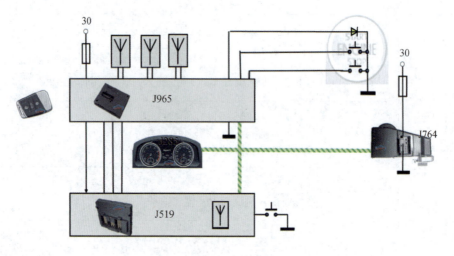

（3）根据上图的提示，当按压迈腾 B8 轿车的一键起动按键时，仪表板提示"未找到钥匙"，这说明哪些传输路径无异常？在图中画出该信号的传输路径。根据迈腾 B8 轿车的电路原理图画出电路简图，并标注需要检查的插脚号及安装位置。

（4）当按下一键起动按键 E378 时，能听到转向盘解锁的声音，但是仪表板无任何反应，请写出诊断思路，在图中标注应检查的部位，根据迈腾 B8 轿车的电路原理图画出需要检查部位的局部简图，并标注插脚号。

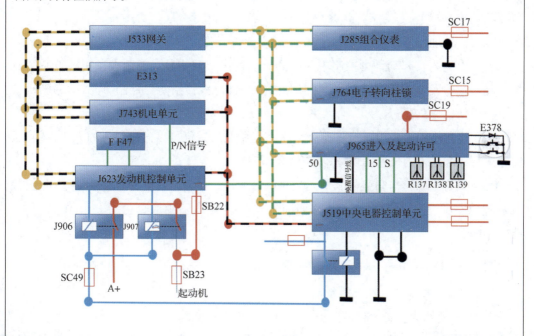

（5）结合上图，当踩下制动踏板并按下一键起动按键 E378 时，能听到转向盘解锁的声音，仪表板能够正常点亮，但起动机没反应，请写出诊断思路，并在图中标注应检查的部位。在电路原理图中找到继电器的安装位置，并通过诊断仪启动继电器的数据变化，判断故障范围。

二、参考信息

带有一键起动功能的车辆与带有旋转式钥匙的车辆相比增加了几个部件：进入及起动许可控制单元、电子转向柱锁止控制单元、高频信息接收器（可以兼用遥控器的高频信息接收器）。

其工作原理如下。

（1）由进入及起动许可控制单元上的天线发出低频信号寻找钥匙，钥匙被激活后，发出高频信号给高频信息接收器，然后通过CAN总线传给防盗控制单元，以完成钥匙信息的识别传递路径。

（2）当由于钥匙没电等意外原因信息路径中断时，仍可以通过应急的方式让钥匙贴在原读写线圈的识别位置实现应急启动。

（3）只有在钥匙与防盗控制单元信息认证通过，使电子转向柱解锁后，才能通过进入及起动许可控制单元释放15信号而通过控制15继电器生成真正的15电供给全车需要的用电器。

（一）迈腾B8轿车的一键起动功能

1.迈腾B8轿车防盗系统的组成

图6-27所示为迈腾B8轿车防盗系统的工作原理示意。图中J285是组合仪表，与防盗控制单元集成在一起；J623是发动机控制单元；J965是进入及起动许可控制单元；J533是网关。

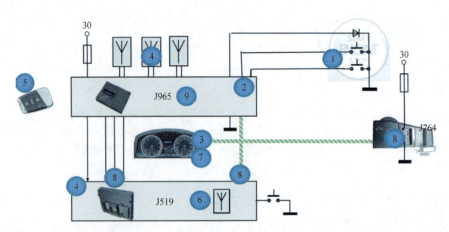

图6-27　迈腾B8轿车防盗系统的工作原理示意

2.迈腾B8轿车的一键起动信号的传输过程

（1）按下一键起动按键E378，E378将与进入及起动许可控制单元J965相连的两条线同时搭铁，J965得到驾驶员的操作意愿，如图6-28所示。

（2）J965接收到E378的起动信号，先唤醒舒适CAN总线，并通过舒适CAN总线向防盗控制单元J362（集成在组合仪表J285内）询问是否允许接通15电源。

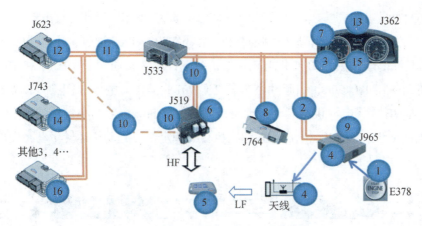

图 6–28　迈腾 B8 轿车防盗系统的信息传输过程

（3）J362 询问 J965 是否有授权钥匙。为了确定车内是否有授权钥匙，J965 通过内部起动天线 R138、R139 发送 125 kHz 低频信号去寻找钥匙，同时 J965 通过 1 条单线唤醒中央电器控制单元 J519 中的高频信号接收器 R47。

（4）授权的遥控钥匙收到天线发来的信号后进行编码并向 J519 中的高频信号接收器 R47 发送应答数据（钥匙发送 433 MHz 的高频信号），同时，授权遥控钥匙的红色指示灯会闪烁一次。

（5）R47 将接收到的信号给 J519，将该数据通过舒适 CAN 总线发送给防盗控制单元 J362（组合仪表中的控制单元 J285 内部），J362 通过比对确认是否为已授权钥匙。

（6）如果为已授权钥匙，那么 J362 通过舒适 CAN 总线向电子转向柱锁止控制单元 J764 发送一个解锁命令；如果 J764 是匹配过的合法元件，则它可以识别该指令，使转向柱锁止电动机动作，解锁转向柱（此时，转向盘可以转动）。

（7）在电子转向柱解锁的同时，一方面，J965 通过舒适 CAN 总线向 J519 发送接通 15 电源的信号；另一方面，J965 通过 3 条单线给 J519 发送接通 15 电源的信号，如果信号正确，J519 就接通 15 电源（J965 至 J519 之间的 3 根线：2 根 15 号线，1 根 S 触点线，任意两个信号正常时 J519 将接通 15 电的信号请求）。

（8）J519 接收 15 电请求后，J519 通过舒适 CAN 总线点亮仪表板并唤醒 J533（网关）；然后，J533 唤醒其他 CAN 总线。

（9）发动机控制单元 J623 通过驱动 CAN 总线→J533→舒适 CAN 总线，询问 J362 是否颁发起动许可；数据满足后，J362 通过舒适 CAN 总线→J533→驱动 CAN 总线，给 J623 颁发起动许可。

（10）双离合变速箱机电装置 J743 通过驱动 CAN 总线→J533→舒适 CAN 总线，询问 J362 是否颁发起动许可；数据满足后，J362 给 J743 颁发起动许可。

（11）E378 将 15 端子信号传送给 J965，J965 再将 15 端子信号通过舒适 CAN 总线传送给 J519，J519 使端子 15 供电继电器 J329 工作，同时 J519 通过 1 条单线向发动机控制单元 J623 提供 15 电源（信号），使 J623 工作；J623 工作后再使主继电器 J271 工作。

（12）挡杆处于 P/N 挡，踩下制动踏板，按下 E378，J965 通过 1 条单线向 J623 发送一个起动允许信号，在 J623 主供电正常的情况下，J623 接通端子 T91/87 和 T91/88，分别使起动继电器 1（J906）和起动继电器 2（J907）工作。电源 30 电通过 J906 和 J907 以及熔断器 SB23 将电源供给起动机电磁线圈，使单向离合器的小齿轮被推出，起动机电磁电器触点闭合，蓄电池电压进入起动机转子和定子，起动机运转带动飞轮旋转进而起动发动机，如图 6-29 所示。

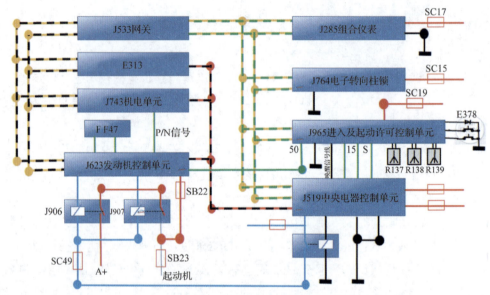

图 6-29　迈腾 B8 轿车一键起动信号的传输过程

（二）迈腾 B8 轿车的无钥匙进入功能

无钥匙进入是指驾驶员只要带着钥匙在车辆的指定范围内，直接操作车辆就可以使车门解锁，部分车辆在开/关门后，还可同时对钥匙进行防盗信息验证，解锁转向柱。车门解锁如图 6-30 所示，无钥匙进入如图 6-31 所示。

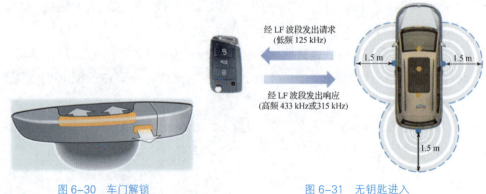

图 6-30　车门解锁　　　　图 6-31　无钥匙进入

一般带有无钥匙进入功能的车辆在车门把手、行李舱或后保险杠等位置安装相应的天线，并在能够识别解锁的位置安装接触识别传感器，当驾驶员对传感器进行操作后，传感器能够激活进入及起动许可控制单元，由该控制单元上的天线发出低频信号在指定范围内寻找钥匙（一般车周围 1.5 m 左右），钥匙应答数据给高频信号接收器，经过相应控制单元的信息验证，控制中央门锁开启，实现无钥匙进入。

下面以迈腾 B8 轿车为例，介绍无钥匙进入功能的信号传输路径，如图 6-32 所示。

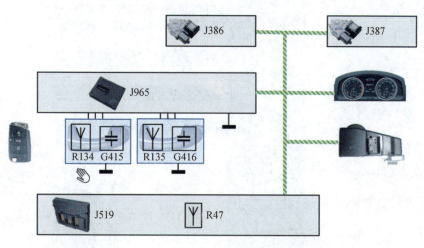

图 6-32　无钥匙进入功能的信号传输路径

（1）驾驶员拿着钥匙，手伸到车门把手之间，电容结构的车门把手接触传感器被激活。唤醒进入及起动许可控制单元 J965，并同时通过 1 条单线唤醒 J519。

（2）J965 通过车门把手上的天线发送 125 kHz 低频信号寻找钥匙。

（3）经授权的合法钥匙接收该信号，并发送 433 MHz 的高频信息给 J519，由 J519 内的 R47 高频接收器负责接收。

（4）J519 对数据的合理性进行预检测，在基本钥匙数据合理的情况下唤醒舒适 CAN 总线，并将钥匙数据发送给 J965。

（5）J965 全方位检测数据，并向 J519 发送"就绪"指令。

（6）J519 通过 CAN 总线向车门控制单元发送指令，允许打开车门。车门在驾驶员接触车门把手时解锁。

（7）驾驶员侧车门打开及关闭，车门控制单元 J386 将此状态发送至 J519。

（8）J519 向 J965 发送询问信号，询问车辆中授权钥匙的数量是否增加。

（9）J965 通过其车内天线发送钥匙的搜索频率（125 kHz）。钥匙通过 433 MHz 答复 J519，并发送防盗数据。

（10）J519 继续将该数据发送给防盗控制单元 J362。J362 验证数据，并向 J764 发出解锁指令，电子转向柱解锁。

【任务拓展】

红旗车型的车身控制模块（BCM）具有智能进入和一键起动（PEPS）的功能。红旗车型智能进入和一键起动系统工作原理示意如图 6-33 所示。

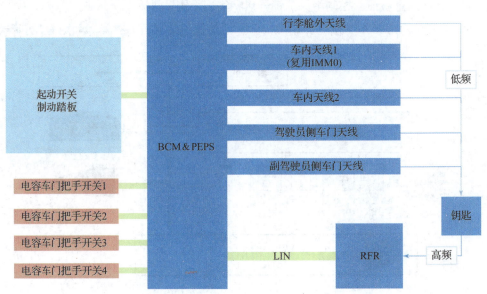

图 6-33　红旗车型智能进入和一键起动系统工作原理示意

一、智能闭锁钥匙寻找

BCM 先驱动电容车门把手开关被触发侧的车门的低频天线，然后依次驱动车内两根天线进行钥匙寻找，确认车内没有钥匙。

二、闭锁控制

闭锁控制如图 6-34 所示。

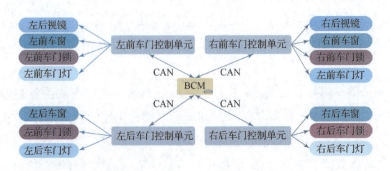

图 6-34　闭锁控制

（1）机械钥匙闭锁：通过将机械钥匙插入驾驶员侧车门的锁孔里旋转，将全车闭锁。

（2）遥控闭锁：通过操作遥控器上的闭锁按键，可以控制全车同时闭锁。要求：操作闭锁按键只需短按即可。遥控闭锁时，4个车门全处于关闭状态才可操作。

（3）无钥匙闭锁：通过携带智能钥匙靠近车辆，并操作车门把手上的相关装置，实现全车闭锁。

（4）中控闭锁：通过操作驾驶室内的开关可以控制全车同时闭锁。

要求：①4个车门全部关闭时，中控闭锁有效；②整车处于车身防盗模式、车身防盗未报警模式、车身防盗报警模式时，中控闭锁无效。

（5）远程闭锁：操作手机App上的按键，通过T-Box远程实现全车闭锁。

（6）随速闭锁：当车速由慢到快超过限定值时，全车自动闭锁。

要求：限定值为20 km/h。只在车速由慢到快超过限定值时闭锁一次，如果车速一直高于该值，即使人为解锁也不再自动闭锁。如果已经全车闭锁，就不再重复闭锁。

（7）自动闭锁：如果已经用非中控开关的方式使车辆处于闭锁状态，再解锁后，如果持续一定时间不开启任何车门、发动机舱盖、行李舱盖，则全车自动闭锁。要求：持续时间为30 s。

【参考书目】

1.《迈腾汽车维修手册》（迈腾汽车电路原理图）；

2.《奥迪汽车自学手册》；

3.防盗锁止系统技术培训教材。

学生笔记：

___

___

___

模块六测试题及答案请扫描以下二维码。

模块六测试题

模块六测试题答案

模块七 车载娱乐系统的设定

任务 7.1 北斗卫星导航系统的加装及使用

【任务信息】

任务 7.1 北斗卫星导航系统的加装及使用			
任务难度	中级	参考学时	2 学时
案例导入	客户车辆尚无导航系统,平时开车非常不方便。客户来到 4S 店,想加装北斗卫星导航系统,并想深入了解车载导航系统的功能和使用方法		
能力目标	知识	1. 能够识读车辆维修手册并能够根据车辆维修手册描述相应系统的加装流程; 2. 能够了解北斗卫星导航系统的特点和优势	
	技能	能够加装北斗卫星导航系统	
	素质	1. 能够展示操作成果; 2. 能够与团队成员协作完成任务; 3. 能够对自主卫星导航系统产生自豪感	
任务 7.1 PPT			

【任务流程】

[任务准备]

若有客户要求加装北斗卫星导航系统,如何做好相应的准备工作?加装完成后如何指导客户正确使用北斗卫星导航系统?请扫描二维码进行学习。

任务 7.1 任务准备

[任务实施]

任务 7.1.1　加装北斗卫星导航系统

请查看相关车型车辆维修手册，完成以下工作表。

加装北斗卫星导航系统实例

一、工作表：加装北斗卫星导航系统

（1）查看车辆维修手册，说明加装北斗卫星导航系统需要哪些工具。
（2）查看车辆维修手册，制订加装北斗卫星导航系统的工作计划。
（3）说明加装北斗卫星导航系统过程中需要注意哪些问题。

二、参考信息

（一）导航系统概述

导航系统是指具有全球卫星定位功能的车用工具，并且利用语音提示的方式引导驾驶员开车。目前，中国北斗卫星导航系统（BeiDou Navigation Satellite System，BDS）和美国全球定位系统（GPS）、俄罗斯格洛纳斯（GLONASS）、欧盟伽利略定位系统（Galileo Positioning System）是联合国卫星导航委员会已认定的全球卫星导航系统四大核心供应商。

GPS 最初是由美国国防部开发的用于军事目的的一种系统。将这个系统民用时，采取了一种特殊的方法将发送的定位用卫星数据的准确度故意降低了。这种方法就是通过随机数字发生器来将干扰信号混入卫星的无线信号中。同时发送的用于军事目的的准确数据都带有密码，民用的 GPS 接收器无法将这些数据解码。因此，这种方法就使民用的卫星数据定位精度为 3~10 m。GPS 单机导航精度约为 10 m，若综合定位，精度可达厘米级和毫米级，但民用领域开放的精度约为 10 m。GPS 可以提供车辆定位、防盗、反劫、行驶路线监控及呼叫指挥等功能。要实现以上所有功能，就必须具备 GPS 终端、传输网络和监控平台 3 个要素。

北斗卫星导航系统是中国着眼于国家安全和经济社会发展需要，自主建设运行的全球卫星导航系统，是为全球用户提供全天候、全天时、高精度的定位、导航和授时服务的国家重要时空基础设施。北斗卫星导航系统由空间段、地面段和用户段3部分组成，可在全球范围内全天候、全天时为各类用户提供高精度、高可靠性的定位、导航、授时服务，并且具备短报文通信能力，已经初步具备区域导航、定位和授时能力，定位精度为分米、厘米级别，测速精度为 0.2 m/s，授时精度为 10 nm。北斗卫星导航系统秉承"中国的北斗、世界的北斗、一流的北斗"发展理念，愿与世界各国共享北斗卫星导航系统建设发展成果，促进全球卫星导航事业蓬勃发展，为服务全球、造福人类贡献中国的智慧和力量。北斗卫星导航系统为经济社会发展提供重要的时空信息保障，是中国实施改革开放以来取得的重要成就之一，是中国贡献给世界的全球公共服务产品。

格洛纳斯（GLONASS）是俄罗斯版本的 GPS。它由 24 颗卫星组成，精度在 10 m 左右，为军、民两用。它是苏联在 1976 年启动的项目，历经 20 多年的曲折历程，虽然曾遭遇了苏联解体，俄罗斯经济不景气，但人们始终没有中断过该系统的研制和卫星的发射，终于在 1996 年 1 月 18 日实现了空间满星座 24 颗工作卫星正常地播发导航信号。格洛纳斯也和美国的 GPS 一样，由 21 颗工作星和 3 颗备份星组成。

伽利略定位系统是欧盟的卫星定位系统，有"欧洲版 GPS"之称，也是继美国现有的 GPS 及俄罗斯的格洛纳斯外，第三个可供民用的卫星定位系统。该系统于 1999 年启动，一共由 30 颗卫星组成，其中有 27 颗工作星、3 颗备份星。2019 年 7 月 14 日，伽利略定位系统技术故障导致部分导航服务中断，2019 年 8 月 18 日恢复正常。伽利略系统的基本服务有导航、定位、授时；特殊服务有搜索与救援；扩展应用服务有飞机导航和着陆系统、铁路安全运行调度、海上运输系统、陆地车队运输调度、精准农业。

（二）北斗卫星导航系统介绍

1994 年，我国启动了北斗一号系统工程建设，踏出了建设中国卫星导航系统的第一步。

GPS 并不特指美国的卫星导航系统，我国的北斗卫星导航系统也是一套 GPS，只不过美国是全球第一个建成这个系统的国家，美国也没有额外再起一个名字，因此，久而久之，人们就习惯把美国的卫星导航系统称为 GPS。

北斗卫星导航系统的历史可以追溯到 20 世纪 80 年代，那时美国 GPS 的第一颗卫星上天时间并不长，这充分说明在高科技领域，我国一直在努力追赶世界潮流。1983 年，"863 计划"的倡导者之一、"两弹一星"元勋陈芳允院士提出了"双星定位"建设方案，就是把地心视为一颗虚拟卫星，再发射两颗静止轨道通信卫星，配合地面高度坐标，实现对区域内地面目标的快速定位。

1989 年，我国使用通信卫星验证了这套方案的可行性，为之后的北斗卫星导航试验系统打下了技术基础。相比于美国 GPS 的四星定位方案，陈芳允院士的方案更加适合我国，它能以最小的星座、最小的投入以及最短的建设周期建成我国自己的卫星导航系统。

从 2000 年北斗一号，也就是北斗卫星导航试验系统建成以来，北斗卫星导航系统已经发展到了北斗三号，拥有 48 颗在轨卫星，成功升级为全球卫星导航系统。而且作为后起之秀，我国的北斗卫星导航系统在定位精确度上已经完全不输于美国的 GPS。根据公开资料，在全球公共服务上，北斗卫星导航系统与美国 GPS 的定位精度相差不大，都是 2~3 m，但是在军用领域，我国的北斗卫星导航系统的定位精度可以达到 0.1 m，而 GPS 的定位精度是 0.3 m。

北斗卫星导航系统自提供服务以来，已在交通运输、农林渔业、水文监测、气象测报、通信授时、电力调度、救灾减灾、公共安全等领域得到广泛应用，服务国家重要基础设施，产生了显著的经济效益和社会效益。基于北斗卫星导航系统的导航服务已被电子商务、移动智能终端制造、位置服务等厂商采用，广泛进入中国大众消费、共享经济和民生领域，应用的新模式、新业态、新经济不断涌现，深刻改变着人们的生产生活方式。中国将持续推进北斗卫星导航系统应用与产业化发展，服务国家现代化建设和百姓日常生活，为全球科技、经济和社会发展做出贡献。

（1）发展历程。20 世纪后期，中国开始探索适合国情的卫星导航系统发展道路，逐步形成了三步走发展战略：到 2000 年年底，建成北斗一号系统，为中国提供服务；到 2012 年年底，建成北斗二号系统，为亚太地区提供服务；到 2020 年，建成北斗三号系统，为全球提供服务。

（2）发展目标。建设世界一流的卫星导航系统，满足国家安全与经济社会发展需求，为全球用户提供连续、稳定、可靠的服务；发展北斗产业，服务经济社会发展和民生改善；深化国际合作，共享卫星导航发展成果，提高全球卫星导航系统的综合应用效益。

（3）建设原则。中国坚持"自主、开放、兼容、渐进"的原则建设和发展北斗卫星导航系统。

① 自主。坚持自主建设、发展和运行北斗卫星导航系统，具备向全球用户独立提供卫星导航服务的能力。

② 开放。免费提供公开的卫星导航服务，鼓励开展全方位、多层次、高水平的国际合作与交流。

③ 兼容。提倡与其他卫星导航系统开展兼容与互操作，鼓励国际合作与交流，致力于为用户提供更好的服务。

④ 渐进。分步骤推进北斗卫星导航系统建设发展，持续提升北斗卫星导航系统服务性能，不断推动卫星导航产业全面、协调和可持续发展。

（4）远景目标。2035年前还将建设更加完善、更加泛在、更加融合、更加智能的综合时空体系。

（5）基本组成。北斗卫星导航系统由空间段、地面段和用户段3个部分组成。

① 空间段。北斗卫星导航系统空间段由若干地球静止轨道卫星、倾斜地球同步轨道卫星和中圆地球轨道卫星等组成。

② 地面段。北斗卫星导航系统地面段包括主控站、时间同步/注入站和监测站等若干地面站，以及星间链路运行管理设施。

③ 用户段。北斗卫星导航系统用户段包括北斗卫星导航系统兼容其他卫星导航系统的芯片、模块、天线等基础产品，以及终端产品、应用系统与应用服务等。

（6）发展特色。北斗卫星导航系统的建设实践，走出了在区域快速形成服务能力，逐步扩展为全球服务的中国特色发展路径，丰富了世界卫星导航事业的发展模式。

（三）GPS导航技术

1. 车载GPS导航系统的功能

（1）导航功能。使用者在车载GPS导航系统上任意标注两点后，GPS导航系统便会自动根据当前的位置，为车主设计最佳路线。有些车载GPS导航系统还有修改功能，假如用户不小心错过路口，没有走车载GPS导航系统推荐的最佳路线，车辆位置偏离最佳路线200 m以上，车载GPS导航系统会根据车辆所处的新位置，重新为用户设计一条回到主航线的路线，或为用户设计一条从新位置到终点的最佳路线。

（2）电子地图。车载GPS导航系统都配备电子地图，一般覆盖全国各大省会城市。功能强大的地图系统还包含中小城市的电子地图，城市数目达到近400个，可以随时查看目的城市的交通、建筑等情况。

（3）转向语音提示功能。如果前方遇到路口需转弯，车载GPS导航系统会进行语音提示，这样可以避免车主走弯路。此外，车主可以查阅街道及其周围建筑物，车载GPS导航系统甚至可能具有一些城市交通中的单行线、禁左、禁右等路况信息供查阅。

（4）定位功能。车载GPS导航系统通过接收卫星信号，准确地定出车辆所在的位置。如果装置内带有地图的话，就可以在地图上相应的位置用一个记号标记出来。同时，车载GPS导航系统还可以显示方向、海拔高度等信息。

（5）测速功能。通过对卫星信号的计算，车载GPS导航系统可以测算出车辆行驶的具体速度。

（6）显示航迹。如果去一个陌生的地方，车载GPS导航系统带有航迹记录功能，可以记录用户车辆行驶经过的路线，误差小于10 m，甚至能显示两个车道的区别。回来时，用户可以启动车载GPS导航系统的返程功能，在它的带领下顺着来时的路线返回。

（7）信息检索功能。根据情况使用车载GPS导航系统的信息检索功能，可快速地将待查地点显示在画面上。

（8）娱乐功能。车载 GPS 导航系统可以接收电视信号、播放娱乐光盘等。

2. 车载 GPS 导航系统的结构与工作原理

车载 GPS 导航系统的定位原理如图 7-1 所示。内置的 GPS 天线接收来自环绕地球的 24 颗 GPS 卫星中至少 3 颗卫星所传递的数据信息，由此测定汽车当前所处的位置。车载导航仪内部装有储存大量电子地图信息的 CD-ROM，通过 GPS 卫星信号确定的位置坐标与此匹配，便可确定汽车在电子地图中的准确位置。

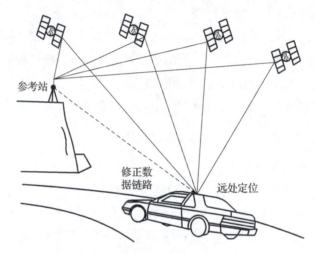

图 7-1　车载 GPS 导航系统的定位原理

车载 GPS 导航系统主要由电子计算机、方位检测设备、电子道路数据及显示器组成，如图 7-2 所示。车辆前座中央有显示器，可显示道路地图和其他有关交通信息，其数据由 CD-ROM 提供。车的前、后部各装有 GPS 接收天线，GPS 接收器装在行李舱内，地磁传感器装在车顶，在车轮上装有车速传感器，在转向机构上装有转向角传感器等。有关信息经导航微处理器统一管理，通过显示器显示汽车导航。

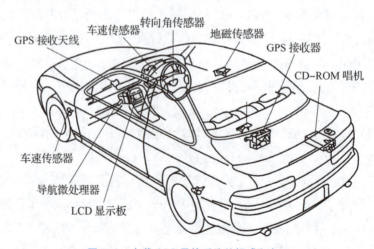

图 7-2　车载 GPS 导航系统的组成和布置

车载GPS导航系统可为一辆以上的车辆提供其在地球表面上的导航，它可在任一给定时间内精确确定车辆在道路网中的位置。车载GPS导航系统可从以下3个基本的信息源获得数据。

1）GPS接收器

GPS接收器安装在车上，接收多达11颗卫星的信号。这些信号用来精确确定车辆的位置，但它可能遭受偶然的干扰，如坏天气影响、隧道和建筑物遮挡、超宽带无线电通信干扰等，为此通常采用航位推算导航（如惯性传感器）或辅助定位技术作为GPS信号丢失时的补偿，以使车载GPS导航系统功能连续。

2）车载传感器

车载传感器通常包括测量转弯速率的陀螺仪、输出电子速度脉冲的测速计以及测量方向的罗盘。这些数据被用来进行航位推算，以便确定车辆相对道路的运动。

汽车行驶路径的方向和位置通过装在车上的车载传感器检测，地磁传感器和转向角传感器决定汽车行驶方向，车速传感器决定汽车行驶的距离。

（1）地磁传感器。地磁传感器感应元件是在高导磁性材料制成的磁环上绕制励磁绕组，绕组在X和Y两个正交方向上，每个方向各绕两个检测线圈（共4个）。无地磁场作用，检测线圈不产生电动势，有地磁场作用则产生电动势。地磁方向与检测线圈方向夹角不同，检测线圈产生的电动势也不同，这样就可以确定汽车的行驶方向。图7-3所示为地磁传感器导向原理和导向系统电路简图。

（2）陀螺仪。陀螺仪根据其测定元件的不同分为惯性陀螺仪、气流陀螺仪和光纤维陀螺仪。

① 惯性陀螺仪。高速旋转体不受外力作用时，其轴线方向固定。陀螺由轴承悬浮成球形支撑在汽车车身上，汽车以一定横摆角速度转向，相当于在陀螺上作用了另一个旋转运动，产生了科氏惯性力，利用科氏惯性力的大小和方向可以计算出汽车的行驶方向。

② 气流陀螺仪。气流陀螺仪是利用气泵喷嘴喷出稳定的氮气流对两根热线的冷却作用的差异来测量汽车行驶方向的改变。其结构原理示意如图7-4所示。汽车直线行驶时，喷出的氮气流与两根热线平行，散热能力相等，两线无温差。当汽车转向时，由于喷出氮气流的惯性，氮气流对两根热线的冷却作用不同，测量两根热线的温差便可以计算出汽车转角。

③ 光纤维陀螺仪。图7-5所示为光纤维陀螺仪检测原理示意。光从光纤维线圈A点入射，经向左、向右方向回转传播，光程相同时，两方向同时经过一个周期到达输出的B点。当光纤维线圈有向右旋转的角速度ω时，则从A点入射的同一周期左、右方向传播的光程不同，右回转传播光程长，比较左回转传播光程，两者相差一定角度。在原输出B点测量两方向传到的光相位不同，测定两光干涉的强度，可以确定两方向光的传播时间差（相位差），从而计算出光纤维线圈（汽车）的转向角速度ω。

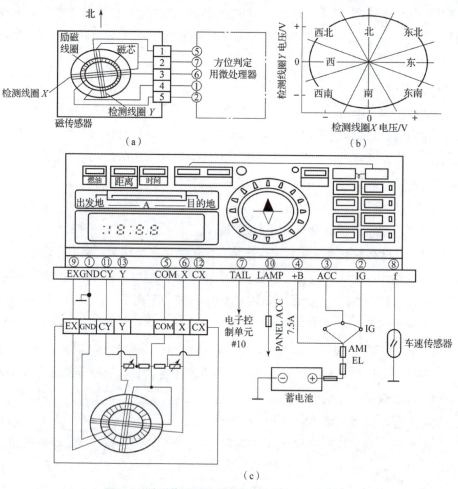

图 7-3 地磁传感器导向原理和导向系统电路简图

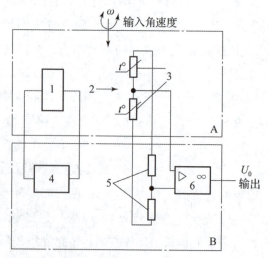

图 7-4 气流陀螺仪结构原理示意
1—气泵；2—气流；3—热线；4—振荡器；5—电阻；6—放大器；A—传感器；B—信号处理电路

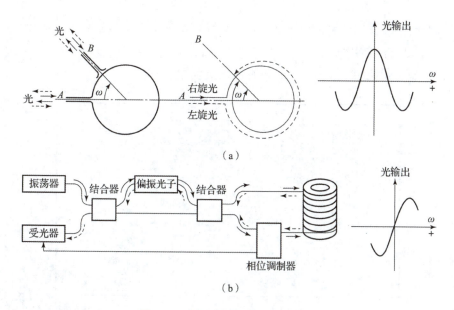

图 7-5 光纤维陀螺仪检测原理示意

3）导航地图数据库

通过 GPS 接收器和车载传感器所采集到的数据，利用地图匹配进行处理，与存储在数字地图（GIS）数据库中的地形数据进行比较。最后，对来自这些信息源的所有信息都要进行运算，以便实现定位。采用这些技术的组合可使车载 GPS 导航系统定位精度达到米级。

以航空测量出的地形道路图为基础，将地图涵盖范围按一定比例划分成若干个区域，每个区域上标明道路走向和道路管理的相关信息。如日本按每区域纵横约 80 km（经度为 1°，纬度为 40'）划分成一次网络，每个方向划分为纵横约 10 km 的二次网络和进一步以纵横各约 1 km 范围的三次网络（组成全国道路地图数据）。日本约有 39 万个属于三次网络的区域。

CD-ROM 数据库存储有各种道路属性的数据（路面、路标、桥隧等）、基本道路地图数据。根据汽车行驶所处的位置（经、纬度）坐标，手动操作或接收车外信息表示该车现处位置的方法，显示相应需要的地图数据。

当汽车按计算机引导路径接近某一交通信标（或装有信号反射的交通灯）时，计算机将当地的详细地图在显示器上显示，再指示要到达目的地的最佳路径。作为汽车信息通信系统（Vehicle Information Communication System，VICS）的路上通信装置，人们目前正在研究其实际应用。

地图的微调导航法是对位置确定、导航传感器和地图与实际道路重合所导致的积累误差的及时补偿。它将导航到达的轨迹与显示器上道路地图指示的行车道路形状比较，在形状以高概率相符的地图道路上自动修正汽车位置和方向。

地图的微调导航包括车辆位置修正、多路径追迹和距离偏离补偿。

4）导航功能的使用

（1）导航地图界面。导航地图界面如图7-6所示。

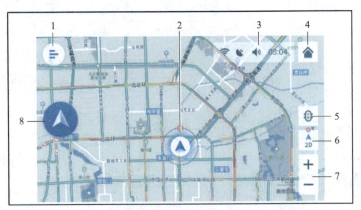

图7-6 导航地图界面

1—主菜单：触按进入主菜单界面；2—当前位置：显示车辆现在所处的位置；3—状态栏：触按展开状态栏信息；4—返回：返回音响系统主界面；5—路况开关：触按打开实时路况；6—视图模式：触按可切换为2D正北向上/2D车头向上/3D车头向上3种模式；7—比例尺：可放大或缩小地图显示比例；8—目的地：触按可对目的地进行搜索和导航设置

（2）导航模式界面。导航模式界面如图7-7所示。

图7-7 导航模式界面

1—下个路口距离和道路名称：显示到达下个路口的剩余距离及下个路口道路名称；2—车道信息：显示当前车辆位置的车道信息；3—导航状态栏：触按展开状态栏信息；4—前方道路名称：显示即将进入道路的名称；5—鹰眼地图路况及进度：显示导航路线的道路状况及导航进度；6—鹰眼地图+全程概览：显示全程导航路线的缩略图；7—剩余里程和时间：显示距离目的地的剩余距离和剩余时间；8—转向箭头：显示下个路口的行进方向

（3）开启导航功能。在导航界面触按显示屏上的屏幕按键 进入导航界面主菜单，导航界面主菜单如图7-8所示。

（4）设置目的地。用户可通过搜索POI（兴趣点）、搜索名称、快捷导航、收藏点等方式进行目的地设置，下面以搜索名称为例介绍设置目的地的步骤。

步骤1：在地图模式界面触按"目的地"按钮，进入搜索界面，如图7-9所示。

步骤2：在搜索界面输入目的地并触按"搜索"按钮，进入目的地搜索结果界面，如图7-10所示。

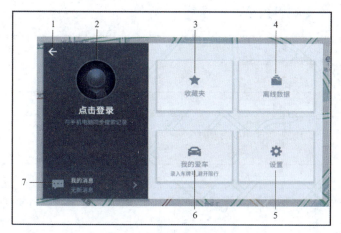

图7-8 导航界面主菜单

1—返回：触按进入地图模式界面；2—登录：在车机端连接网络时，可进行登录，登录后可与手机端导航信息同步；3—收藏夹：触按进入收藏夹界面，可通过收藏夹快捷导航；4—离线数据：触按进入离线数据界面，可对离线数据进行管理；5—设置：触按设置界面，可对路线规划、声音播报、地图显示等进行设置；6—我的爱车：触按进入我的爱车界面，可对我的爱车进行管理；7—我的消息：触按进入我的消息界面，可对我的消息进行查看管理

图7-9 在地图模式界面触按"目的地"

图7-10 目的地搜索结果界面

步骤3：选择要去的目的地，触按"去这里"按钮进入路径规划界面，如图7-11所示。

步骤4：在路径规划界面进行多条路线规划后触按"开始导航"按钮即可开始导航，如图7-12所示。

注：连网可显示收费信息。

导航功能的使用

图7-11 路径规划界面

图7-12 开始导航界面

任务 7.1.2　音响娱乐系统的使用

一、工作表：音响娱乐系统的功能

（1）音响娱乐系统的基本构成是什么？
（2）音响娱乐系统的娱乐功能主要有哪些？
（3）音响娱乐系统的设置功能主要有哪几类？
（4）智能远光控制系统的开启/关闭在哪里进行设置？
（5）远程充电功能在哪里进行设置？
（6）进入收音机界面的方法有几种？分别是什么？
（7）播放音乐时怎样在本地音乐、USB 资源、蓝牙音乐之间进行切换？

二、参考信息

（一）音响娱乐系统架构

1. 音响娱乐系统概述

音响娱乐系统主要由音响控制系统、音响显示系统、扬声器系统、天线接收系统及屏蔽线等组成，同时也为其他系统、零件提供视觉、听觉及触觉等人机交互接口。各种车型的配置不同，采用的各子系统相对应的配置也不同，需要根据实际情况进行定义。

音响娱乐系统的基础构成为：音响总成、娱乐系统显示屏、LCD 单元（或按键控制面板）、T-BOX、天线总成（收音天线、4G&GPS 天线）、扬声器总成、功率放大器、麦克风、USB 接口及相关特材线等。

音响娱乐系统的组成如图 7-13 所示。

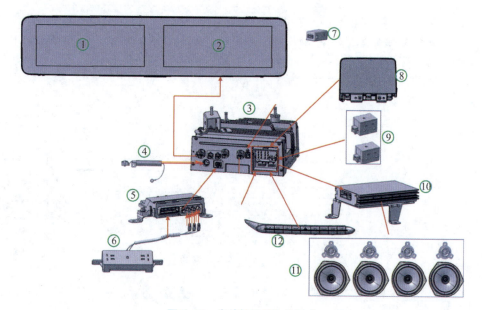

图 7-13　音响娱乐系统的组成

①—信息系统显示屏；②—娱乐系统显示屏；③—音响总成；④—收音天线放大器；⑤—T-BOX；⑥—4G&GPS 天线；⑦—USB 接口；⑧—LCD 单元；⑨—麦克风；⑩—外置功率放大器；⑪—扬声器；⑫—按键控制面板

音响娱乐系统的零件构成见表 7-1。

表 7-1　音响娱乐系统的零件构成

序号	零件名称	备注
①	信息系统显示屏	根据造型不同，区分为独立屏和双联屏
②	娱乐系统显示屏	
③	音响总成	—
④	收音天线放大器	—
⑤	T-BOX	车载互联终端总成
⑥	4G&GPS 天线	可拆分成 4G 天线和 GPS 天线，但都接入 T-BOX
⑦	USB 接口	数量、用途根据装备定义
⑧	LCD 单元	用于控制空调、提供车辆部分功能虚拟开关
⑨	麦克风	数量根据装备定义
⑩	外置功率放大器	数量根据装备定义
⑪	扬声器	数量根据装备定义

续表

序号	零件名称	备注
⑫	按键控制面板	用于音响娱乐系统功能控制

备注：
③音响总成的未在系统原理框图内指明用途的接插件，用于提供其他系统/零件和音响娱乐系统通信、交互。

2. 音响娱乐系统原理框图

音响娱乐系统原理框图如图7-14所示。

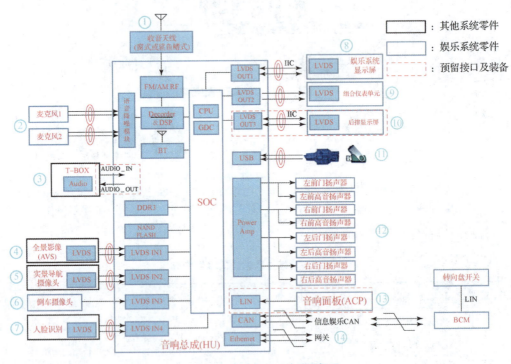

图7-14 音响娱乐系统原理框图

音响总成作为音响娱乐系统的核心控制器，是各类信息、数据的处理终端。音响娱乐系统零件间的连接和信号类型见表7-2。

表7-2 音响娱乐系统零件间的连接和信号类型

序号	连接介质	信号类型	功能	备注
①	收音天线	音频信号	收音功能	屏蔽线
②	普通线束	音频信号	蓝牙电话 语音识别 听歌识曲	双绞线+屏蔽线

续表

序号	连接介质	信号类型	功能	备注
③	普通线束	音频信号	E-Call/I-Call	—
④	LVDS 屏蔽线	视频信号	接收全景影像视频信号	—
⑤	LVDS 屏蔽线	视频信号	接收实景导航视频信号	—
⑥	LVDS 屏蔽线	视频信号	接收倒车影像视频信号	—
⑦	LVDS 屏蔽线	视频信号	接收人脸识别视频信号	—
⑧	LVDS 屏蔽线	视频信号	提供娱乐系统显示屏视频信号	—
⑨	LVDS 屏蔽线	视频信号	信息系统显示屏的双屏互动	—
⑩	LVDS 屏蔽线	视频信号	驱动后排显示屏	—
⑪	USB 屏蔽线	USB 数据	USB 音乐/视频/图片	—
			手机互联	
			手机充电	
⑫	普通线束	音频信号	驱动扬声器发声	双绞线
⑬	普通线束	电流	按键输入	根据架构确定通信方式
		LIN 信号		
⑭	普通线束	网络通信	CAN 和以太网	双绞线

（二）音响娱乐系统的功能框架及参数

1. 音响娱乐系统的功能框架

音响娱乐系统的功能框架如图 7-15 所示。

2. 音响娱乐系统的相关参数

为了满足音响娱乐系统的功能框架和造型要求，各零件需确定其关键参数和技术指标。

1）音响总成

（1）操作系统（Operating System，OS）。随着音响总成的功能、使用习惯等越来越贴近移动设备，如手机、Pad 等，以及 OS 自身软件生态的成熟度，目前 OS 基本选择安卓。

安卓操作系统不断更新迭代，它对硬件性能的要求也越来越高，所以在低成本音响平台上，也可选择低版本安卓操作系统或 Linux 操作系统，其中安卓操作系统建议不低于 4.4 版本。

对于没有 LCD 显示屏的音响总成，可不带操作系统，由运行在 MCU 上的嵌入式系统（单片机）执行有限功能，包括收音、USB 音乐、简单的设置（时间、音量、音场等），以降低成本。

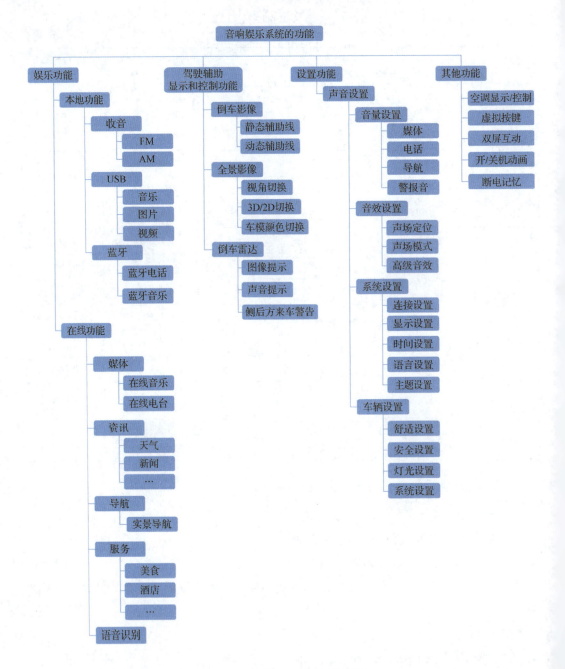

图 7-15 音响娱乐系统的功能框架

IVI（In-Vehicle Infotainment）技术已经起步，分为软隔离和硬隔离方案。软隔离是指通过虚拟化技术（Hypervisor），使上层操作系统安装并运行于底层操作系统之上。例如，底层使用 QNX 系统，则上层可以运行 QNX、Linux、安卓等操作系统。

（2）片上系统（System on Chip，SOC）。SOC 是音响总成的核心系统级控制芯片，内部封装 CPU、GPU、高速缓存、运行内存等模块，其性能水平直接决定音响总成的性能。

SOC 选型的基本原则是支持车型定义的相关功能，同时兼顾运行速度、成本和可扩展性，在全负载运行时，要求 SOC 占用率 <80%，否则需优化 App 运行，或提升 SOC 性能。

（3）数字信号处理（Digital Signal Processing，DSP）。DSP 的特点是运算能力很强，擅长重复数据运算，在音响总成内用于处理音频。将 SOC 提供的数字信号经过增益、音效算法的处理后，转换为模拟信号发送给 AMP。其主要影响因素是是否需要支持高级音效算法和音效升级功能。高级音效算法需内置 HiFi2 核或能够外挂专用 HiFi2 处理 IC；音效升级功能需内置 4 MB 以上 Flash 或支持外挂 Flash，并支持 wav 格式音效源文件的播放。

（4）调谐器（Tuner）。Tuner 芯片可以是独立 IC，也可以集成在专门的 DSP 和 Tuner 二合一芯片内。其功能是将收音放大器接收到的收音信号（射频信号、调幅或调频信号）经过前置滤波、放大、增益控制等处理后，转换成数字信号发送给 DSP 处理。

其主要参数是信噪比、停台灵敏度等，由内部集成的低噪声放大器（LNA）决定，即有效声音和噪声的比值越大越好。

（5）功率放大器（Power Amplifier，AMP）。AMP 将 DSP 输入的模拟信号放大后，推动扬声器发出声音。其关键参数是带载能力，功率一般为 25 W 以下，最多支持 4 路扬声器通道。

（6）双倍速率同步动态随机存储器（Double Data Rate Synchronous Dynamic Random Access Memory，DDR SDRAM，简称 DDR）。其属于 RAM，即音响总成掉电后不保存信息，其读写速率高。其容量受制于 SOC 能够支持的最大容量和 OS 运行所需最小容量。但考虑到 App 运行，尤其 3D 画面、语音识别等对内存占用的不断增加，DDR 在选型时需综合考虑以上因素，并支持 PIN to PIN 更换以扩展容量。

（7）EMMC（Embedded Multi Media Card）。其属于 ROM，即音响总成掉电后数据不丢失，存储空间大，读写速率没有 DDR 高。其最大容量受制于 SOC 最大支持的容量，最小容量受制于 OS 运行所需最小容量。但考虑到语音识别包、离线导航地图、OTA 升级等功能对 EMMC 空间的需求，EMMC 在选型时需综合考虑以上因素，并支持 PIN to PIN 更换以扩展容量。全负载运行时，要求内存占用率 <80%，否则需优化 App 运行或扩展内存容量。

（8）蓝牙 & 无线保真（Bluetooth& Wireless Fidelity，BT&Wi-Fi）。BT 需支持 A2DP，AVRCP1.0/1.3/1.4 版本通信协议以上版本，Wi-Fi 需支持 2.4G/5G 双频段。

（9）LVDS（Low-Voltage Differential Signaling）。LVDS 用于视频信号传输，发送端将视频信号加串发出，视频信号接收端将视频信号解串后显示。LVDS 芯片选型需满足传输速率和配对要求，需计算传输速率并确定型号、制定通信协议、匹配引脚定义以符合屏蔽线绕线规定。

同时需要结合音响总成 SOC 选型，根据 SOC 的视频接口类型和数量合理分配输入/输出。

音响总成示意如图 7-16 所示。

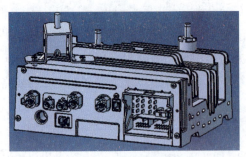

图 7-16　音响总成示意

2）LCD 单元（娱乐系统显示屏+LCD 单元）

（1）尺寸。显示屏尺寸由装备定义确定，此尺寸指 LCD 单元内的 TFT 的 AA 区（Active Area）的对角线长度，而不是面板的对角线长度。面板尺寸在满足结构设计的最小尺寸条件下，最大尺寸和外轮廓形状由造型决定。由于面板材料和工艺的限制，需对造型输入的外轮廓形状进行充分评估，以避免工程无法实现或成本过高。

（2）分辨率。在 TFT 尺寸相同的情况下，分辨率越高，LVDS 传输速率和成本越高，对 EMC 要求也越高。传输速率直接影响音响总成的 SOC、LVDS、接插件选型和屏蔽线接插件选型。

（3）TFT 关键参数。TFT 关键参数见表 7-3。

表 7-3　TFT 关键参数

序号	参数	要求
1	表面硬度	≥ 3H
2	亮度	≥ 600cd/m^2
3	对比度	典型值 ≥ 1000
4	亮度均匀性	≥ 80%
5	色度	白色：$X = 0.30 \pm 0.04$　$Y = 0.32 \pm 0.04$
6	NTSC 比	≥ 75%
7	反射率	< 5%@550nm（SCI mode）
8	一体黑效果	$\Delta E < 2$

（4）贴合方式。其包括空气贴合和光学贴合两种方式。不同贴合方式的成本差异也较大，同时对一体黑效果影响很大。

（5）表面处理工艺。根据作用不同，有 3 种表面处理方式：防炫目（Anti-Glare，

AG）、防反射（Anti-Reflection，AR）、防指纹（Anti-Figure，AF）。这3种表面处理方式按工艺不同，可分为镀膜和贴膜，其中镀膜成本高于贴膜。

在造型为无帽檐的情况下，还需增加防窥膜，以防止显示屏投影至前风窗玻璃。

LCD单元示意如图7-17所示。

3）控制面板

根据造型确定按键数量、旋钮数量、按键类型、旋钮类型。不同的按键、旋钮结构需求空间不同，需结合造型确定。控制面板示意如图7-18所示。

根据网络拓扑图，确定控制面板和音响总成的通信方式，一般为LIN或电阻网络。

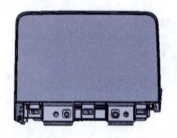

图7-17 LCD单元示意

图7-18 控制面板示意

4）天线和天线馈线

音响娱乐系统的天线及天线馈线承担着信号接收及信号传输的职责，通过天线将信号接收并通过天线馈线传输到音响总成。天线类型和布置位置见表7-4。

表7-4 天线类型和布置位置

天线类型	布置位置	
	车内隐藏式	鲨鱼鳍
收音天线	前风窗或后风窗+印刷天线	鲨鱼鳍
GPS天线	仪表板内	鲨鱼鳍
4G天线	仪表板内	鲨鱼鳍

印刷天线（图7-19）一般配有天线放大器（图7-20），用于对印刷天线信号的补充。对于印刷天线，需注意其方向性和接收能力。

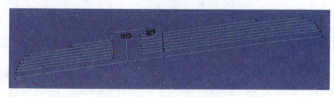

图7-19 印刷天线

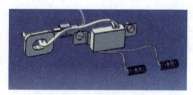

图7-20 天线放大器

鲨鱼鳍天线（图7-21）对防水性能要求很高，需要同时满足自身防水以及顶盖结合面防水。

由于天线馈线部分需要各种卡扣进行固定，故需要使用标准卡扣库（图7-22），以方便进行结构部件的设计输入。

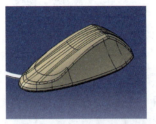

图7-21 鲨鱼鳍天线

图7-22 标准卡扣示例

5）麦克风

麦克风是语音信号的接收零件，需保证麦克风语音信号接收的无遮挡和无干扰。麦克风安装位置示意如图7-23所示。同时为满足声纹识别等需求，要求麦克风为单指向性，信噪比≥65 dB。

6）USB接口

根据装备定义和造型确定USB接口的数量、布置位置以及用途。USB接口示意如图7-24所示，它需满足手机充电电流>1.5 A。

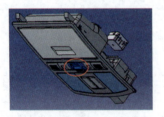

图7-23 麦克风安装位置示意

图7-24 USB接口示意

7）扬声器

扬声器是音响娱乐系统的发声装置，根据不同的车型配置，可以选择2.0、4.0、5.0、5.1、7.1、10.1的扬声器配置系统，同时扬声器数量增多，相应的成本就会升高。扬声器的数量增多后，相应的扬声器匹配需要调校，以避免扬声器与功率放大器不匹配，造成假短路的现象。

一般内置功率放大器可以推动的最小阻值为4 Ω，因此在通过并联匹配时，希望使等效扬声器阻值满足最小阻值为4 Ω，即满足正公差要求，或者等效阻值大于4 Ω。

不同车型扬声器面罩可能不同，如图7-25所示，但应保证声音透过率>75%。同时布置扬声器时，应避免共振等不良现象。

8）特材线

根据功能框图，确定特材线的类型、数量。由于信号传递过程中存在衰减和干扰，所以需要控制线长和走向，避开电动机。

9）外置功放

外置功放（图 7-26）用于推动多通道扬声器输出（>6 通道），其散热量较大，应重点考虑散热问题。

图 7-25 扬声器示意

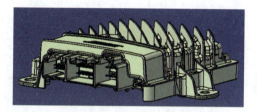

图 7-26 外置功放示意

（三）音响娱乐系统功能介绍

音响娱乐系统功能多且复杂，每个功能内的子功能各不相同。功能之间独立又存在交互，因此，应从系统层面设计功能及其子功能。

HMI、UI、显示屏尺寸等外部条件服务于功能，不能成为功能设计的制约条件。

1. 收音功能

收音功能需包含以下子功能。

（1）频段切换。在 FM 和 AM 之间切换。

（2）立体声电台。在播放 FM 时，当前播放频率如果是立体声电台，需显示 ST 符号。

（3）电台列表。出厂时需有默认电台列表，如列表内为某城市有效电台，按频率由小至大顺序排列。允许用户手动删除、调整顺序。自动存台功能可更新电台列表。

（4）自动存台。从当前播放频率开始扫描有效电台，到达频段终点后，从频段起点继续扫描至当前频率后停止。

将搜索到的有效电台按频率由低至高，或信号强度由大至小排列，并播放自动存台操作开始时的第一个有效电台。

自动存台过程被打断后，记忆已经扫描到的有效电台且更新电台列表。

（5）浏览播放。从当前播放频率开始扫描有效电台，扫描到有效电台并播放 10 s 后继续扫描，直至回到浏览播放开始前的频率，不更新电台列表。

浏览播放过程被打断后，停在最后一个有效电台并播放。

（6）听歌识曲（连网时）。录制当前电台的播放内容并上传至云端识别后，将匹配结果发给用户。

2. USB 功能

（1）插入识别。当 USB 连接时，自动扫描当前存储设备。文件扫描完成后，根据音频/视频/图片，分别生成文件列表。

（2）异常处理。当前文件无法播放时，提示"当前文件无法播放"3 s 后，在列表中删除此文件，并且自动跳转到下一个文件进行播放；

当没有可播放文件或 U 盘损坏时，提供用户弹窗信息提示；

当在播放中拔出 U 盘时，停止当前播放，返回到收音功能；

当未播放而拔出 U 盘时，无任何提示。

（3）USB-IF 认证类提示信息。支持并通过 USB-IF 认证：当 USB 设备不支持时，提示"不支持的 USB 设备！"；当 USB 接入 USB HUB 时，提示"不支持 USB HUB 设备！"；当 USB 接入无法响应的设备时，提示"无响应的 USB 设备！"。

（4）USB 音频播放。

循环模式：单曲循环、全部循环、随机播放。

播放/暂停：可播放/暂停，被其他应用打断播放时，需静音并停止播放。

切曲：可切换上一曲或下一曲，在当前曲目播放未超过 5 s 时，"上一曲"操作可切换至上一曲；当前曲目播放超过 5 s 后，"上一曲"操作将从头播放当前曲目。

快进快退：可快进/快退，根据不同循环模式，决定快进到结束后是否切换至下一曲。

ID3 信息显示：ID3 信息包括歌手、标题、专辑名称、年代、风格（流派）等，其中年代和风格可不显示。

播放列表：可根据歌手、风格（流派）等不同条件对曲目进行重新排序，并生成新的播放列表。

（5）USB 图片播放。

缩放：支持图片放大、缩小；

旋转：顺时针/逆时针旋转图片；

图片列表：U 盘内所有图片用缩略图显示；

幻灯片播放：可全屏自动播放，并可设置自动播放间隔时间。

（6）视频播放。

播放/暂停：可播放/暂停，被其他应用打断播放时，需静音并停止播放。

切视频：可切换至上一个/下一个视频；

快进快退：可快进或快退；

播放速度：可切换不同的播放速度，如 0.5 倍、1 倍、2 倍、4 倍、8 倍、16 倍；

播放列表：U 盘内所有视频生成一个播放列表，并显示视频预览图。

3. 蓝牙功能

（1）蓝牙设备连接。蓝牙开关打开后，与蓝牙设备配对，并根据手机权限获取蓝牙电话、蓝牙音频等权限；需用户手动选择。

（2）蓝牙设备断开、删除。用户可主动断开当前已连接设备，或删除历史连接设备。

（3）蓝牙电话来电。蓝牙电话来电时，可进行接听、挂断操作。

（4）正在通话中。在通话过程中，可进行隐秘接听、静音、挂断、拨号盘操作。

（5）第三方来电。对第三方来电，可进行接听并挂断、接听并保持、挂断操作。

（6）末码重播。不输入号码时进行打电话操作，拨出最后一个拨出的号码。

（7）电话簿。蓝牙设备第一次连接音响总成，并同步电话本后，按手机通讯录联系人从 A~Z+# 的顺序生成电话本并保存，直至此设备被删除。不自动更新电话簿，但允许用户手动更新。

（8）通话记录。可区分已接来电、未接来电、已拨电话，并分别生成列表，包含姓名、通话时间、通话时长。

（9）蓝牙电话声音播出要求。当处于蓝牙通话状态时，仅前排扬声器发声。

（10）蓝牙认证要求。蓝牙模块需要获得蓝牙技术联盟（SIG）的蓝牙认证测试中心（BQTF）的认可证书。蓝牙模块需要满足无线通信方面的国家法规，并获得工信部无线电装置的产品认证证书。

必须使用蓝牙 2.0 及以上版本协议。所使用芯片在 –40 ℃ ~–85 ℃ 温度范围内各性能参数正常。

4. 设置功能

1）音效设置

（1）音量：媒体、蓝牙电话、蓝牙音乐、语音、警报音、音量衰减、车速音量补偿、开/关机音乐等；

（2）音场：前后平衡、左右平衡、最佳听音位等；

（3）预设模式：标准古典、流行、爵士、自定义；

（4）3D 音效：开启/关闭、虚拟低音炮等。

2）连接设置

（1）蓝牙连接、蓝牙管理等；

（2）Wi-Fi 连接、Wi-Fi 热点等。

3）车辆设置

车辆设置模块所含子模块，可以方便地更改相关控制器的功能配置，如 ADAS 相关控制器、BCM 控制器等，所以其和 CAN 信号列表以及音响总成配置码有强相关性。需根据 CAN 信号确定设置项，根据音响总成配置码确定是否显示。

（1）舒适设置：门锁解/闭锁方式等；

（2）安全设置：前碰撞预警、车道保持等；

（3）灯光设置：氛围灯、智能远光设置等；

（4）驾驶员状态检测：疲劳提醒、注意力提醒等。

4）通用设置

（1）显示设置：显示屏背光亮度等；

（2）主题设置：主题切换、自定义主题等；

（3）语言和时钟设置；

（4）版本信息；

（5）恢复出厂设置。

5. 网联 App 功能

网联 App 是指需要连网使用的功能，例如在线音乐、在线电台、导航、商城、语音识别等 App。这些 App 由第三方供应商开发后，由音响总成进行集成并发布。

6. 倒车影像显示功能

当音响总成收到倒挡信号后，将画面切换至倒车界面，同时扬声器输出距离警示音。倒车界面由两部分组成，左侧是雷达网格图，右侧是叠加了静态辅助线、动态辅助线的倒车画面，如图 7-27 所示。

图 7-27　倒车界面示意

7. 全景影像显示和控制功能

当音响总成收到来自总线倒挡信号或按键触发后，进入全景影像画面，同时扬声器输出距离警示音。全景影像画面由左、右两部分组成，左侧为全景视图，右侧为单侧视图，如图 7-28 所示。

全景影像画面由全景影像控制器合成后发给音响总成，音响总成需叠加虚拟控制按键、雷达网格图和提示语，虚拟控制按键包括"设置""3D/2D 视角切换""视图切换""车模颜色更换"等。

图 7-28　全景影像画面示意

8. 自动泊车显示控制功能

当音响总成收到自动泊车功能开启信号后，进入自动泊车画面，如图 7-29 所示。音响总成需根据 CAN 信号变化，实时切换画面，并响应用户的操作。

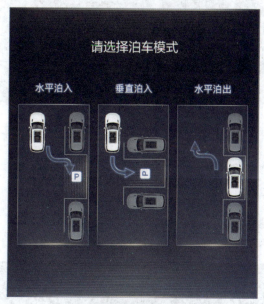

图 7-29　自动泊车画面示意

9. 控制面板功能

控制面板按造型和功能定义的不同，可分为按键控制面板和 LCD 单元。

（1）按键控制面板用于控制音响总成内部功能，如音量调节、曲目切换、音源切换、开关机等。但随着显示屏尺寸增大带来的触摸操作便利性提升，以及语音识别支持的命令和准确率的提高，按键控制面板的按键数量越来越少，甚至可以没有，如图 7-30 所示。

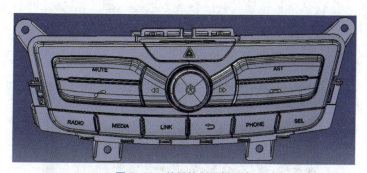

图 7-30　按键控制面板示意

（2）LCD 单元由于其界面设计的灵活性，可同时取代空调控制按键和部分实体按键，如怠速起停、倒车雷达、自动泊车等，如图 7-31 所示。

图 7-31　LCD 单元示意

10. 双屏互动功能

音响总成通过 LVDS 通信，将导航、蓝牙电话、媒体等信息投射到信息系统显示屏，并通过转向盘开关切换导航、蓝牙电话、媒体的显示界面，从而降低用户驾驶时视线偏移至娱乐系统显示屏的次数，提高安全驾驶系数。

双屏互动示意如图 7-32 所示，中间区域为导航界面、中间靠上区域为媒体显示区。

图 7-32　双屏互动示意

（四）音响娱乐系统功能的使用

用户可通过音响娱乐系统显示屏主菜单界面对导航、电话、收音机、音乐、车辆设置、空调等功能进行操作。下面以红旗 E-HS3 轿车音响娱乐系统为例，介绍其具体功能的使用。红旗 E-HS3 轿车音响娱乐系统主菜单界面如图 7-33 所示。

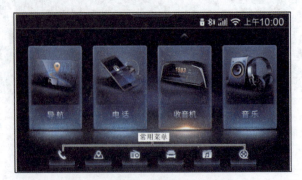

图 7-33　红旗 E-HS3 轿车音响娱乐系统显示屏主菜单界面

模块七　车载娱乐系统的设定

1. 基本操作

（1）信息显示屏。红旗 E-HS3 轿车音响娱乐系统初始画面如图 7-34 所示。面板按键在信息显示屏左侧（图 7-35），在关机状态下，短按开机；长按 10 s，音响娱乐系统重启。在开机状态下，短按关闭/开启屏幕；长按 3 s，音响娱乐系统关闭；长按 10 s，音响娱乐系统重启。

图 7-34　红旗 E-HS3 轿车音响娱乐系统初始化界面

图 7-35　面板按键

（2）转向盘多媒体开关。某些多媒体功能可通过转向盘多媒体开关进行控制，如图 7-36 所示。

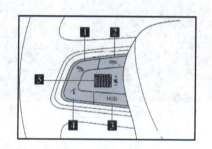

图 7-36　转向盘多媒体开关

1—电话接通按键；2—电话挂断按键 3—MOD 按键；4—语音识别按键；5—音量调节/静音按键

① 电话接通按键：当蓝牙电话连接时，按下该按键打开电话应用；当有电话拨入时，按下该按键可接听电话。

② 电话挂断按键：当有电话拨入、拨出或通话时，按下该按键可挂断电话。

③ MOD 键：按下该按键可在 FM、AM、USB1 音乐、USB2 音乐、本地音乐、喜爱列表之间切换。

④ 语音识别按键：短按该按键，触发/退出语音识别；长按该按键，触发 CarLife 语音助手。

⑤ 音量调节/静音按键：向上/向下滚动该按键，增大/减小音量，若在静音状态下会解除静音；按下该按键，静音/解除静音。

（3）USB 接口。将 USB 设备连接至 USB 接口，进入相应模式后即可通过音响娱乐系统进行操作。

① 使用 USB1 接口。打开 USB1 接口的盖罩，连接外部多媒体源，如图 7-37 所示。

② 使用 USB2 接口。打开 USB2 接口的盖罩，连接外部多媒体源，如图 7-38 所示。

341

图 7-37　连接 USB1 接口

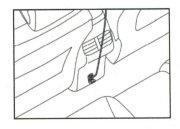
图 7-38　连接 USB2 接口

③ USB 接口充电功能。打开音响娱乐系统后，USB 接口可以为 USB 设备提供充电功能。

2. 系统设置

（1）系统设置主界面。在主菜单界面触按屏幕按键"系统设置"进入系统设置主界面，如图 7-39 所示。

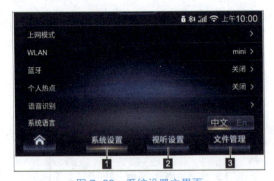

图 7-39　系统设置主界面
1—进入"系统设置"界面；2—进入"视听设置"界面；3—进入"文件管理"界面

① 上网模式。

a. WLAN 模式：通过 WLAN 进行无线网络连接。

b. 移动网络模式：通过内置网卡的网络环境进行网络访问。

② WLAN 设置。

a. 打开 WLAN：在 WLAN 设置界面触按屏幕按键"开"。

b. 搜索 WLAN：将 WLAN 设置为打开，触按屏幕按键"搜索"，查找网络。

c. 连接 WLAN：选择要连接的网络并输入密码进行网络连接。

d. 断开 WLAN：在网络列表界面，触按屏幕按键"断开"，断开对应的网络连接。

③ 蓝牙设置。

a. 打开蓝牙：在蓝牙设置界面触按屏幕按键"开"。

b. 搜索蓝牙：打开蓝牙连接，触按屏幕按键"搜索"，查找蓝牙设备。

c. 连接蓝牙：选择要连接的蓝牙设备进行配对连接，连接成功后显示连接状态。

d. 断开蓝牙：在蓝牙设备列表界面，触按屏幕按键"断开"，断开对应的蓝牙设备连接。

e. 删除蓝牙：在蓝牙设备列表界面，触按屏幕按键"删除"，删除对应的蓝牙设备连接。

f. 设置：对蓝牙的可见性、设备名称等进行设置。

④ 个人热点。

a. 打开个人热点：在"个人热点"界面触按屏幕按键"开"。

b. 编辑热点名称：将个人热点设置为"打开"，在编辑热点名称界面输入名称后确认，完成热点名称编辑。

c. 密码设置：将个人热点设置为"打开"，在密码设置界面，输入新密码后确认，完成密码设置。

⑤ 语音识别。

a. 语音唤醒：可设置为开或关。

b. 主唤醒词：在主唤醒词界面触按屏幕按键"更改"，进入编辑界面，输入修改内容后确认，完成主唤醒词修改。

c. TTS 发音人：可设置为如嘉嘉、晓燕（默认）、晓峰、晓倩等。

⑥ 系统语言。可设置为中文或英文。

⑦ 时间日期。

a. 24 小时制：选择"开"为 24 小时制；选择"关"为 12 小时制。

b. 设置时间：将自动设置选为"关"，触按时间栏，设置时间后确定，完成时间修改。

c. 设置日期：将自动设置选为"关"，触按日期栏，设置日期后确定，完成日期修改。

⑧ 关于本机。可查看系统信息。

⑨ 恢复出厂设置。可对系统进行恢复出厂设置操作。

⑩ 系统升级。在系统升级界面可进行 USB 升级、在线升级操作，具体操作请参考系统引导。

（2）视听设置。"视听设置"界面如图 7-40 所示。

图 7-40 "视听设置"界面

① 显示模式：可设置为自动、白天、夜晚3种模式。
② 亮度：触按屏幕按键"+"或"-"或拖曳亮度设定条可调节车内背光亮度。
③ 音量调节：可调节按键音、雷达音、SOS、电话等的音量。
触按屏幕按键"+"或"-"或拖曳音量设定条可调节音量。
④ 音色设置：可调节高音、中音、低音的音值。
触按屏幕按键"+"或"-"或拖曳音色设定条可调节音值。
⑤ 音场设置：通过拖动圆形光标左右移动选择最佳听音位。通过个性化音场可调节驾驶员音场环绕模式。

（3）文件管理。可在"文件管理"界面对媒体源中的文件进行查看、搜索、播放、删除等操作。"文件管理"界面如图7-41所示。

图7-41 "文件管理"界面

3. 车辆设置

在主菜单界面触按屏幕按键"车辆"，进入车辆设置主界面，如图7-42所示。

图7-42 车辆设置主界面
1—进入"照明设置"界面；2—进入"舒适设置"界面；3—进入"辅助设置"界面；4—进入"行车记录仪设置"界面；
5—进入"抬头显示设置"界面；6—进入"维修保养设置"界面；7—进入"能量统计"界面；
8—进入"内饰设置"或"能量流模式"界面；9—进入"驾驶模式"界面

（1）照明设置。"照明设置"界面如图7-43所示。

图 7-43 "照明设置"界面

① 昼间行车灯：设置昼间行车灯的开启/关闭。

② 智能远光辅助：设置智能远光控制系统的开启/关闭。

③ 离车照明：设置离车照明的开启/关闭，可实现 15 s/30 s/60 s 时间设置。

④ 氛围灯：设置氛围灯的开启/关闭，可实现 4 级亮度调节及颜色调节。

（2）舒适设置。"舒适设置"界面如图 7-44 所示。

图 7-44 "舒适设置"界面

① 安全解锁：设置安全解锁的开启/关闭。

开启：按下遥控器解锁按键一次，可解锁驾驶员侧车门；连续按下遥控器解锁按键两次，解锁所有车门。

关闭：按下遥控器解锁按键一次，可解锁所有车门。

② 方便进出：设置迎宾功能的开启/关闭。

③ 后刮水器自动开启：设置后刮水器是否自动开启。

④ 外后视镜自动折叠：设置外后视镜是否自动折叠。

⑤ 倒车右后视镜下翻：设置倒车时右后视镜是否自动下翻。

⑥ 行人警示音静音：设置行人警示音的开启/关闭，默认为开启状态。行人警示音关闭时，屏幕显示提示信息。

⑦ 远程充电：设置远程充电的开启/关闭。

⑧ 下电自动驻车：设置下电时是否自动驻车。下电自动驻车关闭时，屏幕显示提示信息。

⑨后座安全带未系提醒：设置后座安全带未系提醒的开启/关闭。

（3）辅助设置。"辅助设置"界面如图7-45所示。

图7-45 "辅助设置"界面

①限速提醒：设置限速提醒的开启/关闭。

车速限值范围：30~200 km/h。

车速限值默认为60 km/h。

②智能限速提醒：设置道路交通标志识别系统的开启/关闭。

③巡航模式设置：设置巡航模式为高级巡航或自适应巡航。

④车道保持辅助系统：设置车道保持辅助系统的开启/关闭。

在车道保持辅助系统为开启状态时，可对车道偏离报警方式（默认为警告+纠偏）和车道偏离灵敏度（默认为高）进行设置。

⑤盲区探测：设置盲区探测的开启/关闭，默认为开启状态。

⑥陡坡缓降：设置陡坡缓降的开启/关闭，默认为关闭状态。

⑦前碰撞预警：设置前碰撞预警的开启/关闭，默认为开启状态。

⑧先进紧急制动：设置先进紧急制动的开启/关闭，默认为开启状态。

⑨车身稳定控制：设置车身稳定控制的开启/关闭，默认为开启状态。

（4）行车记录仪设置。"行车记录仪设置"界面如图7-46所示。

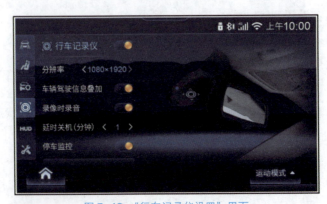

图7-46 "行车记录仪设置"界面

① 行车记录仪：设置行车记录仪的开启/关闭，默认为开启状态。

② 分辨率：分辨率可设置为 1 080×1 920 或 720×1 280，默认为 1 080×1 920。

③ 车辆驾驶信息叠加：车辆驾驶信息叠加可设置为开启/关闭，默认为开启状态。车辆驾驶信息叠加开启时，将记录当前驾驶信息（如时间、车速、加速/制动踏板状态、转向灯状态等）。

④ 录像时录音：设置录像时录音的开启/关闭，默认为开启状态。

⑤ 延时关机（分钟）：延时关机可设置为 1（min）/3（min）/关闭，默认为 1（min）。

⑥ 停车监控：设置停车监控的开启/关闭，默认为开启状态。

停车监控开启后，电源（点火）开关置于"OFF"模式时，如果车辆触发防盗报警或判定车辆发生碰撞，将进行 1 min 录像。

⑦ 格式化 SD 卡：触按屏幕按键"格式化 SD 卡"，对 SD 卡进行格式化。

⑧ 恢复出厂设置：触按屏幕按键"恢复出厂设置"，将音响娱乐系统恢复到出厂状态。

（5）抬头显示设置。"抬头显示设置"界面如图 7-47 所示。

图 7-47 "抬头显示设置"界面

① 抬头显示：设置抬头显示的开启/关闭，默认为开启状态。当选择关闭时，抬头显示功能列表不可操作。

② 虚像高度：虚像高度设置范围为 –10~10，默认值为 0。

③ 虚像亮度：虚像亮度设置范围为 –10~10，默认值为 0。

④ 导航显示：设置导航显示的开启/关闭，默认为开启状态。

⑤ 音频显示：设置音频显示的开启/关闭，默认为开启状态。

⑥ 来电提醒显示：设置来电提醒显示的开启/关闭，默认为开启状态。

⑦ 限速识别显示：设置限速识别显示的开启/关闭，默认为开启状态。

⑧ 自适应巡航显示：设置自适应巡航显示的开启/关闭，默认为开启状态。

⑨ 前部碰撞预警显示：设置前碰撞预警显示的开启/关闭，默认为开启状态。

⑩ 车道偏离预警显示：设置车道偏离预警显示的开启/关闭，默认为开启状态。

音响基本操作及设置

4. 收音机的使用

收音机具备 FM 及 AM 两个波段，如图 7-48 所示。

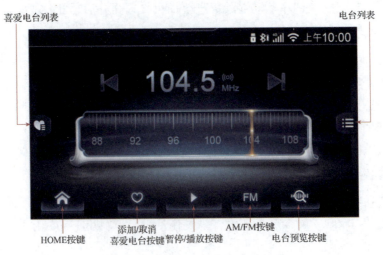

图 7-48　收音机波段界面

进入收音机界面的方法有两种。

方法一：按下转向盘按键"MOD"，切换至收音机界面。

方法二：触按屏幕按键"收音机"，进入收音机界面。

（1）搜索电台。

① 手动调台：通过触按/拖动频率条进行手动调台。

② 手动搜索：通过屏幕按键 和 进行手动搜索。

③ 预览电台：通过触按屏幕按键 进行电台预览，在预览过程中触按屏幕按键 即可停止电台预览。

④ 自动更新：触按收音机界面屏幕按键 ，进入电台列表界面，选择"AM 电台列表"或"FM 电台列表"选项后，触按屏幕按键 ，音响娱乐系统自动搜索当前波段的有效电台，并存储到电台列表中，触按屏幕按键 停止搜索。

（2）选择电台。

① 电台列表：触按收音机界面屏幕按键 ，进入电台列表，选择列表中的电台进行播放。

② 喜爱电台列表：触按收音机界面屏幕按键 ，进入喜爱电台列表，选择列表中的电台进行播放。

（3）收藏电台。音响娱乐系统支持以下方法存储电台：

① 触按收音机界面屏幕按键 ，将当前播放电台存储到喜爱电台列表中。

② 触按电台列表内某一电台前部屏幕按键 ，将当前电台存储到喜爱电台列表中。

③ 长按电台列表中的电台，选中某一电台后可拖曳到喜爱电台列表中，将当前电台存储到喜爱电台列表中。

（4）编辑电台列表。

更改列表排序：在喜爱电台列表界面长按某一电台，待选中后，可调整喜爱电台列表的排序。

删除电台：在喜爱电台列表界面，触按屏幕按键 进入编辑模式，选中列表中需删除的电台或触按屏幕按键"全选"，触按屏幕按键 删除选中的电台。

5. 音乐功能的使用

音乐播放界面包括歌手名、歌曲名、音乐封面等，音乐播放界面如图 7-49 所示。
进入音乐界面的方法有两种。

方法一：按下方向盘按键"MOD"，切换至音乐界面。

方法二：触按屏幕按键"音乐"，进入音乐界面。

（1）播放控制。

① 暂停/播放：触按屏幕按键 ‖ / ▶。

② 调节播放进度：触按/拖动进度条，能够调节播放进度（媒体源为蓝牙时，进度条不可调）。

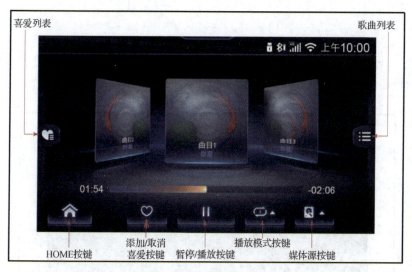

图 7-49　音乐播放界面

③ 曲目切换：左右滑动切换曲目封皮、触按曲目封皮均可以选择上/下一个曲目进行播放。

④ 歌曲列表选曲：触按音乐界面屏幕按键 ，进入歌曲列表界面，选择相应媒体源内曲目进行播放或触按歌曲列表界面屏幕按键 搜索曲目进行播放。

⑤ 喜爱列表选曲：触按音乐界面屏幕按键 ，进入喜爱列表界面，选择曲目进行播放。

（2）播放模式。触按播放模式选择按键，可以选择全部循环、文件夹循环、单曲循环、全部随机和文件夹随机模式。

（3）收藏曲目。音响娱乐系统支持以下方法存储曲目。

① 触按音乐界面中屏幕按键 ♡，将当前播放曲目存储到喜爱列表中。

② 触按歌曲列表内某一曲目前部屏幕按键 ♡，将当前曲目存储到喜爱列表。

③ 长按歌曲列表中的曲目，选中某一曲目后可拖曳到喜爱列表中，将当前曲目存储到喜爱列表中。

注：没有歌曲信息的曲目或曲目名过长时，无法添加到喜爱列表中。当超出喜爱列表存储容量时，音响娱乐系统给出提示信息。

（4）编辑喜爱列表。

更改喜爱列表排序：在喜爱列表界面长按某一曲目，待选中后，可调整喜爱列表的排序。

删除曲目：在喜爱列表界面触按屏幕按键 📝 进入编辑模式，选中喜爱列表中需删除的曲目或触按屏幕按键"全选"，触按屏幕按键 🗑，删除选中的曲目。

收音机及音乐功能的使用

（5）媒体源：触按"媒体源"按键，可在"本地""喜爱""USB1""USB2""蓝牙"之间切换。

6. 蓝牙电话的使用

音响娱乐系统支持拨打电话、接听来电、挂断电话、查看通讯录、查看通话记录等功能，如图 7-50 所示。

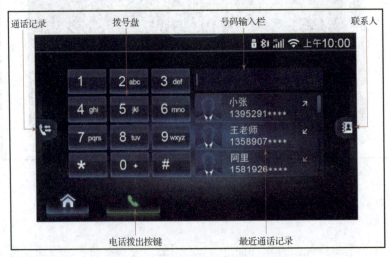

图 7-50　红旗 E-HS3 蓝牙电话界面

进入电话界面的方法：

方法一：连接蓝牙，按下转向盘按键 📞，进入电话界面。

方法二：连接蓝牙，触按屏幕按键"电话"，进入电话界面。

注：未连接蓝牙，按屏幕引导，连接蓝牙电话，完成后进入蓝牙电话界面。

（1）通讯录。

① 通讯录存储：移动电话的蓝牙成功绑定后，音响娱乐系统自动从绑定的电话端下载通讯录信息。移动电话最多支持储存4个蓝牙设备联系人列表，每个联系人列表最多支持储存5 000个联系人。

② 查看通讯录：通过电话主界面右侧屏幕按键 可以查看移动电话端的通讯录。

③ 导入联系人：通过通讯录界面屏幕按键 可导入联系人。

④ 搜索联系人：通过通讯录界面屏幕按键 可搜索联系人。

⑤ 删除通讯录：音响娱乐系统支持手动删除某一匹配电话号码，并同步删除该电话号码在系统中的通讯录；当匹配的电话号码超过4个时需手动删除之前存储的通讯录。

（2）通话记录。

① 下载通话记录：移动电话与蓝牙成功绑定后，音响娱乐系统自动从绑定的电话端下载通话记录信息。

② 查看通话记录：通过电话主界面左侧屏幕按键 可以查看移动电话端的已接、未接或已拨电话。

（3）拨打电话。拨打电话的方法有三种。

方法一：通过通讯录或通话记录进行拨号。

方法二：通过电话界面的拨号盘输入电话号码，进行拨号。

方法三：通过通讯录界面屏幕按键 搜索联系人进行拨号。

（4）接听/挂断电话。有电话呼入时，弹出来电提示，如图7-51所示。

图7-51　蓝牙电话来电提示界面

接听/挂断电话的方法有两种。

方法一：触按屏幕按键 ，接听/挂断电话。

方法二：按下转向盘按键 ，接听/挂断电话。

（5）免提模式切换。在通话过程中，触按屏幕按键 ，可在私密、免提之间切换。

蓝牙电话的使用

（6）麦克风静音。在通话过程中，触按屏幕按键 🎤，可以在麦克风静音和非静音状态之间切换。麦克风静音时，通话对方不会听见声音。

【任务拓展】

一、北斗卫星导航系统标志创意说明

北斗卫星导航系统标志由正圆形、写意的太极阴阳鱼、北斗星、网格化地球和中英文文字等要素组成，如图7-52所示。圆形构型象征中国传统文化中的"圆满"，深蓝色的太空和浅蓝色的地球代表航天事业，太极阴阳鱼蕴含了中国传统文化。

图7-52　北斗卫星导航系统标志

北斗星是自远古时起人们用来辨识方位的依据。司南是中国古代发明的世界上最早的导航装置，两者结合既彰显了中国古代科学技术成就，又象征着卫星导航系统星地一体，为人们提供定位、导航、授时服务的行业特点，同时还寓意着中国自主卫星导航系统的名字——北斗。

网格化地球和中英文文字代表了北斗卫星导航系统开放兼容、服务全球的特点。

二、北斗卫星导航系统标志组成及标准色

北斗卫星导航系统标志由标准图形和标准色组成。
HT2021：北斗卫星导航系统标准色。
PANTONE：主要用于重要场合、重要项目或单色/彩色印刷，根据具体情况而定。
CMYK：主要用于胶版印刷和四色印刷。
RGB：主要用于显示色值。

【参考书目】

1.《汽车舒适安全与信息系统检修》（北京理工大学出版社）；
2.《红旗E-HS3轿车用户手册》。

学生笔记：

任务 7.2 红旗轿车车载互联系统的使用

【任务信息】

	任务 7.2 红旗轿车车载互联系统的使用		
任务难度	中级	参考学时	2 学时
案例导入	客户购买了带车载互联系统的车辆，但对语音助手功能、手机 App 功能、红旗智联系统等功能很陌生，不知道该如何使用。销售顾问应指导客户正确使用车载互联系统		
能力目标	知识	1. 能够正确描述语音助手的功能类别； 2. 能够正确描述手机 App 功能； 3. 能够了解红旗智联系统的功能	
	技能	能够正确使用语音助手功能和手机 App 功能	
	素质	1. 能够展示操作成果； 2. 能够与团队成员协作完成任务； 3. 能够树立对自主汽车品牌的自信心	
任务 7.2 PPT			

【任务流程】

[任务准备]

若客户的车辆是带有车载互联功能的，如何为客户下载手机 App？如何指导客户进行手机 App 操作？请扫描二维码进行学习。

任务 7.2 任务准备

[任务实施]

任务 7.2.1　语音助手功能

操作实训车辆的语音助手功能，完成下面的工作表。

一、工作表：语音助手功能

（1）语音识别系统主要对哪些系统进行控制？

（2）语音识别系统的触发方式有几种？分别是什么？

（3）在实训车辆上使用语音助手功能对空调系统进行控制，并记录可实现控制的语音指令。

（4）在实训车辆上使用语音助手功能对车窗及天窗进行控制，并记录可实现控制的语音指令。

二、参考信息

用户可以通过语音助手功能实现对各系统的语音控制。

语音助手功能的对象主要包括收音机、音/视频播放、蓝牙电话、导航及空调控制等。

（一）语音识别系统的触发

方法一：按下转向盘按键 ⓒ，触发语音识别系统。

方法二：说出唤醒口令触发语音识别系统。

可在车载互连系统的系统设置中设置语音识别主唤醒词。

触发语音识别系统后，说出语音指令，执行系统控制功能，语音指令信息可参阅语音识别系统的帮助界面。

（二）语音识别帮助

触按语音识别界面按键 ⑦ 进入语音识别帮助界面，如图 7-53 所示。如用户说出语音指令 "FM88.0"，当语音识别系统识别到语音指令后进入收音机应用播放 FM88.0。

语音识别功能

图 7-53　红旗 E-HS3 轿车的语音识别帮助界面

（三）语音识别系统的退出

方法一：触发语音识别系统后，如无可识别指令，会自动退出语音识别系统。

方法二：语音指令正常执行完成后退出语音识别系统。

方法三：触按语音识别界面屏幕按键 ⟵ 退出语音识别系统。

方法四：触按转向盘按键 ℃ 退出语音识别系统。

任务 7.2.2　手机 App 功能

操作实训车辆的手机 App，完成下面的工作表。

一、工作表：手机 App 功能列表

（1）从下面手机 App 的图片中可以看到，这款手机 App 都实现了哪些功能？

（2）手机 App 中的空调设置包括哪些？

（3）远程查看车辆状况时，可查看到车辆的哪些状态？

（4）远程控制车辆时，可对车辆的哪些功能进行操作？

（5）远程起动的前提条件是什么（描述车辆状态）？

二、参考信息

（一）手机 App 功能介绍

通过手机 App 可远程控制和操作车辆。红旗 E-HS3 轿车的手机 App 界面如图 7-54 所示。

图 7-54　红旗 E-HS3 轿车的手机 App 界面
1—紧急电话；2—消息中心；3—电子手册；4—车牌号；5—驾驶行为分析总分；6—剩余流量；
7——键锁车；8—启动/关闭；9—空调；10—我的；11—出行；12—车生活；13—远程；14—首页；
15——键泊出；16——键解锁；17—电池状态；18—续航里程

356

（1）紧急电话：呼叫客服中心。

（2）消息中心：消息中心可对车辆警告、保养提醒、营销促销、车辆技术升级、同步导航、互动消息、系统消息等进行查看。

（3）电子手册：查看车辆电子手册。

（4）车牌号：进行车型选择。

（5）驾驶行为分析总分：显示驾驶行为分析总分。

（6）剩余流量：显示剩余流量。

（7）一键锁车：远程控制车辆锁止。

（8）启动/关闭：远程控制车辆启动/关闭。

（9）空调：空调设置包括对立即启动空调、空调预约、后风窗加热、设置远程空调启动时长等功能进行操作。

（10）我的："我的"界面包括基本信息、车辆管理、PIN 码管理、设置紧急联系人、修改密码、常见问题、意见反馈、版本信息、设置等功能。

（11）出行：可进行目的地搜索导航、经销商网点导航、步行导航到车等操作。

（12）车生活：车生活包括驾驶行为分析、健康管家、电子手册、电子围栏、呼叫道路救援、一键呼叫、在线客服、流量管理、违章查询等功能。

（13）远程。

① 车辆状况：可查看车灯、车门、车锁、车窗、总里程、续航里程的状态。充电时，可以查看当前充电插头、电流、电压、可续航里程以及充电状态和充电剩余时间。

② 远程控制：可对远程启动、车门锁开关、车窗开关、天窗开关、离车照明、开启后备箱、鸣笛闪灯、充电控制、空调设置、自动出车、自动泊车等功能进行操作。

（14）首页：在其他界面时触按返回首页。

（15）一键泊出：远程控制车辆垂直泊出。

（16）一键解锁：远程控制车辆解锁。

（17）电池状态：显示电池状态。

（18）续航里程：显示续航里程。

（二）手机 App 登录

输入手机号和密码，触按手机屏幕按键"登录"，即可登录手机 App；如果忘记密码，触按手机屏幕按键"忘记密码"，可找回密码，如图 7-55 所示。

图 7-55 红旗 E-HS3 轿车手机 App 登录界面

（1）使用手机 App。通过常用工具的"在线客服"和个人中心的"常见问题"可帮助用户快速了解和使用手机 App。

（2）远程起动。远程起动前，应确保所有车门、车窗、天窗、行李舱盖以及发动机舱盖处于关闭状态且车辆处于锁止状态。

远程起动后，当车辆防盗解锁时，动力系统将停止运行。

远程起动 5 次后，需切换电源（点火）开关使车辆下电并锁止车辆，或 5 min 后车辆进入休眠状态时，才可进行下一次远程起动。

（3）远程充电。连接交流充电设备后，可通过手机 App 控制车辆充电时间，可在音响娱乐系统的车辆设置界面设置远程充电功能的开启与关闭。

任务 7.2.3　红旗智联系统

操作实训车辆的红旗智联系统，完成下面的工作表。

一、工作表：红旗智联系统功能列表

（1）从下图中可以看出红旗智联系统有哪些功能？

（2）B-Call 是什么功能？在什么情况下使用？

（3）在红旗微应用中可查询哪些信息？

二、参考信息

红旗智联系统可对 CarLife、道路救援、信息咨询、红旗微应用等附加扩展功能进行操作。进入红旗智联界面的方法是：触按屏幕按键"红旗智联"，进入红旗智联界面，如图 7-56 所示。

图 7-56 红旗智联界面

（1）道路救援。当车辆遇到故障需要紧急救援时，用户可通过道路救援（B-Call）联系救援服务，如图 7-57 所示。

当后台接到用户的救援请求时，会妥善地安排救援服务，为用户解决故障困扰。

（2）信息咨询。当用户在陌生地段行驶时，可通过信息咨询（I-Call）进行导航服务，如图 7-58 所示。

当后台接到用户的导航请求，会帮助用户进行目的地查询与导航。

图 7-57 红旗 E-HS3 轿车道路救援界面　　图 7-58 红旗 E-HS3 轿车信息咨询界面

（3）CarLife。CarLife 可实现手机与音响娱乐系统互连，将手机内的功能延伸至车辆音响娱乐系统使用，让用户在车内享受便捷高效的定制化服务，如图 7-59 所示。

图 7-59 红旗 E-HS3 轿车 Carlife 界面

CarLife 成功启动后，显示屏将实时显示手机端界面，可进行触按拖动等操作，这些操作和手机端操作一致。

（4）红旗微应用。用户可通过红旗微应用对消息、天气、流量、违章等进行查询，如图 7-60 所示。选择屏幕中的内容进入相应界面后按系统提示进行操作和使用。

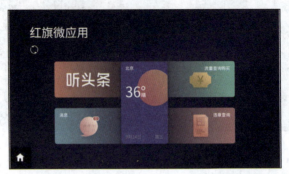

图 7-60　红旗 E-HS3 轿车红旗微应用界面

（5）QQ 音乐/喜马拉雅。QQ 音乐/喜马拉雅可为用户提供舒适便捷的个性化服务，增加驾驶乐趣。

QQ 音乐界面如图 7-61 所示，喜马拉雅界面如图 7-62 所示。选择屏幕中的内容进入相应界面后按系统提示进行操作和使用。

图 7-61　红旗 E-HS3 轿车 QQ 音乐界面　　图 7-62　红旗 E-HS3 轿车喜马拉雅界面

（6）停闪付。用户可通过停闪付快捷支付停车费用，如图 7-63 所示。选择屏幕中的内容进入相应界面后按系统提示进行操作和使用。

（7）京东微联。用户可通过京东微联体验一站式、便捷式的智能家居落地体验，如图 7-64 所示。选择屏幕中的内容进入相应界面后按系统提示进行操作和使用。

 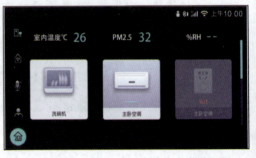

图 7-63　红旗 E-HS3 轿车停闪付界面　　图 7-64　红旗 E-HS3 轿车京东微联界面

（8）电子手册。用户可通过电子手册快速了解车辆，如图 7-65 所示。选择屏幕中的内容进入相应界面后按系统提示进行操作和使用。

红旗智联系统

图 7-65　红旗 E-HS3 轿车电子手册界面

【任务拓展】

唤醒（KeyWord Spotting，KWS）是指在连续语流中实时检测出特定片段。唤醒的作用如下。

（1）拟人化。人机语音交互的唤醒就像人和人说话前喊名字一样。

（2）降低 CPU 资源占用。在唤醒前，语音应用睡眠可以减少占用主机 CPU 资源。

（3）降低主机功耗。在唤醒前，语音应用睡眠可以降低主机功耗。

汽车语音唤醒的方式一般有语音唤醒、转向盘按键唤醒、点击语音形象唤醒。红旗轿车默认的语音唤醒词是"你好红旗"，在语音指令控制中，导航或音乐播放功能中的有些指令是可以在免唤醒情况下使用的，也就是无须每次唤醒语音助手后再说出指令。全局免唤醒指令见表 7-5。

表 7-5　红旗轿车全局免唤醒指令

打开音乐	播放音乐	打开电台	打开收音机
关闭音乐	回首页	关闭电台	关闭收音机
打开空调	打开导航	上一首	声音大一点
关闭空调	关闭导航	下一首	声音小一点
暂停播放	屏幕亮一点	查看帮助	打开屏幕
继续播放	屏幕暗一点	—	—

此外，还有一些指令是应用内免唤醒的，见表 7-6。

表 7-6　红旗轿车应用内免唤醒指令

应用	页面	免唤醒指令	应用	应用页面	免唤醒指令	应用	应用页面	免唤醒指令
音乐	播放器	下一曲	导航	导航在前台	关闭路况	视频	播放器	窗口放大
		上一曲			打开路况			窗口缩小
		随机播放			车头朝上			暂停视频
		顺序播放			正北向上			继续播放视频
		循环播放			放大地图			上一个视频
		单曲循环			缩小地图			下一个视频
		加入收藏			3D 模式			换一个视频
		……			2D 模式			清晰度高一点
	播放列表	第 * 首			取消导航静音			加入收藏
		倒数第 * 个			我要回家			快进一点
		最后一个			去公司			关闭视频
		……			……			……

【参考书目】

1.《汽车舒适与安全系统检修》（高等教育出版社）；
2.《红旗 E-HS3 轿车用户手册》。

学生笔记：

模块七测试题及答案请扫描以下二维码。

模块七测试题

模块七测试题答案